KB134976

# 갈등치유론

# 갈등치유론

동국대학교 갈등치유연구소 지음

KSI 한국학술정보(주)

# 머리말

어느 사회에나 갈등은 있지만 필자들이 몸담고 있는 지역은 유독 심한 것 같다. 아마도 원자력발전소와 방사성폐기물처분장이 자리 잡고 있기 때문일 것이다. 지역사회 갈등을 해소하기 위하여 여러 제도적 방안들 예를 들면, 협의회나 지원금 등이 도입되었지만 한계를 보여 왔다. 이럴 즈음 평소 지역갈등에 관심이 많은 교수들이 융 · 복합모형을 개발하여 시도해 보자는 데 의견을 모았다. 갈등을 쟁점이나 제도적 시각에서 접근하는 것으로는 충분하지 않다는 인식에서 출발한 것이다. 갈등도 결국엔 개인의 심리나 관계, 그리고 문화적 요인에 기인하여 증폭되거나 치유되기 때문에 융 · 복합모형이 필요하다는 것이다. 철학 전공의 고창택 교수, 관계치유 연구에 관심이 많은 박종희 교수, 뇌과학의 문일수 교수, 정신건강 전문의인 사공 정규 교수, 불교학의 이철헌 교수, 그리고 정책학자인 오영석 교수로 연구진을 구성하고 갈등을 치유의 관점에서 접근하기로 의견을 모았다.

한국연구재단에서도 우리들의 아이디어를 인정하여 연구비를 지원하였다. 우리는 갈등을 치유의 측면에서 접근하였는데, 갈등당사자들의 감정 및 생리변화를 바이오피드백(biofeedback) 장치를 이용하여 측정하고 공감과 통합사고의 시각에서 치유기제를 규명하는 연구들을 진행하였다. 이 연구 결과를 바탕으로 초보단계이긴 하지만 갈등치유프로그램을 개발하여 지역사회의 공공기관 종사자와 주민들에게 적용하였다. 이 Academy 프로그램은 수강생들로부터 실질적으로 갈등 해결에 많은 도움이 되었다는 평을 들었다. 이런 평가에 고무되어 우리는 학교와 협의하여 '갈등치유연구소'를 설립하고 그동안의 연구 결과를 모아 책으로 출간하기로 한 것이다.

이 책은 총 2부로 구성되어 있다. 제1부 '갈등치유의 이해'에서는 갈등의 이론적 측면을 논의하고 있다. 갈등을 치유의 관점에서 본다는 것은 무엇을 의미하는지, 갈등이란 무엇이며 어떻게 전개되는지, 갈등이 휩싸이게 되면 뇌를 포함한 우리 신체에는 어떤 변화가 일어나는지 등이 학계의 최근 연구 성과들을 바탕으로 논의되고 있다. 또한 갈등을 철학의 시각에서 조명하여 갈등의 원인을 진단하고 철학치유의 조건과 이론적 배경에 대하여 논의하였다. 우리 연구의 또 다른 이론적 기초는 불교학이다. 불교에서는 개인의 고뇌와 갈등을 주제로 수천 년에 걸쳐 연구하여 왔기 때문에 갈등치유와 관련된 다양한 용어와 해결 기법의 원형을 제공하고 있다. 예를 들면, 사성제나 화쟁사상, 그리고 마음챙김 등이 이에 속한다. 갈등치유에 불교학을 접목시킨 것은 우리 사회의 현실과 문화에 적합한 토착화된 이론과 기법을 찾기 위한 노력의 일환으로 이해하면 된다.

제2부 '갈등치유의 방법'에서는 갈등 치유에 요구되는 구체적 개념과 방법들이 제시되고 있다. 우리가 제시하고 있는 갈등 분석과 치유의 기본 틀은 4단계진리법이다. 4단계진리법의 전제 조건으로 공감과 통합사고를 제시하고 있다. 따라서 제2부에서는 공감과 통합사고란 무엇이며 어떻게 발현될 수 있는지를 논의하고 있다. 또한 갈등 해결의 접근수단으로 긍정대화를 제시하고 있어 갈등 상황에서의 대화기법과 집단을 대상으로 한 회의진행법 등이 자세하게 제시되어 있다.

이 책은 갈등을 관리의 시각이 아닌 치유의 시각에서 접근하고 보다 토착화된 기법을 개발하여 보자는 취지에서 출발한 연구진들의 첫 결실이다. 연구진들은 이 책이 연구의 마지막 결과물이라 생각하지 않고 차기 연구를 위한 디딤돌로 여기고 새로운 주제와 영역을 탐구해 나갈 것이다. 새로운 주제의 원고라 출판하는 데 많은 부담이 있었을 텐데도 출판을 허락한 한국학술정보(주) 임직원 여러분에게 감사의 뜻을 전한다.

2012년 4월 온방골 갈등치유연구소에서
저자 일동 합장

# 차례

제 1 장

# 서론: '치유'의 시각에서 본 갈등관리

*관리나 쟁점이 아닌 치유의 시각에서 갈등을*
*바라보아야 하는 이유와 근거에 대하여 논의한다.*

1. 갈등의 어원과 구성요소
2. 기존연구의 검토
3. 왜 '치유'인가
4. 갈등의 증폭기제와 치유기제
5. 갈등치유의 접근방법

# 제1장 서론: '치유'의 시각에서 본 갈등관리

지금까지 갈등은 관리나 쟁점의 시각에서 다뤄져 왔다. 그러나 갈등에 대한 이해가 깊어질수록 갈등의 인간적 요소의 중요성이 증대하고 있다. 쟁점이 아닌 사람의 관점에서 갈등에 접근한다는 것은 무슨 의미이며 기존의 접근법과는 어떻게 차별화되는지 알아보기로 한다.

## 1. 갈등의 어원과 구성요소

### 1) 어원

갈등을 의미하는 영어의 conflict는 라틴어 confligere에 해당하는데 '함께 부딪히거나 충돌하는 것'을 의미한다. 두 막대기를 오랫동안 서로 부딪히면 불이 나는 형국을 의미한다고 한다. 이렇게 발생한 불은 꼭 부정적 의미를 갖는 것은 아니다(Kraybill, Evans and Evans, 2001: 12). 갈등은 한자로 葛藤이라고 쓰는데 칡이나 등나무처럼 얽혀 있다는 것을 의미한다. 갈등을 위기(危機)로 보는 시각도 있다. 여기서 위(危)는 위험(danger), 기(機)는 기회(opportunity)를 뜻하고 있어 갈등을 잘만 관리하면 발전을 혹은 변화를 위한 기회로 삼을 수 있음을 알 수 있겠다.

### 2) 구성요소

학자마다 다소 차이는 있지만, 갈등의 구성요소로 쟁점·사람·의사소통을 들 수 있다. 사람이란 일차적으론 갈등당사자를 의미하지만 이차적으론 발생한 갈등에 관심을 갖는 사람들을 포함한다. 또한 이성으로서의 사람을 의미하기도 하지만 감정 주체로서의 사람을 의미하기도 한다. 쟁점이란 사람들 사이에 대립을 야기한 이슈와 문제를 의미한다. 의사소통이란 쟁점이 만들어지는 과정이나 쟁점을 둘러싸고 일어나는 사람들 간의 교호작용을 의미한다. 아래 그림이 시사하는 것처럼 이 세 요소가 서로 역동적으로 연계되면서 갈등을 증폭시키고 변형시킨다.

* 오영석(동국대학교 행정학과 교수 겸 갈등치유연구소 소장)

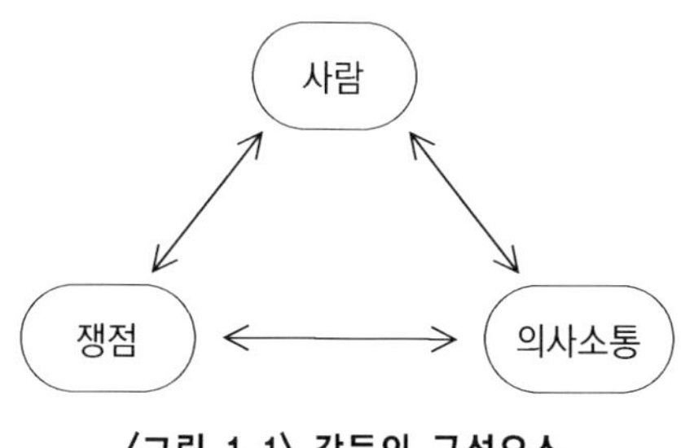


〈그림 1-1〉 갈등의 구성요소

갈등의 구성요소를 갈등해결에 요구되는 지성과 비교하면 다음의 표와 같다. 일반적으로 갈등관리는 쟁점에 초점을 둔 이성지능에 의존하여 왔으며 감성지능과 사회지능에는 관심이 미약한 것으로 보인다. 예를 들면, 당사자들이 쟁점은 잘 이해하나(IQ), 다른 사람의 감정은 잘 읽지 못할 뿐만 아니라(EQ), 해결할 방법을 찾지도 못하는 경우가 많다는 것이다(SQ).

〈표 1-1〉 갈등의 구성요소와 지성의 유형

| 갈등의 구성요소 | 지성의 유형 | 신체 |
|---|---|---|
| 사람 | EQ(emotional intelligence) | 가슴 |
| 쟁점 | IQ(rational intelligence) | 머리 |
| 의사소통 | SQ(social intelligence) | 관계 |

이 세 가지 지능들이 상호 밀접하게 연결되고 활성화되었을 때 갈등은 효율적이면서도 효과적으로 해결될 수 있는 것이다. 사회지능은 사회생활에 있어서 대인관계나 집단관계에 더 초점을 두는 개념이라 할 수 있다. 사회갈등을 다루는 데 있어 쟁점을 중심으로 하느냐 사람을 중심으로 하느냐는 여러 면에서 차이가 많다. 지금까지의 갈등해결은 쟁점에 초점을 두는 관리의 측면에서 다뤄져 왔다면 지금부터는 사람에 초점을 두는 치유의 관점에서 다룰 필요가 있다.

〈표 1-2〉 갈등의 쟁점 대 사람 위주 접근의 차이점

| 쟁점 | 사람 |
|---|---|
| 몰인격적 추상(혹은 개념) | 인격적 현실 |
| 감정이 없는 사실 | 감정이 있는 생명체 |
| 해결책 모색과 함께 사라짐 | 문제가 해결되더라도 앙금이 남음 |
| 분해와 조립이 가능 | 분해와 조립이 불가능한 전체성을 유지 |

지금까지 개인 간에 발생하는 갈등은 제도적 그리고 비제도적 방법까지 포함하여 다양한 측면에서 연구가 시도되고 해결을 위한 구체적 방법들이 모색되었지만, 사회갈등에 대한 연구는 아직까지도 제한된 범위에서 예를 들면, 제도적 측면에 집중하여 이뤄지고 있다.

## 2. 기존연구의 검토

갈등은 크게 개인갈등과 사회갈등으로 구분할 수 있는데, 여기에서는 사회갈등에 초점을 맞춰 기존의 연구들을 검토하기로 한다. 사회갈등에 관한 내용들을 분류해 보면 크게 3가지 유형으로 구분할 수 있다. 먼저 갈등의 원인을 찾는 연구들이다. 갈등의 정치적 혹은 경제적 원인들을 규명하고 쟁점이 무엇인지 논의하는 것이다(이종렬, 1995; 김길수, 1997; 양정호, 2007 등). 둘째, 갈등의 해결방안을 제시하는 유형이다. 보상의 제시나 주민참여의 확대 그리고 제3자 개입방식의 권고 등이 이에 속한다(오영석, 2002; 윤영채, 2004; 최진식, 2008 등). 셋째, 갈등의 과정과 구조를 규명하는 유형이다. 주로 사례분석을 통하여 쟁점과 참여자들 간의 네트워크가 어떻게 구성되어 있는지를 규명하거나, 담론형성이나 커뮤니케이션 이론을 적용하여 갈등이 어떻게 전개되는지 연구한다(김영종, 2006b; 김길수, 2007; 김성배・이은정, 2008; 강민호・장지호, 2008 등).

하혜영(2009)도 국내 갈등연구의 경향으로 갈등원인(29.4%)과 갈등해결(21.6%) 그리고 갈등과정(49.0%)을 분석하는 논문이 대부분을 차지한다고 밝히고 있다. 기존의 연구들이 사용하는 주요 단어(key words)들을 분석해 보아도 이러한 연구 경향을 읽을 수 있는데, 아래의 표에 요약되어 있다. 기존의 갈등연구들은 관리 측면에 치중되어 있음을 알 수 있다.

〈표 1-3〉 공공갈등 분야 기존연구들의 주요단어(key words) 분석

| 연구내용의 유형 | 주요단어(key words) |
|---|---|
| 갈등의 원인 | 가치충돌, 편익/비용의 비형평성, 공정성 결여, 피해의식, 비민주적 의사결정, 정보부족, 소음, 건강, 환경훼손, 안전성 등 |
| 해결방안 | 신뢰구축, 욕구충족, 절차의 공정성, 제3자 개입방식, 주민참여, 경제적 보상, 주민참여 확대, 정보공개 등 |
| 과정과 구조 | 딜레마, 담론형성, 네트워크, 정보전달, 수용성, 편익인지, 위험인지 등 |

지금까지 사회갈등이 주민들의 심리에 미치는 영향에 대한 연구가 부족한 이유로는, 첫째, 사회갈등을 이성의 측면에서 접근하여 주민 각각의 개인적 감성에 대한 관심이 부족하였고, 둘째, 사회갈등을 사회의 문제, 즉 쟁점의 측면에서 접근하여 해결책을 모색하였기 때문이고, 셋째, 사회갈등을 어떤 형태나 방식으로든 해결만 하면 개인들에게는 '뒤끝'이 없을 것으로 간주하기 때문이다. 한마디로 사회갈등의 관리가 목적 지향적 사고에 기초하여 이뤄졌기 때문이라고 할 수 있다.

## 3. 왜 '치유'인가

'갈등(conflict)'과 '치유(healing)'는 별로 어울릴 것 같지 않은 단어 조합이다. 왜냐하면 갈등은 사회적 맥락에서 주로 사용되는 반면 치유는 의학에서 주로 사용되는 용어이기 때문이다. 갈등에는 관리

나 해결이란 단어와 더 잘 어울리는 것으로 인식되어 왔고 지금도 그렇게 사용하는 것이 일반적이다. 갈등관리가 좋은 예이다. 이 경우 갈등은 쟁점이나 문제 중심으로 접근하는 것이라 할 수 있다.

그러나 갈등을 연구하다 보면 쟁점을 기반으로 하는 이성적 접근만으로 해결할 수 없는 부분들이 많다는 것을 알 수 있다. 사람의 감정이나 스트레스 그리고 심지어 마음을 이해하여야 갈등을 종합적으로 이해할 수 있을 뿐만 아니라 항구적이고 효과적인 해결책을 제시할 수 있다는 것이다. 이렇게 갈등을 이성과 감성 혹은 쟁점과 사람의 융합적 측면에서 접근하기 위해서는 기존의 '갈등관리'보다는 '갈등치유'라는 용어가 더 합당하다고 생각한다.

치유의 관점에서 갈등을 접근한다는 것은 쟁점보다는 사람을 중심으로 여긴다는 것이다. 물론 쟁점이나 의사소통을 무시한다는 의미가 아니다. 지금까지의 연구들이 지나치게 합리적 시각에서 쟁점 위주로 접근하여 왔다는 것을 보완하자는 의미이다. 의사소통에 있어서도 상대방을 설득하거나 자신의 논리를 강화시키는 기술적 접근에서 감성의 교호작용을 중시하는 사람 위주의 접근을 선호한다는 의미이다. 즉 기존의 쟁점이나 관리 중심과는 차별화된 접근법이라 할 수 있다.

갈등은 크게 갈등당사자의 외부환경과 내부환경의 교호작용에 의하여 그 모습이 결정된다. 외부환경이 갈등을 둘러싸고 있는 구조적 인자들을 지칭한다면, 내부환경은 당사자 개인의 심리적 인자들을 의미한다. 아래의 표는 갈등의 구성에 관여하는 외부환경과 내부환경의 구체적 인자들을 보여주고 있다.

**〈표 1-4〉 갈등 구성의 환경인자**

| 갈등 구성요소 | 외부환경 | 내부환경 |
|---|---|---|
| 사람 | 집단, 문화, 정치, 경제 | 개인의 가치, 행태, 잠재의식 |
| 쟁점 | 구조, 사건, 요구, 이슈 | 경험, 편견, 기억 |
| 의사소통 | 이성과 논리의 교호작용 | 감정의 교호작용 |

이처럼 사회갈등이 외부환경과 내부환경의 교호작용에 의하여 그 성격의 형태가 결정되기 때문에 사회갈등을 제도적 측면에서만 접근하여 해결하려고 하는 것은 한계가 있다. 개인의 심리와 감성까지도 어우르는 종합적 시각과 접근법이 요구되는데 이것을 총칭하여 '치유'라 할 수 있다.

관리적 시각이 갈등 증상을 치료하는 대증적 요법이라고 한다면 치유는 갈등의 인간적 근원을 제거하는 데 초점을 둔다는 데에도 차이점이 있다. 사회갈등이 개인갈등의 합을 뛰어넘는 특수성이 있지만, 전체로서의 사회갈등의 성격도 갈등당사자 개인의 합으로 결정되는 것이기 때문에 갈등연구가 개인의 심리적 요인에 초점을 두는 것도 타당하다. 갈등이 주민에게 미치는 심리적 영향을 분석하여 이를 치유할 수 있다면 갈등의 해결과 예방 그리고 갈등당사자 간 관계 개선에도 많은 도움이 될 것이다.

Susskind & Filed(2010: 3)는 사회갈등으로 주민들이 겪는 대표적인 정신적 피해로 분노(anger)를 꼽는다. 우리 사회가 분노에 관심을 기울여야 하는 이유로 첫째, 과도한 시간과 인력을 소모함으로써 국가경쟁력을 떨어뜨리고, 둘째, 분노한 주민은 사회 유지의 기본적 요소인 신뢰감을 떨어뜨리기 때문이라고 주장한다. 갈등 후 주민들이 겪는 정신적 피해를 완화시키거나 당사자들 스스로 통제할 수 있는 역량을 강화한다면 갈등에 보다 효과적으로 대처할 수 있고 갈등으로 인한 사회적 비용을 최소화할 수 있을 것이다.

> 〈감성정부와 감성노동〉
>
> 최근에 감성정부와 감성노동이라는 말이 언론에 자주 등장한다. 현대와 같은 포스트모더니즘 사회에서는 정부가 정책의 대상인 국민의 감성이나 심리를 이해하는 것이 매우 중요하고 다변화된 국민들의 욕구를 읽어 내고 심리적 만족을 충족할 수 있는 방향으로 체제와 행동을 변화하여야 한다. 개인의 감정이 혹사되지 않도록 배려하고 정책을 만드는 것도 정부의 역할이 되고 있는 것이다. 정책과정에 있어 이성만큼 감성도 중요하게 고려되어야 한다는 주장인데, 이것은 인간이 원래 감성과 이성의 복합체이고 근원적으로 이성과 합리성이 내포하고 있는 분석과 의사결정에서의 한계 때문이라 할 수 있다.

## 4. 갈등의 증폭기제와 치유기제

### 1) 증폭기제

다양한 요인으로 촉발된 사회갈등은 갈등당사자들로 하여금 상호 간에 서로 피해자라는 의식을 갖게 한다. 이렇게 형성된 피해의식이 당사자의 '부정적 집단기억'과 연계되면 쉽게 '객관화된 기억사고'로 고착하게 되면서 갈등증폭기제가 형성된다고 할 수 있다. 이렇게 한 번 형성된 갈등증폭기제는 상대방의 비도덕성과 자기 피해의식을 지속적으로 강화시키면서 자기방어와 심지어 폭력을 야기하게 되는 것이다.

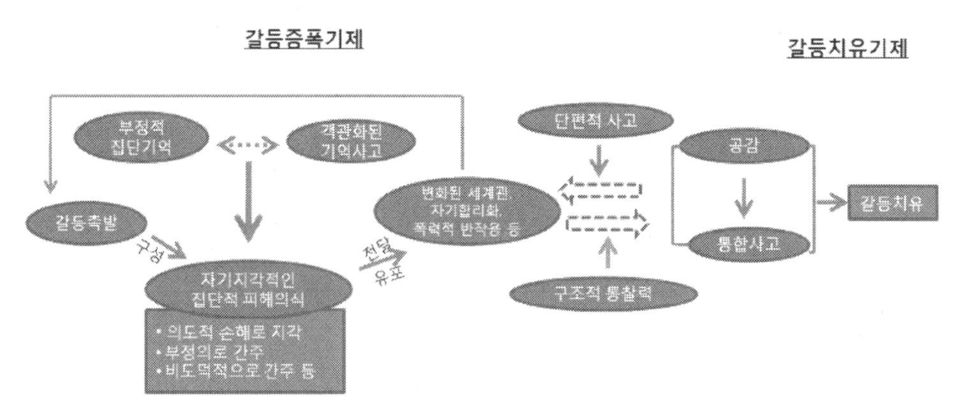


〈그림 1-2〉 사회갈등의 증폭과 치유기제

### 2) 치유기제: 공감과 통합사고

위의 증폭기제를 완화 혹은 끊을 수 있는 방안으로 공감(empathy)과 통합사고(integrative thinking)를 들 수 있다. 공감(혹은 감정이입)이란 "자신을 다른 사람의 상황에 투사하는 것" 혹은 "다른 사람의 입장에서 그 사람이 생각하고 느끼는 바를 상상하는 것"을 의미한다(Eisenberg, 2007: 72). 따라서 공감이란 상대방을 이해하고 배려하게 되고 사회 친화적 행동을 야기하는 심적 상태로 이해된다(Van Lange et al, 2007). 공감이 전제되어야 동정이나 도덕적 사고와 같은 사회 지향적 행동이 발현된다(Eisenberg, 2007). 인간관계의 6가지 기본적 성향(altruism, cooperation, equality, individualism, competition, aggression)도 기본적으로 공감 여부와 연계되어 있다. 공감 상황에서 이타심이나 협동 그리고 평등이 발현된다는 것이다(Van Lange et al, 2007). 한마디로 공감은 사회갈등 치유의 충분조건으로 인식되고 있다.

공감이 사회갈등 치유의 충분조건으로는 이해되지만 그렇다고 필요조건으로 작동하는 것은 아니다. 왜냐하면 상대방을 향한 공감은 일어났지만 이것이 사회 지향적 행동으로 직결된다고 보장할 수 없기 때문이다. 예를 들면, 상대방의 입장은 이해하지만 도움을 행동으로 연결하지 않는 사람들도 많다. 특히 정부의 정책과정에서 발생한 갈등은 해결 혹은 생산적 방향으로 전환시킬 수 있는 행동 지향적 매개가 요구된다. 이러한 매개로 많은 학자들이 통합사고를 하나의 대안으로 제시하고 있다.

통합사고란 특정 사안에 대하여 관련자들이 각자의 생각을 자유롭게 표출하고 이 표출과정을 통하여 상호 이해를 높이고 공동의 목표를 창의적으로 형성 및 달성하여 가는 협력적 사고를 의미한다. 따라서 통합사고에서는 여러 대안 중 하나를 선택하거나 협상하는 것이 아니라 새롭게 문제를 정의하고 목표를 형성해 가는 과정 중심적 사고라 할 수 있다. 통합사고는 단편적 사고(fragmented thinking)와 달리 자신의 사고를 유보할 수 있고 다른 사고를 수용할 수 있는 공동체 중심의 사고이며 논증(argumentation)보다는 대화(dialogue)를 중시하는 개념이다. Bohm(2004)은 이러한 사고를 참여적 사고(participatory thinking)로 표현하였다.

갈등증폭기제가 갈등치유기제로 순조롭게 전이되고 감정이입과 통합사고가 발현되기 위하여 한 가지 조건이 필요하다. 이 조건이란 갈등현장에 대한 통찰력 있는 이해이다. 갈등현장에 대한 충분한 이해가 전제될 때 갈등원인을 정확히 파악할 수 있고 갈등당사자에 대한 감정이입과 통합사고의 필요성이 인식되기 때문이다. 위의 그림에서 제시한 구조적 통찰력(structural insight)이 이런 역할을 할 수 있다. 구조적 통찰력이란 갈등현장에 대한 종합적 이해를 의미하는 것으로, 갈등주체·갈등이슈·갈등환경의 상호 관계가 만들어 내는 시스템의 역동성에 대한 전체적 이해 정도를 의미한다.

## 5. 갈등치유의 접근방법

위에서 언급한 내용을 요약하자면, 사회갈등을 지금까지의 관리나 쟁점 위주가 아닌 치유의 관점에서 접근하여야 한다는 것이다. 치유적 관점에서 접근할 때만 사회갈등을 보다 종합적이고 체계적으로 이해할 수 있고 효과적인 해결방안이 모색될 수 있기 때문이다.

사회갈등을 치유적 관점에서 접근하기 위하여 갈등 관련 학문 간의 폭넓은 융합연구가 요구된다. 관리학문인 정책학에서 바라보는 갈등의 이해, 철학에서 바라보는 갈등의 이해, 심리학에서 발달한 개인 차원에서의 갈등치유 이론, 불교학에서 이해하는 갈등의 근원과 극복 방안, 그리고 의학에서는 갈등을 어떻게 이해하고 해결방안을 어떻게 제시하고 있는지 등을 연구할 때 '갈등치유론'이 전체적 모습을 가지게 된다.

사회갈등의 의학적 접근은 갈등을 과학적 방법으로 측정하고 이 객관적 데이터를 바탕으로 갈등 당사자들을 이해하고 해결방안을 제시하면 그만큼 더 설득력을 높일 수 있을 것이다. 뇌연구의 발전과 함께 분노의 폭발과 같은 갈등상황이 야기되었을 경우 분노가 어떻게 인간의 생리에 영향을 미치고 두뇌의 특정 부위가 활성화 혹은 위축되어 가는지를 과학적으로 밝혀 주고 있다. 티베트 스님들을 대상으로 명상의 생리적 특성을 밝혀내고 이 결과를 환자 치료에 적용한 경우도 있다(Benson, 2003; Babat-Zinn, 2005; Begley, 2007; 장현갑, 2009).

이렇게 기존 학문에서 발달한 갈등치유 연구들을 활용 혹은 융합하여 정책갈등에 적용한다면, 기존의 관리학문들이 다룬 제도적 접근법을 보완하여 갈등관리이론의 개발과 적용의 폭을 넓힐 수 있을 것이다.

### 1) 분석틀: 4단계진리법

사회갈등 치유 전 과정을 하나의 분석틀로 제시할 수는 없을까? 불교에서 사용하는 사성제(四聖諦)와 한의학에서 사용하는 치병사결(治病四決)의 개념을 원용하여 4단계 진리법(Fourfold Noble Approach)을 제시하고자 한다. 불교는 괴로움을 해결하는 방법으로 사성제(四聖諦, cattāri ariya-saccāni: Fourfold Noble Truths)를 설한다. 사성제란 고집멸도(苦集滅道)의 진리로서 우리들이 현실에서 겪고 있는 괴로움을 중심으로 하고 있다. 괴로움을 철저히 알아야 하고, 괴로움이 일어나는 원인을 알아야 하고, 괴로움이 사라짐을 얻어야 하고, 괴로움이 사라지는 방법을 닦아야 한다는 것을 체계적이고 논리적으로 밝히고 있다. 사성제나 치병사결은 인간의 체계적 사고의 산물이라 할 수 있다. 이성적 인간이라면 갈등을 설명하고 원인을 찾고 이를 해결할 방안을 모색하는 것이 갈등해결의 합리적 접근법이라는 것을 알 수 있기 때문이다.

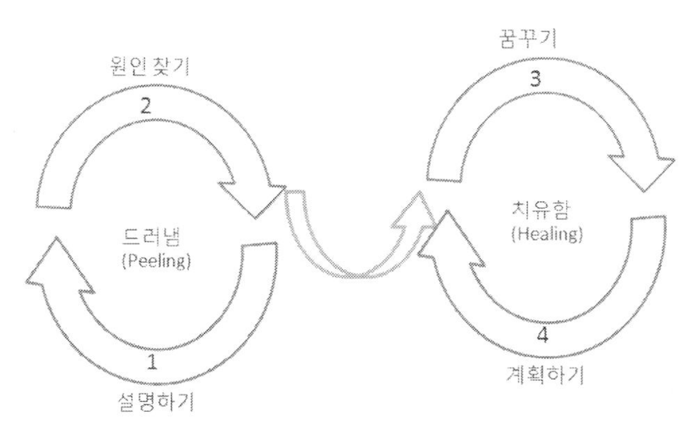


**〈그림 1-3〉 4단계 진리법**

4단계 진리법은 크게 '드러냄' 국면과 '치유함' 국면으로 나눌 수 있다. '드러냄' 국면은 다시 '설명하기' 단계와 '원인 찾기'로 구분하고, '치유함' 국면은 다시 '꿈꾸기' 단계와 '계획하기' 단계로 구분할 수 있다.

### (1) '설명하기' 단계

이 단계는 갈등치유의 첫 단계로 사회갈등의 현상을 객관적이고 자세하게 파악하는 단계이다. 갈등의 대부분은 사실의 왜곡과 상대방의 주장이나 입장을 잘못 이해하게 되어 발생하는 경우가 많기 때문에 이 단계는 갈등치유에 있어 매우 중요한 단계라 할 수 있다. 사회갈등을 많이 접하다 보면 당사자들이 쟁점이나 문제를 정확하게 이해하지 못하고 있다는 것을 알 수 있다. 이런 상황에서 갈등의 해결책을 모색할 수는 없을 것이다. 갈등치유에서는 설명하기 단계만 명확하게 넘어가도 많은 성과를 얻을 수 있다. 왜냐하면 모든 당사자들이 수용하는 해결책이란 어느 경우에서도 쉽지 않은데 당사자들이 상대방의 입장과 주장이라도 명확하게 파악하게 된다면 문제 해결까지는 가지 않더라도 상대방을 이해할 수 있게는 되기 때문이다.

### (2) '원인 찾기' 단계

설명하기 단계에서 수집한 자료와 정보를 바탕으로 갈등의 원인을 찾아야 한다. 일반적으로 원인은 경제적·정치적·사회적·문화적 원인 등으로 구분하여 모색한다. 사회갈등과 관련하여 가장 많이 제기되는 원인으로는 경제적 원인과 감정을 들 수 있다. 갈등의 해결이 종국에는 편익과 비용의 불균형을 해소하는 방향으로 잡혀 가기 때문에 경제적 요구사항들을 주의 깊게 찾아내는 것이 중요하다. 또한 사회갈등은 상대방의 감정을 자극하여 심화되는 경우도 많다. 예를 들면, 의사결정과정에 본인들을 제외시켰다거나 상의 한 번 없이 정책을 결정한 후 통보한다는 것이 주민들을 분노케 한다는 것이다. 원인은 표출요구사항(position), 잠재요구사항(interest), 그리고 기초요구사항(need)으로 구분할 수도 있다.

### (3) '꿈꾸기' 단계

당사자들이 갈등의 원인을 제거하고 해결방안을 모색하는 단계이다. 여기에서 '꿈꾸기'란 갈등당사자들이 협력하면 달성할 수 있는 소망스런 상태를 의미한다. 갈등이란 서로 상반된 견해가 출동하는 현상이기 때문에 어느 한쪽 주장으로 문제가 해결되는 경우는 드물다. 따라서 설득에 의한 일방의 승리가 아닌 협력에 의한 창의적 해결방안을 모색하는 것이 중요하다. '꿈꾸기'는 협상과도 다르다. 협상이 이뤄질 수는 있겠지만 협상이 갈등을 해결하는 것은 아니라는 의미이다. 갈등치유는 협상을 포함하지만 협상을 뛰어넘는 개념이다. 협상은 주고받는다는 의미가 강할 뿐만 아니라 내가 만족하지 못하더라도 일부를 포기한다는 의미가 강하다. 그러나 이러한 방식에 의한 갈등치유는 갈등의 근본적 원인을 내재하고 잠복시킬 개연성이 높다.

### (4) '계획하기' 단계

이 단계는 이전단계에서 설정한 공동의 목표 혹은 목적을 구체적으로 달성해 가는 단계이다. 정책학 용어를 빌리자면 수립한 목표를 달성하기 위한 대안을 수립하고 이를 집행할 세부계획을 수립하는 것을 의미한다. 사성제에서는 이 단계를 올바른 길[正道] 혹은 적당한 길[中道]로 표현하는 팔정도를 뜻한다. 올바른 견해[正見], 올바른 생각[正思惟], 올바른 말[正語], 올바른 행동[正業], 올바른 생계[正命], 올바른 정진[正精進], 올바른 마음챙김[正念], 그리고 올바른 정신집중[正定]을 의미한다.

## 2) 접근기법: 긍정대화

사회갈등 치유의 접근기법으로 긍정대화(appreciative dialogue)를 제시하고자 한다. 장(章)을 달리하여 상세하게 논의하겠지만, 긍정대화는 갈등관리의 각 단계에서 상대방이나 자신을 비난하고 부정하는 것이 아니라 치유와 통합을 위한 문답법으로 접근하여야 한다는 것을 의미한다. 논리에 근거하여 상대방을 굴복시키거나 설득하는 것이 아니다. 경험적으로 논리나 논쟁에 의한 접근은 갈등을 해결하기보다는 심화시킨다는 것이다. 긍정대화는 공동의 관심사를 공통분모로 해결의 방향을 모색하고 구체적 계획을 수립하여 가는 과정에서 자연스럽게 갈등을 치유하는 접근법이다. 대화는 민주주의 갈등해결 시스템이 안고 있는 한계를 극복할 대안이 된다(Glendon, 1991).

지금까지 논의한 사회갈등 치유의 조건과 분석틀 그리고 접근기법 간의 관계를 하나의 그림으로 표현하면 다음과 같다. 또한 이 표에는 갈등치유에서 차용하고 있는 학문기반의 유형을 영역별로 열거하고 있어 갈등치유론의 학문적 위상을 가늠할 수 있을 것이다.

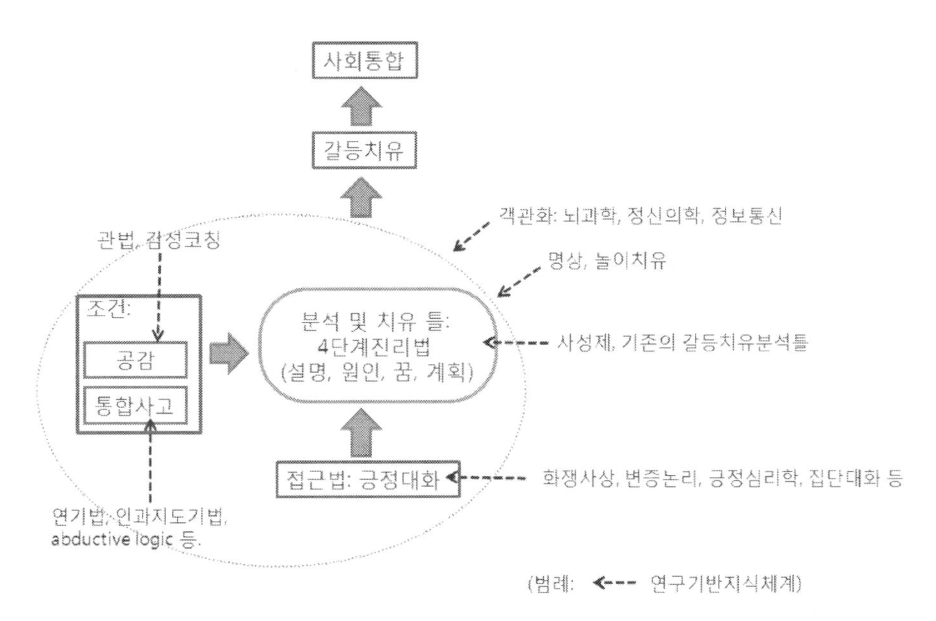


**〈그림 1-4〉 갈등치유의 조건 · 분석틀 · 접근기법 간의 관계**

이 책은 위에서 언급한 내용을 바탕으로 갈등의 치유기제 조건이라 할 수 있는 공감과 통합사고, 분석틀인 4단계 진리법, 그리고 접근기법인 긍정대화를 중심으로 기술되어 있다. 융합연구를 기반으로 각각의 주제에서 요구되는 이론과 기법을 논의하는 형식으로 전개될 것이다.

## 생각발전소 토론주제

1. 갈등을 접근하는 데 있어 '관리'의 시각과 '치유'의 시각은 어떤 점에서 차이가 있다고 생각합니까?

2. 갈등치유에서 공감과 통합사고가 왜 중요하다고 생각합니까?

3. 갈등의 분석틀로 제시한 '4단계 진리법'이란 무엇을 의미합니까?

# 제 1 부 갈등치유의 이해

제 2 장

# 갈등의 철학적 이해

*"몸의 병을 물리치지 못하는 의술이 아무 소용없듯이 마음의 고통을 물리치지 못하는 철학 또한 아무 소용이 없다."* – 에피쿠로스(Epikuros)

# 제2장 갈등의 철학적 이해

갈등을 이해하기 위해 개개의 인간이 느끼는 괴로움과 아픔에서 시작한다. 인간이라면 누구나 겪는 개인적 고통이 어떻게 집단적인 사회적 갈등으로 확산되어 가는지를 존재론적 차원에서 살펴본다. 그런 다음 실존적 불안에 가중되는 사회적 관계에 대한 두려움이 육체적·정신적 질병은 물론 철학병을 유발하는바, 그 병을 근원적으로 치유하는 길을 철학에서 찾고자 한다.

## 1. 이중적 존재로서의 인간: 단독적 개인 대 사회 구성원

무릇 인간이 존재하는 양상은 이중적이다. 인간은 한 개인으로 살아나가면서 동시에 한 사회인으로 생활하고 있다. 인간은 한 개인으로, 즉 분명히 단독자로서 살고 있다. 동시에 인간은 사회의 한 구성원으로, 즉 엄연히 사회인으로 삶을 꾸려 나간다. 인간의 한 얼굴은 생물학적 본성을 갖는 자연인이지만 또 다른 얼굴은 사회관계적 속성을 갖는 사회인인 것이다.

따라서 인간의 존재성을 이해하기 위하여 개인행위와 사회구조의 이중관계를 살펴보는 게 필요하다. 개개의 인간들은 사회를 창출하지 못한다. 왜냐하면 사회가 언제나 인간보다 먼저 존재하며, 사회는 또한 인간 활동의 필요조건이기 때문이다. 그러나 사회를 개인들이 재생산하거나 변형하는 구조, 실천, 관습의 '조화체(ensemble)'로 간주하지 않으면 안 된다. 그 까닭은 그 조화체가 개인이 재생산하거나 변형하지 않는다면 존속할 수 없기 때문이다. 사회는 인간 행위와 독립하여 존재하는 것이 아니다. 그렇다고 사회가 인간 행위의 직접적 산물인 것도 아니다. 오히려 사회는 고립된 개인들을 '사회화(socialization)' 과정을 통해 사회 구성원으로 상호 연결해 준다. 사회화란 주어진 사회적 맥락에 적합한 개인들의 지식, 활동, 기술, 능력, 습관 등이 축적되고 달성되고 지속되는 과정을 말한다. 개인에 의한 사회의 재생산 그리고 변형이란 비록 대개가 무의식적으로 달성될지라도 선행하는 조건의 기계적 결과가 아니라, 행위 주체자가 숙련된 노력을 기울여 이뤄 냈음을 뜻하는 하나의 의도적인 성취인 것이다.

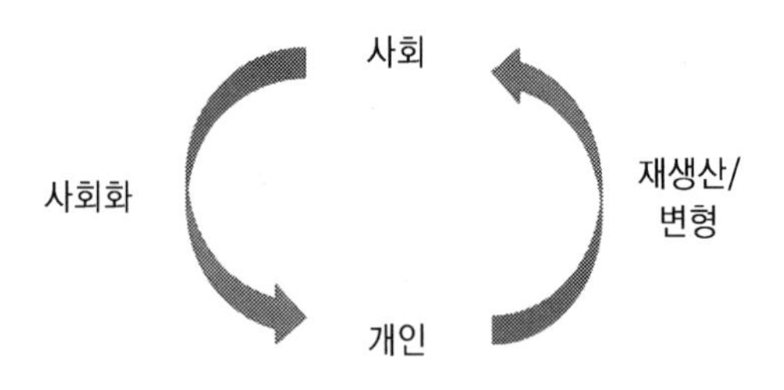


〈그림 2-1〉 개인과 사회의 관계

* 고창택(동국대학교 인문학부 문화예술철학전공 교수 겸 철학치유연구소 소장).

사회구조는 분명히 개개 인간들에 선행하여 존재한다. 즉 개인은 존재론적으로 사회구조에 의존할 수밖에 없다. 그러나 그 본질적 측면을 보면 사뭇 다르다. 개인은 그만의 고유한 본성을 드러냄으로써 사회와 완전히 독립된 자율적 개체임을 선언한다. 따라서 양자는 존재한다는 측면에서는 상호 의존적이지만 본질적 측면으로는 서로 확실히 구분되는 독자적 개체인 것이다. 사회구조는 늘 현존하는 조건이면서 동시에 계속적으로 재생산되는 인간 행위의 결과이다. 이것이 이른바 '구조의 이중성'이다. 또한 인간 행위는 활동을 하면서, 즉 의식적인 생산을 하면서 동시에 사회구조를 포함한 생산조건의 무의식적인 재생산을 수행한다. 이것이 곧 '실천의 이중성'이다(고창택, 1995).

요컨대 단독적 개인인 행위자는 실질적으로 동기 부여된 생산활동 안에서 그 활동에 필수적인 동기 부여되지 않은 조건들을 비목적론적으로, 즉 순환적으로 재생산함으로써 당당히 사회 구성원으로서의 일익을 담당하게 된다. 결국 사회구조는 그런 활동의 매개체이면서 또한 그 결과물이기도 한 셈이다.

## 2. 인간의 존재론적 본성: '존재에 대한 불안'에서 '관계에 대한 두려움'까지

흔히 인간을 합리적 존재라고 말한다. 합당한 목적을 성취하기 위해 자신의 자연적 욕구와 의도적인 인식을 적절한 수단에 의거하여 최선의 행위로 귀결시키기 때문이다. 실제로 겉으로 드러나는 선택적 행위에만 주목한다면 인간은 지극히 합리적으로 보일 수 있다. 그러나 인간의 내면에 들어가 보면 설명할 수 없는 비합리적 부분이 떠오르며 나아가 이해하기조차 어려울 정도의 부조리한 구석도 나타나게 된다. 우리는 그 속내의 저변 곳곳에 흐르는 일반의식을 다름 아닌 '불안' 혹은 '두려움'이라 규정한다.

미리 결론부터 말하자면, 인간은 한 개인으로서, 즉 단독자로서 '존재에 대한 불안'을 항상 가진 채 살아가고 있다. 동시에 인간은 사회의 한 구성원으로서 즉 사회인으로서 '관계에 대한 두려움'까지 함께 가지고 삶을 꾸려 나간다.

왜 인간은 존재에 대한 불안을 떨치지 못하는 것일까? 그것은 인간의 원초적 자기의식의 형태가 생명을 유지하려는 욕망적인 것에서 시작되었기 때문이다. 그런 욕망은 동물적 욕망으로 출발하지만 타인과의 관계에 눈떠 가면서 사회적 욕망으로 발전하면서 최종적으로 인간의 사회적 본성에 도달하게 된다. 생명에의 욕망으로서의 자기의식은 일단 타자에 대한 부정으로 전개되지만 마침내 자기와 다른 생명체, 즉 타인과의 대립을 지양하는 것으로 귀결된다. 생명은 개인들 상호 간 부정과 긍정이라는 의존관계 안에서 유지되며, 이때 그 생명은 '인류'로서의 존재성을 표명한다. 그런 인간의 보편적인 자기의식을 일상적 용어로 바꿔 보면 '우리들인 나, 나인 우리들'인 것이다. 따라서 인간이란 본질적으로 '나'로 표현되는 인격성과 '우리'로 표명되는 사회성이란 두 차원을 갖는다.

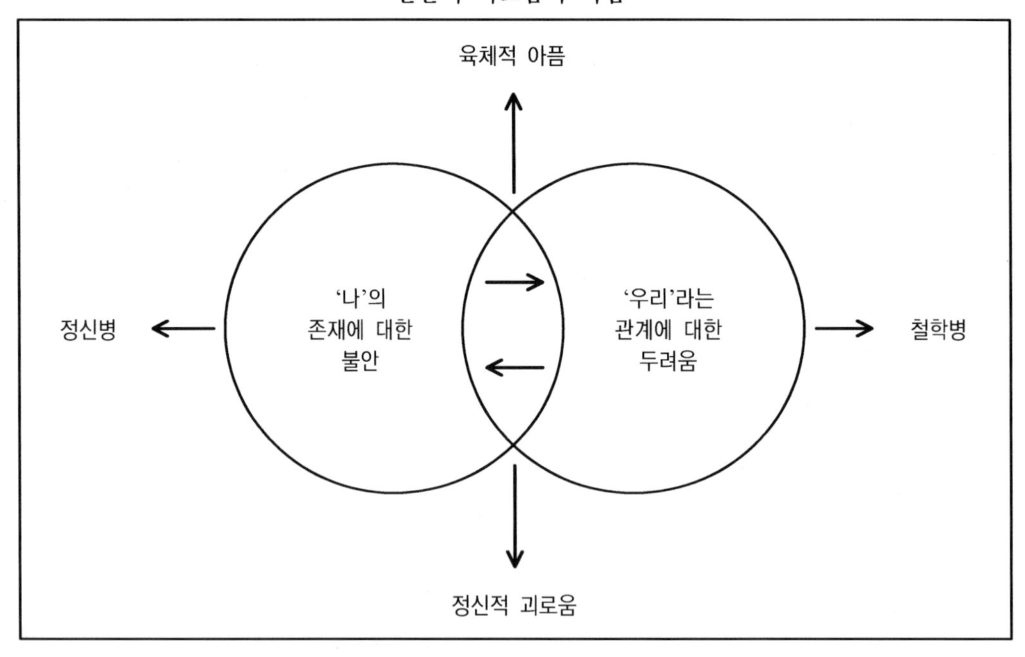


**〈그림 2-2〉 불안의식의 전개양상**

인간 존재가 항상 느끼는 '존재에 대한 불안'은 '죽음에 대한 공포'를 극복하려는 시도 속에서 어쩔 수 없이 노출되는데 이는 역설적으로 '삶에 대한 욕망'을 더 밑바닥으로부터 꿈틀거리게 한다. 그러나 존재에의 불안이 조성하는 괴로움은 인간의 자기 상실에 대한 본원적 아픔이면서 또한 생명과의 단절이 안겨 주는 무(無) 앞에서의 시련으로서 궁극적으로 자기 자신의 유한한 능력에 대한 뼈저린 체험으로 연결되고 만다. 더욱이 '나' 스스로 느끼는 무기력은 '우리'라는 사회적 인간관계를 언제나 새롭게 만들어 나가야 한다는 부담감 속에서 엄청난 두려움으로 증폭될 터이다. 이런 원초적 불안이 야기하는 근원적 번뇌가 씨앗이 되어 무수한 이차적 불안들로 파생되게 된다. 일상적인 노이로제와 같은 가벼운 신경증적인 증상들을 자아내다가 기존의 육체적 아픔을 가중시키거나 정신적 괴로움에 한껏 사로잡히기도 한다. 더 나아가서 심리적인 정신병이나 인지적인 철학병에까지 이를 만큼 확산될 수 있다.

그런 측면에서 고대 철학자 Epikuros가 철학을 '영혼의 치료'라 정의한 것은 오늘에 와서 도리어 더 의미심장해 보인다. 오늘을 사는 우리들은 '나는 아파한다. 고로 존재한다'라는 테제를 한숨처럼 뱉어 내면서 세파에 시달리며 하루하루를 견뎌 내고 있는 것은 아닐까? 왜냐하면 우리가 앓고 있는 고통은 통상 마음이 괴로워하는 고(苦: suffering)와 육체가 아픔을 느끼는 통(痛: pain)이 유기적으로 결합되고 서로 상승작용을 일으켜 정신적 괴로움과 육체적 아픔을 극대화하는 경향이 있기 때문이다.

개인인 내가 사회적 존재로서의 우리로 거듭나는 양식은 대략 네 갈래로 해명된다(박순영, 2003).

- **다름으로서의 개인**: 차이의 양식 = 개인은 다름으로써 있다. 개인은 구체적 실존이며 단독적

개인이며 독특한 자기의식이다.

- **맞섬으로서의 개인:** 대립의 양식 = 개인은 단독자로서 보편자로서의 사회인에 종속되는 게 아니며 평균적인 사회인을 끊임없이 부정하면서 밀어낸다.
- **남아 있음으로서의 개인:** 잔여의 양식 = 개인은 자신의 결단적 행위를 통해 구성되고 실현되는 존재이면서도 결코 결정되지 않고 가능성으로 남아 있는 존재이다.
- **맺음으로서의 개인:** 관계의 양식 = 개인은 보편적 사회인과 관계 맺음으로써 자신의 열정을 추동하면서 스스로 책임을 자각하며 의무를 짊어진다.

위의 양식들 중 네 번째 양식에 이르러서야 비로소 우리들 속에서 나를 정립하게 된다. 나는 남과 달라서 차이를 만들고, 상대에 맞서서 대립각을 세우며, 나 홀로 끝까지 남아서 잔존하려 하지만 마침내 다른 사람들과 관계를 맺음으로써 차이가 개성이 되며, 대립도 통합이 되며, 잔여가 실존이 되는 것이다.

요컨대 인간의 실존적 상황과 관련하여 가장 중요한 존재론적 기본 욕구는 Erich Fromm의 용어를 빌린다면 '연관성(relatedness)에 대한 욕구'라 하겠다. 이는 살아 있는 타인들과 결합하고 관계를 가져야만 충족되는 욕구로서 뿌리의식에 연원하는 근친애나 형제애 같은 귀속(rootedness)에의 욕구를 포섭하여 넘어서는 사회적 욕구인 것이다.

## 3. 육체의 병, 정신병, 그리고 철학병

질병을 언급하기 전에 건강의 개념을 살펴보기로 하자. 건강에 대한 규정은 사람마다 관점과 생각이 다르기 때문에 설왕설래할 수 있다. 가장 권위 있는 개념은 세계보건기구(World Health Organization: WHO)가 설정한 것이다. WHO는 "건강이란 완벽한 육체적·정신적·사회적 안녕(well-being)의 상태이며, 단지 병이나 쇠약이 없는 것만은 아니다"라고 하면서 두 가지 점을 강조한다. 하나는 사회적 안녕 측면이 지나치게 가치 지향적이며 정치적·사회적·윤리적 함축을 가진다는 사실이다. 따라서 적어도 건강은 가치판단으로부터 결코 자유롭지 않다. 다른 하나는 건강은 최소한 육체적인 온전함과 정신적인 안녕이 함께 유지되는 상태를 의미한다는 사실이다.

〈병의 개념 규정〉

김영진(2004)은 병을 다음과 같이 규정하고 있다.

- 생명적 기능의 손상이라는 개념이 중심적인 역할을 한다.
- 우리 몸의 어떤 조직의 구성적인 부분에 기능을 부여하는 것은 완전히 사실적인 문제라고 할 수 없다. 병 또는 건강이 어떤 것인지를 결정하기 위해선 인간의 안녕 혹은 적절한 상태가 무엇인지 먼저 규정되어야 한다. 그런 선행 작업은 가치판단을 필요로 한다.
- 어떤 조직을 구성하는 부분에 개별적 기능을 부여하는 것은 사실적이거나 기술적인 것이 아니라 가치 담지적이다.
- 어떤 상태가 병적인 상태라고 확인되기 위해선 아래 세 가지 기준에 부합하여야 한다.
  - 어떤 부분의 본래 목적에 부합하지 않을 때(예: 시각 장애 → 눈의 보는 목적적 기능)
  - 어떤 상태가 인간에게 고통이나 아픔을 유발할 때(예: 편두통)
  - 어떤 상태가 자연스런 인간의 형태나 외양에 위배되어 기능적 불완전이나 미적 혐오감을 일으킬 때 (예: 육손이, 삼손이의 손 모양)
- 정신병의 개념은 어떠한 인식적/기술적 내용도 포함하고 있지 않다. 정신병이 단지 뇌의 병을 지칭하는 것이라 단정할 과학적 근거도 없다.
- 육체적 병은 신체의 구조적이고 기능적인 완전무결의 상태에서 일탈한 것인 데 반하여, 정신병은 어떤 윤리적/정치적/사회적 규범에서부터 일탈했다는 것을 유일한 근거로 삼을 뿐이다.

그러므로 병에는 육체적 병과 정신적 병이 있는데, 둘 다 가치로부터 중립적이지 않음이 확실해진다. 가치판단에 따라서는 정신병을 모두 질병이라고 간주하기보다 정신적 일탈로 보는 게 더 적절할 경우도 있다.

위의 논의를 종합적으로 고려하여 병(diseases)을 분류한다면 다음 세 종류로 나눌 수 있을 것이다. 첫째, 육체의 병-암, 폐병, 맹장염 등 임상의학(clinical medicine)에서 다루는 온갖 질병을 이른다. 그런데 이 병에서도 환자 스스로가 명료하게 인식하거나 의사가 그 증상을 정확하게 진단하기 어려운 경우를 많이 발견하는데 그 이유는 육체적 병에도 정신이 어떻게든 작용하며 가치판단이 개입하기 때문이다. 둘째, 정신병(mental illness)-우울증, 조울증 등 정신의학적 치료가 필요한 질병을 말한다. 이 질병의 특징은 병을 환자 스스로 판단하는 것은 아예 기대할 수 없고 의사가 환자의 병을 정확하게 진단하기도 상당히 어렵지만 그에 대한 치료는 더더욱 어렵다는 사실에 있다. 셋째, 철학병-가치관, 인식, 논리에 기인한 철학병을 말하며 그 병을 다루는 분야를 이른바 '임상철학(clinical philosophy)'이라고 지칭한다. 그것은 '철학적 병을 진단하고 적절한 처방과 치유를 수행하는 철학'을 의미한다.

이번에는 철학병을 다른 병과 비교하는 차원에서 그 특성을 개괄해보도록 한다. 첫째, 철학병은 육체적인 병과 아주 다르다. 정신병과 같이 육체적 증세가 전혀 없으며 정신병과 달리 약이나 주사를 필요로 하지 않는다. 둘째, 철학적 '병'은 철학적 '장애'의 다른 말인데, 다른 두 병보다 훨씬 가치 지향적이고 가치 담지적이다. 셋째, 육체적 병이나 정신병은 무엇보다도 앓고 있는 본인의 직접적인 고통이 가장 크지만, 철학적인 병은 본인보다도 주로 다른 사람에게 고통과 어려움을 주는 경향이 있다. 넷째, 어떤 상태가 철학적 병임을 해석하거나 설명하는 방법은 철학적 분석, 주로 개념 파악과 논리 분석 등에 의존한다.

## 4. 치유와 연관하여 본 철학

철학(philosophy)이란 'philia(사랑)+sophia(지혜)'란 어원에서 알 수 있듯이 앎, 지식 혹은 지혜에 대한 사랑을 뜻한다. 그런 철학은 실상 두 얼굴로 모습을 드러낸다. 일상적으로 어디서든 마주치는 면모는 봄[觀]으로서의 철학이다. 이는 삶의 지혜를 추구하는 데 그 지혜가 생생하게 살아 있어서 생활 전반에서 써먹는 데는 좋지만 지식의 그물에는 잘 걸리지 않으며, 생명체이기 때문에 일정한 틀에 가두면 변질되거나 굳어지는 문제가 있다. 다른 얼굴은 학구적이어야 만날 수 있는데 틀[學]로서의 철학이 그것이다. 이는 지식의 체계를 구축하려고 애쓰는바, 질서를 잡아 놓은 지식은 짜임새가 있지만 생생한 직감보다는 굳어 있는 이론에 호소하고 포괄적 어법이나 문법보다는 엄밀한 논리에 연연하고 주관적 이해보다는 객관적 설명에 의존하기 때문에 일상적 삶과 멀어지기 십상이라는 약점이 있다.

철학은 치유와 연관하여 살펴볼 때에도 역시 야누스의 얼굴처럼 이중적 의미로 파악된다. 철학은 무엇보다도 치유적 성격을 드러낼 때에 그 본령이 발현된다고 할 수 있다. 고대부터 지금까지도 서양철학의 흐름이란 진리라는 빛으로 주변의 모든 것을 비추어 가려진 실상을 드러내 주는 것을 목표로 해 왔다고 해도 과언이 아니다. 이를테면, 계몽주의에서 '계몽(enlightenment)'이란 무지와 미성숙에서 벗어남을 이르며 자신의 이성능력을 공개적으로 선포하고 온전하게 사용하게 될 자유의 성취를 뜻한다. 또한 진작부터 있어 온 철학적 문제에 대한 다양한 철학적 치료(philosophical therapy) 활동이 오늘날 철학 공부를 통해 인생의 지혜를 얻으려 하며, 철학함을 수행함으로써 마음의 위안을 찾아 나서거나 안락함을 향유하고자 하는 철학 갈구 형태에 숨결을 불어넣어 준다고 하겠다. 그런 맥락에서 지행합일(知行合一)을 추구하고 사고 치유를 근간으로 한 근원치료를 지향하는 '철학치료학' 이란 관점도 대두하고 있다(이광래 외, 2011).

그러나 철학을 잘못하게 된다면 악마의 얼굴로 돌변하여 도리어 재앙을 초래하고 만다. 철학이 가지는 어두운 구석으로서 질병적 의미로 풀이된다. 이는 대체로 자신의 앎이 진리 그 자체라는 독단에 빠져 눈이 먼 채, Platon이 비유한 대로, 빛 속에서 진상이 드러나는 광명의 세계를 뒤로하고 동굴의 어둠 속에 머물고 마는 형태를 말한다. 광신주의(狂信主義)를 비롯한 여러 가지 철학적 병들이 바로 그것이다. 특히 철학병은 사회적 인간관계가 형성되는 지점에서 그 본색을 드러내곤 한다. 즉 사회갈등을 유발하는 주요한 동인으로 역할을 한다. 사람들 사이의 다소 불편함을 넘어서서 상호 간에 넘을 수 없는 장벽을 세우는 잘못된 가치관이나 인생관, 가짜 개념이나 엇나간 관점 등에 기인한 철학병은 매우 심각한 문제로 부각된다. 그런데 주목해야 할 사실은 언뜻 보면 단독적 개인의 사적인 병처럼 보이지만 그 속내를 살펴보면 사회적 구성원 간의 왜곡된 관계가 깊이 관여하고 있다는 점이다. 대부분의 사회적 갈등들은 그런 양상을 보여준다고 판단하는 게 자연스럽다.

예를 들면, 많은 오도된 정치사상 내지 유사한 사회적·종교적 이데올로기가 사회 구석구석에 끼치는 폐해는 이루 말할 수가 없는 지경이다. 그런 이데올로기는 우선 널리 받아들여진 신념 혹은 신념 체계로서 그것을 받아들이는 근거가 지극히 사회적이라는 점이 핵심이다. 신념의 주체는 분명히 개인이지만 그것의 발생기제는 개별적인 심리적 속성에서가 아니라 사회적·정치적·경제적·문화적 구조와 체계에서 발견된다. 그리하여 손쉽게 알 만큼 거짓된 내용, 허위의식, 잘못된 사상, 비과학적 교의(教義), 환상 등이 그럴듯하게 포장되어서 유포되는 것이다. 결국 그런 이데올로기를 무반성적으로 수용하는 일은 그것을 생산하고 계속 전파하는 주도 그룹의 논리를 따르고 그들의 이해관심에 이바지하는 셈이 되고 만다.

## 5. 철학치유의 전제와 조건

먼저 철학치유의 형이상학적 전제부터 따져 보자. 인간은 자신의 감정적·행동적 문제를 비합리적 전제에서 자기 기만적이고 파괴적인 행동적·감정적 귀결을 추론함으로써 만들어 낸다고 본다. 감정, 오류가능성, 실재, 자유에 관한 4가지 형이상학적 가정은 아래와 같다(Cohen, 2007).

- 인간은 자신의 감정에 들어 있는 인지적-행동적 구성요소를 전제들로부터 논리적으로 연역한다.
- 인간은 본래 오류를 범하기 쉬우며 행위적-감정적 추리의 전제도 오류를 포함하기 쉽다.
- 행위적-감정적 문제는 실재의 절대적이고 완벽주의적인 구성물로부터 유래하는 경향이 있다.
- 인간은 오류를 범하기 쉬운 행동과 감정적 추리를 극복하는 데 유용하게 쓰일 수 있는 본유적인 의지력을 가지고 있다.

임상심리학에서 정신병을 치유하는 한 방안으로 사용하는 인지 치료법(cognitive therapy)의 경우에도 위의 전제와 유사하게 "사람의 감정은 세계에 대한 관점과 이해에 의해 통제된다"는 테제하에서 출발하여 부정적·소극적·수동적 사고를 긍정적·적극적·능동적 사고로 바꿈으로써 감정의 상태를 적정하게 다스리는 기법을 내놓는다. 실제로 인지 치료의 결과는 실험을 통해 우울과 걱정을 공격하는 신경전달물질의 수준을 의미 있게 상승시키는 것으로 밝혀졌다. 대화치료가 두뇌회로를 일정 정도 변화시킬 수 있음을 입증한 것이다.

이쯤에서 철학치료를 수행하기 위한 예비조건으로서 생각하는 힘을 키우는 문제를 고려해야 한다. 주지하듯이 철학의 본질은 어디까지나 생각함에 있다. 철학을 하거나 배우는 것은 곧 생각하는 힘을 키우는 것에 다름 아니다. 공자(孔子)의 언명처럼, "배우기만 하고 생각하지 않으면 얻는 게 전혀 없다(學而不思則罔)"는 점을 명심해야 한다. 그렇다면 어떻게 하면 생각하는 힘을 키울 수 있겠는가? 그 방법에는 왕도가 따로 없다. 본인이 생각의 본질을 깨닫고 그에 따라 실제로 생각하는 일을 수행할 수밖에 없다. 도대체 생각의 본질이란 무엇인가? 생각은 어떤 것을 생각하면서(대상관계), 동시에 나 자신을 생각할 수 있어야만(자기 관계) 성립하는 활동이라 할 수 있다.

### 1) 어떤 대상을 생각하기: 대상규정

대상을 육체의 눈으로서가 아니라 마음의 눈으로 보기 때문에, 생각은 대상과의 관계 속에서 일어나는 마음의 능동적 작용이자 자유로운 활동이다. 감각에 입각하면 모든 것은 흐르기만 하고 따라서 아무것도 머무르지 않는다. 그러나 마음에 입각하면 스스로 머무르지 않는 것을 머무르게 하는 능력, 즉 생각하는 힘이 생겨나면서 주변의 잡다한 모든 것들을 종합하는 능력으로 승화되고 온갖 주관적인 것들을 보편화하는 힘도 발휘하게 된다.

### 2) 나 자신을 생각하기: 자기반성

돌이켜 생각하기, 즉 반성능력이란 내가 생각하는 모든 것을 다른 사람이 아니라 바로 나 자신이 지금 여기서 생각한다는 것을 항상 깨닫는 것을 말한다. 주체적인 자기반성 능력은 다른 사람과의 대화를 가능케 하는 원초적 능력으로서 사회적 관계를 맺어 나가는 초석이 된다. 바꿔 놓고 생각할 수 있다는, 즉 상대방의 주장이나 견해를 역지사지(易地思之)할 수 있다는 것은 사회적 구성원이 갖춰야 할 최고의 덕목이다.

이번에는 생각하는 힘에서 그 힘의 진정한 의미가 무엇인지 짚어 보도록 한다. 그것은 첫째, 생각을 가능케 하는 지식적 능력, 즉 관련 지식, 둘째, 생각을 실제로 하는 기능적 능력, 즉 사고 기능, 셋째, 생각을 일정한 방향으로 이끄는 성향적 능력, 즉 사고 성향으로 삼분하여 설명될 수 있다. 셋 중에서 생각을 건전한 방향으로 이끄는 사고 성향이 가장 중요하다고 할 수 있다. 그것만이 합리적 사유를 무리 없이 이끌며 인격적 품성을 온전하게 갖추게 하는 원동력이기 때문이다.

〈생각을 건전한 방향으로 이끄는 사고 성향의 유형〉

**(1) 반성적 사고 성향**
이성이 주도하는 절제적 태도. 신중성, 집중력, 깊고 넓게 그리고 멀리 성찰함. 고정관념, 편견 등에 대한 맹종의 거부. 단순 암기보다 이해 중시. 스스로 답을 추구함.

**(2) 진리·정의 추구 성향**
진실성의 원칙 준수 의지. 합리성의 원칙 준수 의지. 지적 호기심. 발전, 개선, 창의, 진보의 성향. 옳은 것에 대한 용기와 헌신. 자신의 세계관과 가치관 정립 의지

**(3) 열린 마음 성향**
자비의 원칙 준수. 협력의 원칙 준수. 자신의 견해에 대한 자기 비판적 성찰. 보다 나은 의견에 대한 승복의 용의. 경청과 비판에 대한 침착한 대처. 소수 의견에 대한 관심과 배려.

## 6. 철학치유의 구체적 방법: 치유적 사고의 실행

먼저 소크라테스(Sokrates)가 몸소 실행한 치유적 사고의 세 가지 기준을 간명히 개괄해 보자.

첫째 기준은 합리성으로서 어떤 판단을 내릴 때 오로지 이성에 의존해야지 결코 감정에 휩쓸리지 말라는 것이다. 감정에 의존하는 순간 모든 상황은 불합리하게 풀리거나 부조리하게 꼬인다는 것이다.

둘째 기준은 자율성으로서 자신의 주체적 판단을 신봉해야지 타인의 타율적 권고에 흔들리지 말라는 것이다. 남의 눈치를 보거나, 지나치게 여론을 의식하거나, 대중의 시선과 관점에 예민하게 된다면 올바른 판단에 이를 수 없다는 것이다. 이때 중요한 점은 위의 첫째 기준이 완전히 충족될 경우에만 이 기준이 작동될 수 있다는 사실이다.

셋째 기준은 도덕성으로서 자신의 도덕 원리나 행위 준칙에 따라 판단하고 행동해야지 무비판적으로 사회적 관습이나 일상적 통념을 따라가지 말라는 것이다. 사회적 풍조에 동조하고 일시적 유행에 합류하다 보면 생활원리나 행위준칙이 지나치게 타산적이고 이기적인 방향으로 기울기 때문이다.

치유적 사고는 크게 분석적 사고와 통합적 사고로 나뉠 수 있는데 간단히 개괄하면 아래와 같다.

### 1) 치유적 사고의 실행 방법 Ⅰ: 분석적 사고

분석적 사고는 다시 '언어적 고찰 방법'과 '과학적 고찰 방법'으로 양분할 수 있다. 첫째, 언어적 고찰 방법이다. 진정한 문제는 '해결의 대상'이지만 사이비(혹은 가짜) 문제는 단지 해소의 대상이라는 원칙 위에 서 있다. 그리하여 사이비 문제를 해소하는 방법으로는 개념 분석, 즉 개념을 명료화하는 작업과 논리 분석, 즉 논증의 구조를 분해하여 재구성하는 작업을 들 수 있다. 개념의 명료화와 논증의 체계화를 통해 그 문제가 실제 문제 상황과 상응하지 않음을 분명하게 보여 주는 것이 핵심이다. 둘째, 과학(이론)적 고찰의 방법이다. 문제 상황과 상응하는 문제에 대해 문제 상황의 인식과 문제의 서술(문제제기), 문제 해결을 위한 조건과 방법의 분석(문제취급), 가설의 설정과 가설의 실천적 검증(문제 해결) 과정을 거치게 된다.

### 2) 치유적 사고의 실행 방법 Ⅱ: 통합적 사고

통합적 사고는 사고의 틀(혹은 형식)을 넓히는 방법으로서 사고의 구조 변화를 의미한다. 또한 통합적 사고가 일어나기 위하여 사고의 질(혹은 내용)을 바꾸는 방법도 이용할 수 있는데, 사고의 논리 전환이라고 할 수 있다. 이에 대한 자세한 논의는 장(章)을 달리하여 통합사고에서 다루기로 한다.

## 생각발전소 토론주제

1. 당신이 느끼는 '존재에 대한 불안'과 '관계에 대한 두려움'을 구체적으로 진술해 보십시오.

2. 당신은 정신병과 철학병의 차이를 어떻게 이해하고 있습니까?

3. 당신의 생각을 건전하게 이끄는 사고 성향은 무엇이며, 스스로 실행하는 치유적 사고로는 어떤 게 있습니까?

제 3 장

# 불교의 갈등이론

*불교의 사성제(四聖諦) 사상으로 바라본 갈등의 원인과 치유에 대해 논의한다.*

# 제3장 불교의 갈등이론

갈등의 현실을 직시하고, 갈등의 원인을 분석하여, 갈등이 없는 세계로 나아가기 위해, 갈등을 치유하는 노력을 하는 과정을 불교의 사성제(四聖諦) 사상으로 이해하고자 한다. 갈등의 원인은 세상과 인간에 대한 잘못된 인식[無知]과 애착에서 비롯되며, 무지와 애착의 내용을 연기법(緣起法)과 삼법인(三法印)으로 설명하고자 한다.

## 1. 사성제(四聖諦)

붓다는 늙고 병들고 죽는 인생의 괴로움으로부터 완전히 벗어나기 위해 출가했다. 오랜 수행을 통해 마침내 괴로움의 원인을 알았고, 괴로움의 원인을 제거함으로써 괴로움으로부터 완전히 벗어날 수 있었다. 붓다는 자신이 괴로움에서 벗어난 과정을 사성제(四聖諦, cattāri ariya-saccāni)로 설명했다.

사성제는 우리들이 현실에서 겪고 있는 괴로움을 뼈저리게 느껴야 하고[고성제(苦聖諦)], 괴로움이 일어나는 원인을 알아야 하고[고집성제(苦集聖諦)], 괴로움이 사라진 즐거움을 얻어야 하며[고멸성제(苦滅聖諦)], 그러기 위해 괴로움이 사라지는 방법을 닦아야 한다는 것[고멸도성제(苦滅道聖諦)]을 체계적이고 논리적으로 밝히고 있다. 이를 고(苦)・집(集)・멸(滅)・도(道)라 부르기도 한다.

### 1) 고성제

붓다는 인간들이 살아가는 현실세계를 고통의 바다[苦海]에 비유했으며, 고(苦, duḥkha)는 '뜻대로 되지 않는 것', '힘이 든다'는 뜻이다. 그리고 우리가 사는 세상을 사바(娑婆, sabhā)세계라 하며, 이는 '참고 견디며 사는 세계'란 의미로 감인(堪忍)세계라 번역한다.

> *비구들이여, 무엇이 괴로움인가. 태어남은 괴로움이며, 늙음도 괴로움이며, 죽음도 괴로움이며, 슬픔・비탄・통증・비애 그리고 절망도 괴로움이다. 원하는 걸 얻지 못함도 괴로움이며, 싫어하는 대상과 만남도 괴로움이며, 애착하는 대상과 헤어짐도 괴로움이며, (인간을 구성하고 있는) 다섯 무더기에 대한 집착도 괴로움이다.* —『디가니까야』 22

### 2) 고집성제

집(集, saṃudaya)이란 'saṃ(함께)+udaya(위로 올라오다)'는 뜻으로 '집기(集起)'라고 번역한다. 과거의 원인[業]에 대한 집착과 번뇌에 대한 집착이 결합하여 함께 위로 올라온다는 의미이다. 과거의 원인

---

* 이철헌(동국대학교 불교문화대학 겸임교수 겸 갈등치유연구소 연구위원).

이 있더라도 그것이 일어나도록 하는 번뇌가 없다면 물기가 없는 씨앗처럼 싹을 틔우지 못하기 때문이다.

집착을 갈애(渴愛, taṇha)라고 하며 갈애에는 욕애(欲愛, kāma-taṇhā), 유애(有愛, bhava-taṇhā), 무유애(無有愛, vibhava-taṇhā)가 있다. 욕애(欲愛)란 눈・귀・코・혀・몸 등의 인식기관을 통해 보기 좋은 형색, 듣기 좋은 소리, 좋은 향기, 맛있는 음식, 좋은 감촉 등 감각적인 쾌락을 추구하는 욕망이다. 유애(有愛)란 나에 집착하여 이 목숨이 계속 이어지기를 바라는 생에 대한 강렬한 욕망이다. 무유애(無有愛)란 탐욕을 추구하고 생에 애착을 가지지만 원하는 바가 이루어지지 않을 때에 허무를 고뇌하다 자포자기하고 자신의 존재를 버리려는 욕망이다.

욕망을 오욕으로 설명하고 있는데, 재물에 대한 욕망[財慾], 이성에 대한 욕망[性慾], 먹는 것에 대한 욕망[食慾], 잠에 대한 욕망[睡眠慾], 지위나 명예에 대한 욕망[名譽慾]을 말한다. 또한 경전에서는 눈으로 좋은 빛깔과 모양을 보려 하고, 귀로 좋은 소리를 들으려 하고, 코로 좋은 냄새를 맡으려 하고, 혀로 맛있는 음식을 먹으려 하고, 몸으로 부드러운 물질을 감촉하려 하는 다섯 가지 욕망으로 말하기도 한다.

### 3) 고멸성제

괴로움이 완전히 사라지고 번뇌가 더 이상 일어나지 않는 것을 열반(涅槃, nirvāṇa)・적정(寂靜, śanti)이라고 한다. 열반은 '불어서 끈 상태[吹消]'라는 뜻으로 '괴로움이 사라진 상태', '괴로움이 완전히 없어진 상태'를 가리킨다. 적정은 '평온하고 고요함'을 말하며 열반과 같은 뜻으로 평화를 의미한다.

욕망이 나쁜 업을 일으키고 나쁜 업이 다시 태어나게 하므로, 다시 태어나지 않으려면 나쁜 업을 짓지 말아야 하고, 나쁜 업을 무력화하기 위해서는 욕망을 제거하기만 하면 된다. 다시 태어나지 않으면 늙음과 죽음, 괴로움과 절망이 그친다. 이것이 바로 모든 괴로움이 사라진 열반이다.

### 4) 고멸도성제

어떻게 하면 괴로움이 완전히 사라지는[涅槃]가를 일러 준 진리이다. 이 성스러운 진리는 팔정도(八正道)를 말하며 올바른 길[正道]이며, 적당한 길[中道]이다. 중도(中道)란 지나치게 쾌락적인 생활도 반대로 극단적인 고행도 아닌, 몸과 마음의 조화를 유지할 수 있는 '올바르고 적당한 길'을 말한다. 올바르고 적당한 길[中道]은 도덕적 행위를 규정하는 율법이 아니다. 우리가 올바르고 적당한 길로 나아가야 함은 초자연적인 힘이 두려워서가 아니라 본질적으로 타당하기 때문이다.

팔정도의 내용을 소개하면 다음과 같다.

① 올바른 견해[正見, sammā-diṭṭhi]

② 올바른 생각[正思惟, sammā-saṅkappa]
③ 올바른 말[正語, sammā-vācā]
④ 올바른 행동[正業, sammā-kammanta]
⑤ 올바른 생계[正命, sammā-ājīva]
⑥ 올바른 정진[正精進, sammā-vāyāma]
⑦ 올바른 마음챙김[正念, sammā-sati]
⑧ 올바른 정신집중[正定, sammā-samādhi]

*나는 알아야 할 바를 알았고 닦아야 할 바를 닦았고 버려야 할 것을 버렸다. 바라문이여, 그래서 나는 붓다, 깨달은 사람이다. -『숫따니빠따』 558-*

이 네 가지 성스러운 진리를 의사가 병든 환자를 치유하는 과정으로 비유한다. 환자는 자신이 병들었음을 알 때 비로소 병원에 간다. 의사로부터 진료를 받고 병의 원인을 알게 되고, 의사는 병의 원인에 따라 처방약을 알려 준다. 환자는 의사가 알려 준 약을 먹고서야 병이 나을 수 있다.

자신이 병든 사실을 빨리 알지 못하면 초기에 병을 잡지 못해 병을 키우게 되고 치료가 불가능할 수도 있다. 그리고 불치병도 고치는 훌륭한 명의를 만나 병을 완치할 약을 주었다고 할지라도 환자가 의사를 불신하고 약을 먹지 않으면 아무런 소용이 없다.

원인과 결과의 순서로 본다면, 괴로움의 원인과 괴로움이 사라지는 방법을 먼저 가르쳐야 하지만 순서를 바꾸어 결과를 먼저 가르치고 있다. 이는 괴로움에 대하여 두려워하는 마음이 없으면 원인이 되는 집착을 버릴 수 없고, 괴로움이 사라지기를 바라는 마음이 없으면 사라지는 길로 나아가지 않기 때문이다.

**〈표 3-1〉 사성제**

| 고성제 | 괴로운 현실세계 | 결과 | 철저하게 알아야 한다 |
|---|---|---|---|
| 집성제 | 괴로움의 원인 | 원인 | 끊어 버려야 한다 |
| 멸성제 | 열반의 이상세계 | 결과 | 실현해야 한다 |
| 도성제 | 열반에 이르는 길 | 원인 | 열심히 닦아야 한다 |

## 2. 사성제(四聖諦)로 본 갈등

이 사성제를 통해 갈등의 현실을 인식하고, 갈등의 원인을 파악하여, 갈등치유를 위해 노력하는 과정을 살펴보기로 한다. 갈등을 치유하기 위해서는 가장 먼저 갈등의 현실을 철저히 인식해야 하며, 갈등의 원인을 명확히 분석하고, 갈등을 치유했을 때의 즐거움과 유익함을 분명히 파악하고, 갈등을 치유하기 위해 노력해야 한다.

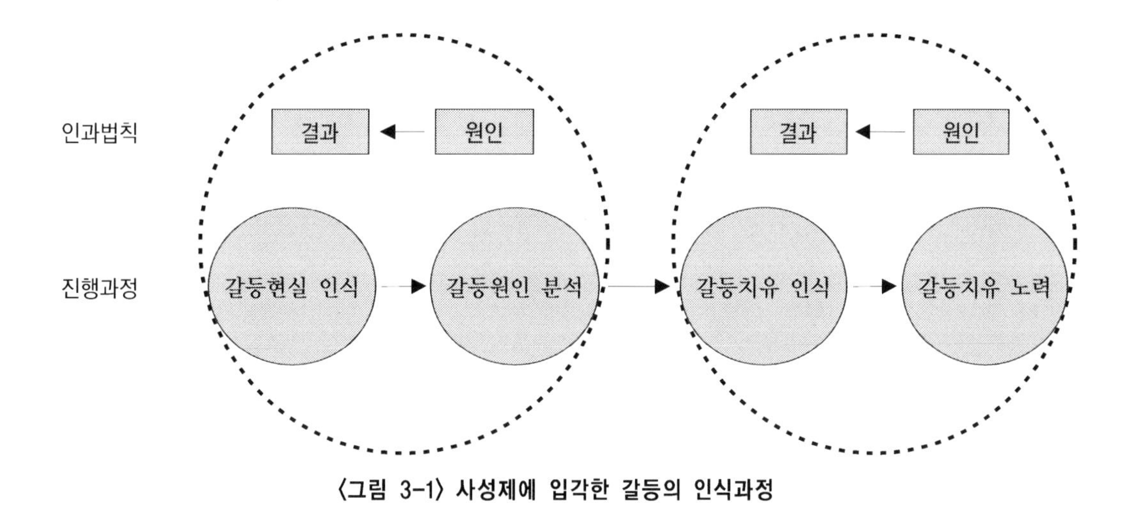

**〈그림 3-1〉 사성제에 입각한 갈등의 인식과정**

## 1) 갈등의 현실을 인식해야 한다

갈등을 치유하려면 먼저 자신이 갈등의 현실을 인식해야만 한다. 병을 알지 못하면 병을 치유할 수 없듯 갈등의 현실을 제대로 인식하지 못하면 갈등을 치유할 수 없기 때문이다. 자신의 속마음을 드러내지 않고 숨긴다고 갈등이 사라지거나 치유되는 것은 아니다. 병을 숨기면 중병으로 키우듯 갈등을 피하고 무시하고 감추면 갈등은 더욱 커질 뿐이다.

갈등은 버섯과 곰팡이와 같아 덮어 두면 더욱 성장하고 드러내면 점차 마르게 된다. 숨겨진 갈등은 치유할 수 없으며, 훗날 더 큰 갈등을 불러오는 계기가 된다.

## 2) 갈등의 원인을 분석해야 한다

갈등을 일반적으로 개인갈등과 사회갈등으로 나누나, 이를 보다 자세히 살펴보면 자기 내부의 갈등, 자신과 타인이나 집단과의 갈등, 내가 속한 집단과 다른 집단과의 갈등으로 구분할 수 있다. 이러한 모든 갈등의 중심은 바로 자신이며, 갈등은 애착에서 비롯된다. 경전에서는 목마른 사람이 애타게 물을 찾는 것처럼 강렬하게 욕망하기 때문에 갈애(渴愛, taṇhā)라고 표현한다.

불교에서 갈등(葛藤)이란 애욕(愛慾)과 관련되어 나온 말이다. 『출요경(出曜經)』에는 애욕에 얽히면 바른 도를 잃고 깨달음에 이르지 못한다고 경계하면서 칡과 등나무 줄기가 나무에 얽히면 나무가 말라 죽는 것과 같다고 비유하고 있다.

이와 같이 불교에서는 애욕을 갈등에 비유했으며, 애욕에 얽히면 괴롭고 영원한 행복을 찾을 수 없다고 했다.

갈등의 원인이 갈애에서 비롯되며, 이러한 애착은 세상의 모든 존재에 대한 잘못된 인식[무지]에서 생겨나게 된다.

### 3) 갈등이 없는 세상이 모두가 행복한 세상임을 깨달아야 한다

갈등과 분쟁을 좋아하는 사람은 없다. 갈등과 분쟁이 곧 괴로움이며, 소통과 화합이 행복이라는 사실을 모두 알고 있지만 해결을 위한 적극적인 노력과 합리적인 중재가 없다. 갈등과 분쟁은 모두에게 불행이며, 괴로움, 갈등과 분쟁이 없는 세상이 행복임을 절실히 깨달아야 한다.

갈등의 인식과 갈등의 원인파악 다음에 갈등해소를 먼저 말하는 것은 갈등해소의 이익을 알아야만 갈등을 해소하려고 최대한 노력을 하기 때문이다.

불교에서 바라본 갈등이 없는 세상이란 타협이나 협상이 아니라 완전한 치유를 말하며 다시는 갈등이 반복되지 않음을 말한다.

### 4) 갈등치유를 위해 당사자가 모두 노력해야 한다

갈등의 원인을 알았고 갈등해소가 유익하고 행복하다는 사실을 깨달았으면 모두가 합리적이고 올바른 방법으로 갈등치유를 위해 노력해야 한다. 이 합리적이고 올바른 방법을 중도(中道)라 하며, 중도는 단순히 도덕적 행위를 규정하는 율법이 아니라 어떻게 하면 갈등이 사라지게 되는가를 일러준 진리이다. 우리가 합리적이고 올바른 길로 나아가야 함은 본질적으로 타당한 갈등치유의 길이기 때문이다. 갈등치유의 방법으로는 여덟 가지 올바른 길을 가야 한다. 이는 올바른 길[正道]이며, 적당한 길[中道]이며, 자기정화(自己淨化)를 위해 스스로 나아가는 길이다.

## 3. 갈등의 원인 - 진리에 대한 무지

갈등의 원인은 갈애이며 갈애는 무지에서 비롯하며 무지란 연기론과 삼법인의 진리를 알지 못하기 때문이다. 붓다는 이 세상의 모든 존재는 원인이 있으므로 해서 생겨나고 모든 존재는 서로 의지하고 연관하고 있다고 했으며 이를 연기론이라 한다. 그리고 여러 조건들이 모여 형성된 존재는 조건의 변화에 따라 변하기에 괴롭고 변하고 괴로우므로 실체가 없다고 했으며 이를 삼법인이라 한다.

### 1) 연기론(緣起論)

모든 존재는 어떠한 원인과 조건에 따라 합당한 결과가 따른다. 여러 조건들이 화합하면 생겨나고 여러 조건들이 흩어지면 사라진다. 그리고 어떠한 조건에 따라 변하는 일정한 법칙이 없다면 우리의 계획과 노력도 아무른 소용이 없게 된다.

*모든 것은 인연으로 일어나며 諸法從緣起*

*붓다는 그 원인을 말씀하셨다 如來說是因*
*그것은 인연에 따라 소멸한다 彼法因緣盡*
*이것이 큰 스승의 가르침이다. 是大沙門說*
—『욕불공덕경(浴佛功德經)』

### (1) 연기라는 말뜻

연기를 '인연생기(因緣生起)'의 줄인 말로 이해하고 있는데, 모든 것은 원인과 조건으로 말미암아 생겨난다는 것이다. 연기(緣起, pratītya-samutpāda)란 'pratītya(~로 말미암아)+sam(함께)+utpāda(올라간다)'라는 뜻이다. 즉 '~때문에 태어난다', '~으로 말미암아 생긴다'는 의미이다. 이는 '모든 존재는 그것을 성립시키는 여러 가지 원인이나 조건 때문에 생긴다', '모든 존재는 원인이나 조건으로 말미암아 형성된다'는 것이다.

*장자여, 나의 거룩한 제자들은 연기의 가르침을 철저하게 그리고 치밀하게 이와 같이 살핀다. 이것이 있으므로 저것이 있고, 이것이 생겨나므로 저것이 생겨난다. 이것이 없으므로 저것이 없고, 이것이 사라지므로 저것이 사라진다[此有故彼有 此生故彼生 此無故彼無 此滅故彼滅]. 이 연기의 도리가 바로 나의 거룩한 제자가 진리를 철저히 꿰뚫어 보고 선명하게 보는 훌륭한 방법이다.* —『상윳다 니까야』12

### (2) 인과 연의 화합(因緣和合)

세상에 존재하는 모든 것은 어떠한 원인과 조건에 의해 생겨나고 변화하고 사라진다. 생겨나고 변화하는 원인과 조건을 직접적인 원인과 간접적인 조건으로 나누어, 그 직접적인 원인을 '인(因, hetu)'이라 하고 간접적인 조건을 '연(緣, pratyaya)'이라 한다. 서구학자들은 '인'을 '1차적인 원인(primary cause)', '연'을 '2차적인 원인(secondary cause)'으로 번역하고 있다.

원인과 그 원인이 결과를 낳도록 도움을 주는 조건이 갖추어지는 것을 인과 연의 화합[因緣和合]이라고 하며, 인과 연이 화합해야만 모든 존재는 생성하고 변화하게 된다. 비유하자면 어떤 씨앗이 있더라도 이 씨앗이 싹을 틔우기 위해서는 여러 가지 조건이 필요하다. 씨앗이 어두운 창고에 있으면 싹을 틔울 수 없고, 흙에 뿌려지고 물과 영양분이 주어질 때 비로소 싹을 틔울 수 있는 것과 같다. 즉 씨앗 그 자체는 인이 되고, 그 씨앗을 싹틔울 수 있도록 하는 환경은 연이 된다.

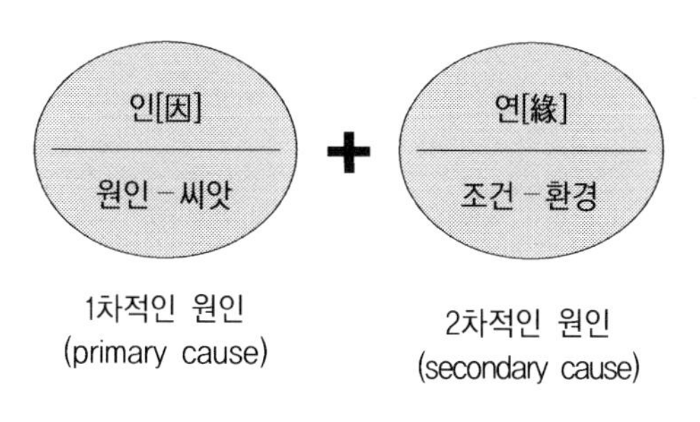


〈그림 3-2〉 인연화합

### (3) 인과(因果)의 법칙

인(因)과 연(緣)에 의해 존재가 생겨난다고 할 때, 인과 연은 원인이 되고 존재가 생겨나는 것은 결과라 할 수 있기 때문이다.

원인이 있으므로 반드시 그에 따른 결과가 있게 되며 원인과 결과는 일정한 법칙을 좇아 일어나게 된다. 곧 좋은 행위를 하면 즐거운 결과가 있고 나쁜 행위를 하면 괴로운 결과가 있게 된다. 좋은 행위에 즐거운 결과를 선인락과(善因樂果) 또는 선인선과(善因善果)라 하고, 나쁜 행위에 괴로운 결과를 악인고과(惡因苦果) 또는 악인악과(惡因惡果)라 한다. 인과의 법칙에는 오차는 없다. 다만 시차가 있을 뿐이다. 불교에서는 인간의 의지적 작용을 '업(業)'이라고 부르고, 이에 대한 대상의 필연적 반응을 '보(報)'라고 부른다. 이를 인과응보(因果應報) 또는 업보(業報)라 한다.

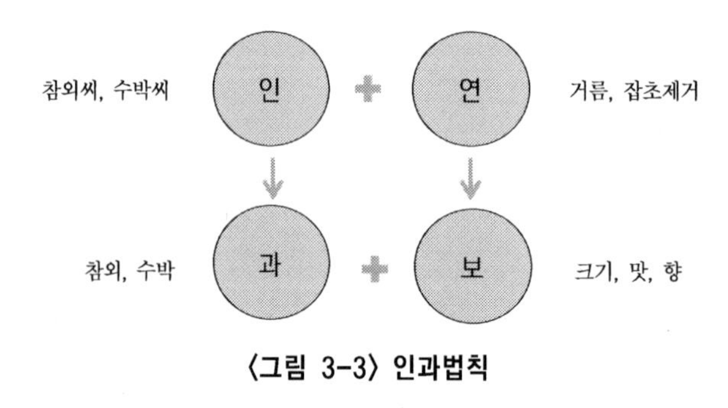


〈그림 3-3〉 인과법칙

### (4) 서로 의존하고 서로 관계를 맺음[相依相關性]

연기의 원리에 의하면 어떠한 존재가 우연히 생겨나거나 또는 혼자서 존재하지는 않는다. 모든 존재는 여러 가지 원인이나 조건에 의해서 어떤 결과가 발생하게 되며 그 결과는 다시 그것을 발생시킨 원인에 대해서 직접 또는 간접적인 영향을 미치는 것이다.

연기법이란 이처럼 모든 존재는 서로 의존하고 관계를 가질 때 비로소 존재할 수 있는 것이고, 서로 의존하지 못하고 관계가 깨어질 때 그 존재는 사라지게 되는 이치를 말한다. 모든 존재는 시간적으로나 공간적으로 상대적이고 상호의존적이다. 이 세상에는 혼자서 생겨난 것은 없으며, 홀로 존재할 수도 없으며, 영원한 것도 절대적인 것도 있을 수 없다.

*예를 들면, 두 개의 갈대 다발이 서로 의지하여 서 있는 것과 같다. 그런데 만일 이 두 개의 갈대 다발 가운데 하나를 빼내면 다른 하나도 쓰러질 것이다. 만일 다른 하나를 빼내면 저 하나도 쓰러질 것이다.* –『상윳다 니까야』 12

### (5) 진리는 언제 어디나 있음[法住法界]

연기의 진리는 모든 존재에 머물러 있으며, 모든 존재는 이러한 법칙을 요소로 해서 성립해 있다. 불교에서는 인간이 사는 이 세계 이외에 수많은 세계가 존재한다고 하여 우리가 사는 이와 같은 세계를 1천 개 합쳐서 소천(小千)세계라 하고, 1천 개의 소천세계를 중천(中千)세계라 하고, 1천 개의 중천세계를 삼천대천(三千大千)세계라 한다. 그리고 이 세계를 현상계를 구성하는 요소인 물질세계[五陰世間], 모든 중생이 사는 중생세간(衆生世間), 중생이 머물러 살고 있는 환경[國土世間, 器世間]으로 나눈다.

연기의 법칙이 세상에 머물러 있으므로 인간과 인간은 물론이고, 인간과 동물, 인간과 자연과는 서로 의지하고 관계를 맺으며 살아가고 있다. 그러므로 물과 공기 그리고 흙까지도 모두가 함께 살아간다는 생각을 가져야 한다.

## 2) 삼법인(三法印)

삼법인이란 모든 것은 변하고[一切無常, 諸行無常], 변하므로 모든 것은 괴로우며[一切皆苦], 변하고 괴로우므로 모든 것은 그 실체가 없다[一切無我, 諸法無我]는 가르침이다.

*형성된 모든 존재는 변한다. 형성된 모든 존재는 괴로움이다. 형성된 모든 존재는 실체가 없다. –*『앙굿따라 니까야』 1

### (1) 모든 것은 변한다[一切無常]

인연법에 따라 모든 것은 여러 요소들이 여러 가지 조건에 의해 이루어진 집합체에 불과하기 때문에 존재를 구성하고 있는 요소와 조건들이 변하거나 사라지면 존재 역시 변하거나 사라진다. 자세히 살펴보면 이 세상의 모든 물질적인 것은 만들어진 후[成] 일정 기간 머물다가[住] 닳거나 변질되거나 파괴되어[變·壞] 결국 없어지고[空] 만다. 그리고 모든 정신적인 것 또한 생각을 일으켜서[生], 한동안 그렇게 생각하다[住], 생각이 달라져서[異], 처음의 생각을 잊어버리거나 없던 것으로 하게[滅] 된다.

물질: 성(成) → 주(住) → 괴(壞) → 공(空)
정신: 생(生) → 주(住) → 이(異) → 멸(滅)

모든 존재는 일정 기간에 계속해서 변화하고 끊임없이 부서져 결국 사라지기도 하고, 순간순간에 멈춤도 없이 계속 변화하기도 한다. 마치 강물이 흐르고 불꽃이 타오르는 것과 같다. 강물은 끊임없이 흐르나 흐르는 물은 같지 않고, 불꽃은 계속하여 타오르나 타는 불꽃은 같지 않다.

### (2) 모든 것은 괴로움이다[一切皆苦]

세상 모든 것은 변하고 영원하지 않으므로 괴롭다는 것이다. 이는 단순히 신체적·생리적인 고통 또는 일상적인 불안이나 고뇌만을 말하는 것이 아니라 '자신이 하고자 하는 대로 되지 않는 것', '뜻대로 되지 않는 것'으로 우리의 생존에 따르는 모든 괴로움을 망라한 것이다.

누군가는 불교가 지나치게 괴로움을 강조한다며 염세적이고 비관적이라 비판할지도 모른다. 그러나 불교가 괴로움을 강조하는 것은 존재 자체가 괴로움임을 사무치게 알지 못하고 현실에 안주한다면 결코 궁극적인 행복을 실현할 수 없기 때문이다.

### (3) 영원불멸하는 존재는 없다[一切無我]

붓다가 가르친 이 무아(無我)의 사상은 인도사상에서 주장하는, 내 몸 안에 있으면서 나를 주관하는 영원한 존재인 아뜨만(我, ātman)이 있다는 사상을 부정한 것이다.

인간에 있어 '나'란 몸과 마음은 변하더라도 처음부터 끝까지 한결같은 나이어야 한다[常一性]. 그리고 내 자신은 내 마음대로 할 수 있고 나의 소유도 내가 마음대로 할 수 있어야 한다[主宰性]. 그러나 우리가 나라고 말하고 있는 이 몸은 내 마음대로 할 수 없고, 나란 존재도 여러 조건들로 이루어져 무상하고 괴로운 것임을 알았다. 나를 비롯한 모든 존재는 한결같지 않으므로 무상하고, 내 마음대로 할 수 없으므로 괴로운 것이다. 한결같지 않고 내 마음대로 할 수 없다면 그것은 결코 '나'의 실체라고 할 수 없다. 조건에 의해 여러 가지 요소가 이루어졌으나 시시각각으로 변하면서 존재하므로 홀로 존재할 수 없으며 또한 고정불변할 수가 없다.

인간은 영원불멸의 존재인 '나'를 경험하여 인식할 수 없으므로 붓다는 이를 인정하지 않았다. 영원히 변하지 않는 존재는 없다는 가르침은 연기의 진리를 공간적으로 관찰한 것이다.

갈등의 원인이 본인의 애착에서 비롯됨을 알아야 한다는 것이다. 이러한 애착은 세상의 모든 존재에 대해 잘 알지 못하는 어리석음에서 비롯한다. 세상의 모든 것은 여러 요소들이 모여 일시적으로 존재하고 있을 뿐이므로 영원하지 못하고 실체가 없음에도 불구하고, 사람들은 나를 비롯한 모든 존재가 영원하고 실체가 있다고 착각한다. 모든 것이 무상(無常)하고 무아(無我)인 줄 모르는 어리석음에서 애착하게 되고, 자기중심의 사고와 자신의 것에 대한 애착이 갈등과 분쟁을 불러온다.

각자가 자신의 마음에 드는 대상에 대해 탐욕을 가지고 애착하여 끌어당기고, 자신의 마음에 들지 않는 대상에 대해 미워하고 싫어하여 밀치며, 무관심한 대상에 대해서는 본성을 무시한다. 사람과 사람 사이에 애착하고 증오함으로써 서로 끌어당기려 하고 서로 밀쳐 내려는 갈등과 분쟁이 생겨나게 된다는 사실을 알아야 한다.

우리의 가장 큰 적으로 인정해야 할 대상이면서, 우리가 겪는 모든 갈등의 원인이며 비난받아야 할 대상은 바로 우리들 마음속에 있는 자신에 집착하는 태도이다.

불교에서 바라본 갈등의 원인은 무지와 애착이며, 모든 것은 무상하고 괴로움이며 무아이므로 애착을 끊어야만 갈등은 사라지게 된다.

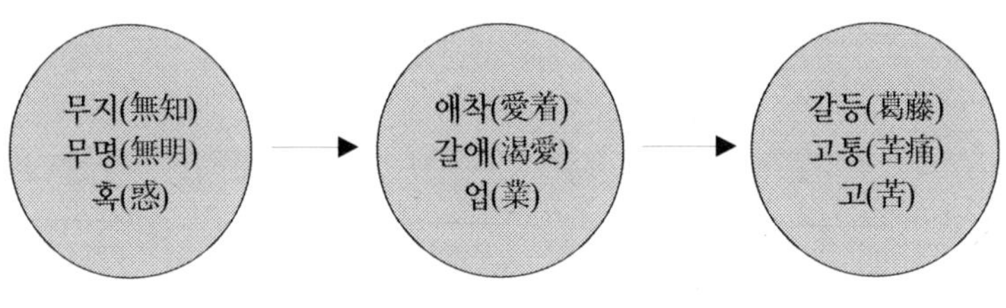


〈그림 3-4〉 불교의 갈등전개과정

## 생각발전소 토론주제

1. 자신의 갈등을 감추거나 잊기보다는 갈등을 드러내고 인식해야 하는 이유는 무엇이라고 생각합니까?

2. 현실사회에서 올바르고 적당한 길[中道]로 나아가지 못함으로써 일어난 갈등의 실례로 어떤 일들이 있다고 생각합니까?

3. 갈등의 현실을 객관적이고 정확하게 인식하지 못해 갈등을 치유하지 못한 실례로 어떤 일들이 있다고 생각합니까?

제 4 장

# 갈등의 뇌과학

*갈등은 마음의 일종이고 마음은 뇌의 작용에서 나온다.*
*여기에서는 마음을 생성하는 뇌에 대하여 논의한다.*

# 제4장 갈등의 뇌과학

인간의 욕구는 아주 기초적인 의식주의 해결뿐만 아니라, 안전과 정체성, 자율과 독립성, 인정받음과 공정한 처우 등 환경과 사회발전 단계에 따라 다양하게 나타난다. 이처럼 인간은 다른 동물과 마찬가지로 기본적 생존과 사회적 욕구를 위해 갈등이 생기고, 경우에 따라서는 공격적이고 자기방어적인 행동양식을 보이게 된다. 갈등과 같은 정신적 작용과 폭력과 같은 육체적 행동은 궁극적으로 뇌에 형성된 신경회로의 작용이다.

## 1. 뇌와 마음

### 1) 마음의 정의

마음(mind)을 한마디로 정의하기는 어렵다. 그러나 마음은 의식적인 경험(conscious experience)과 지적인 사고(intelligent thought)로 이루어진다는 것에 대부분 동의한다. 따라서 마음의 속성에는 인지, 추론, 상상, 기억, 감정, 주의, 의사소통능력 등이 포함된다. 이것은 뇌의 인지과정 전체를 포함한다. 일부 심리학자들은 '고등' 지적기능, 특히 추론(reasoning)과 기억(memory)이 마음을 이룬다고 한다. 이런 관점에서 보면 보다 원초적이거나 주관적인 감정(사랑, 증오, 쾌락)은 마음과 분리된다고 본다. 그러나 감정과 이성을 야기하는 뇌는 따로 분리되어 있는 것이 아니라 서로 연결되어 있는 뇌신경회로를 근거로 하기 때문에, 이들을 모두 마음이라고 보는 것이 마땅하다. 쉽게 생각하면 마음은 흔히 생각(thought: 우리의 뇌 속에서 일어나는 자신과의 은밀한 대화)과 동일시된다.

### 2) 심신문제(心身問題, mind-body problem)

프랑스의 철학자인 르네 데카르트(René Descartes, 1596~1650)는 물질과 마음은 상호 독립된 실체라고 하여 물심이원론(物心二元論 dualism)을 주장하였지만, 현대의 신경과학자들은 마음과 몸을 실제로는 한 가지 실체로 본다. 이를 단일론(單一論, 물질론, physicalism, materialism)이라고 하며, 정신적 현상은 신경현상과 동일하다고 본다. 즉 마음은 수천억 개의 서로 연결된 신경세포의 작용에서 생긴다. 그러나 각각의 세포는 아메바보다 더 현명할 것도 없다. 마음이 없는 단순세포가 연결됨으로써 어떻게 마음이 생겨날 수 있는지는 충격적으로 신기하다. 그러나 2000년 노벨 생리의학상 수상자인 에릭 칸델(Eric Kandel)은 1998년에 발표한 분수령격인 논문에서 "모든 정신현상, 가장 복잡한 심리현상도 뇌의 작용에서 비롯된다"고 단도직입적으로 발표하였다.

---

* 문일수(동국대학교 의과대학 신경해부학 교수).

## 2. 사람 뇌의 구조

뇌는 3층(경질막, 거미막, 연질막)으로 된 뇌막으로 둘러싸여 있으며, 머리뼈에 의하여 큰 충격으로부터 보호받는다.

### 1) 뇌의 육안적 구분

뇌는 대뇌피질이 싸고 있는 부위인 대뇌(cerebrum), 소뇌피질이 싸고 있는 소뇌(cerebellum), 그리고 사이뇌(간뇌, diencephalon) 및 뇌줄기(뇌간, brainstem)로 나눌 수 있으며, 뇌줄기는 척수와 가까운 쪽에서부터 숨뇌(연수, medulla oblongata), 다리뇌(교뇌, pons), 중간뇌(중뇌, midbrain)로 다시 나눈다. 사이뇌는 시상(thalamus)과 시상하부(hypothalamus)를 포함한다. 시상은 감각신경이 척수·뇌줄기를 통하여 올라와 대뇌로 들어가기 전에 최종적으로 분류되는 곳이며, 시상하부는 자율신경계통의 중추이다. 중간뇌의 대표적인 기능은 안구운동조절이며, 다리뇌는 대뇌의 정보를 소뇌로 전달하는 다리 역할을 하며, 소뇌는 운동기능의 조절에 중요한 역할을 한다. 한편 숨뇌는 호흡, 심장운동, 혈관을 조절하기 때문에 생명의 유지에 가장 중요한 역할을 한다. 만약 숨뇌가 기능을 하지 못하면, 흔히 말하는 뇌사상태가 된다. 즉 스스로 호흡할 수 없고, 자극에 반응이 없다. 한편 고위중추기관(대뇌, 소뇌 등)이 죽고 숨뇌만이 파괴되지 않았다면, 이때는 흔히 말하는 식물인간상태가 되어 목숨은 있으나, 전혀 인간적인 활동을 할 수 없다. 대뇌는 감각분석, 운동, 언어, 사고, 판단 명령 등 뇌의 최고위 기능을 한다.

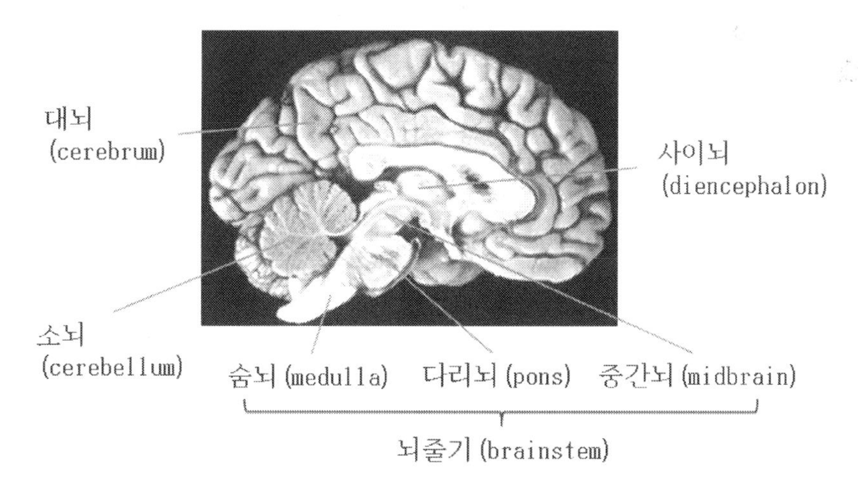


참조: 숨뇌, 다리뇌, 중간뇌를 합하여 뇌줄기라 한다.

**〈그림 4-1〉 뇌의 육안적 구분**

## 2) 대뇌엽

대뇌는 좌우 두 개의 반구(hemisphere)로 되어 있으며 이들은 뇌들보(뇌량 腦梁)에 의하여 서로 연결되어 있다. 각각의 반구는 다시 특징적인 외형을 기준으로 엽(lobe)으로 나눈다. 뇌의 위쪽 가운데에서 가쪽으로 생긴 큰 고랑인 중심고랑(central sulcus)과 외측 아래에서 위쪽 뒤쪽으로 생긴 외측고랑(lateral sulcus)을 기준으로 중심고랑 앞부분을 전두엽(frontal lobe), 뒷부분을 두정엽(parietal lobe)이라 하며, 외측고랑 아래 부위를 측두엽(temporal lobe), 그리고 뇌의 맨뒤 부위를 후두엽(occipital lobe)이라 한다.

기능적으로 중심고랑 바로 앞부분은 몸 감각, 바로 뒷부분은 몸 운동, 후두엽은 시각, 측두엽은 청각을 관할하는 부위가 있으나 오감을 받아들이는 부분은 상대적으로 한정되어 있고 뇌의 대부분은 이 감각들을 서로 연결하고 해석하는 연합영역(association area)이 차지한다. 연합부위 가운데 가장 고위기능인 생각, 이성, 판단 등은 전두엽의 맨 앞부분인 전전두엽(prefrontal cortex, PFC)에서 일어난다.

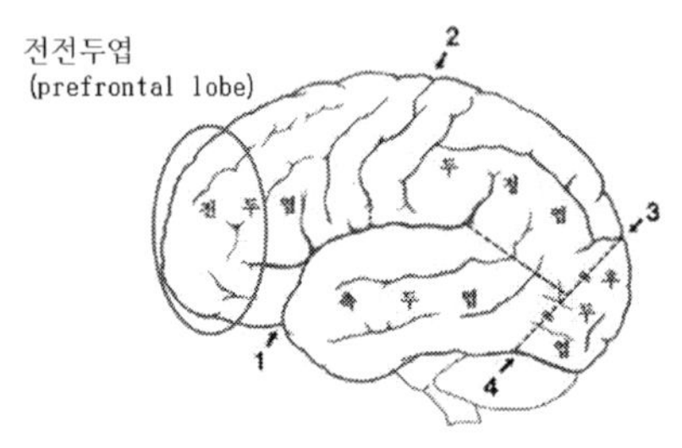


전두엽 (frontal lobe)
두정엽 (parietal lobe)
측두엽 (temporal lobe)
후두엽 (occipital lobe)

1. 외측고랑 (lateral sulcus)
2. 중심고랑 (central sulcus)
3. 두정후두고랑 (parieto-occipital sulcus)
4. 후두전패임 (preoccipital notch)

참조: 대뇌는 특징적인 구조물을 기준으로 엽으로 나눈다. 엽들은 뇌의 기능적 구분과도 상당히 일치한다. 원은 전전두엽을 나타낸다.

〈그림 4-2〉 대뇌엽

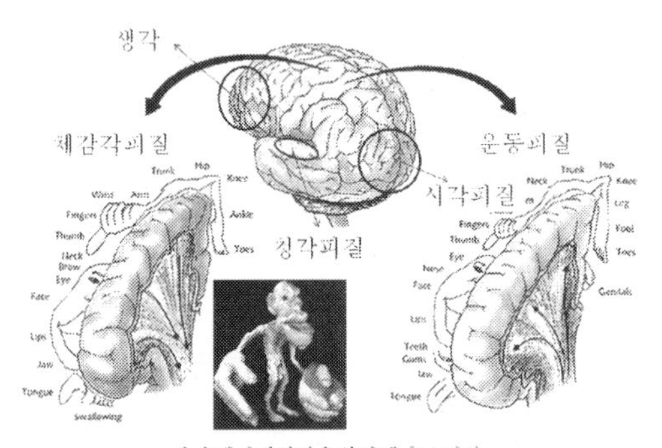


참조: 중심고랑을 중심으로 바로 앞은 피부감각(체감각)피질이고, 뒤는 몸운동을 관할하는 운동피질이다. 가운데는 감각피질의 상대적 크기를 표현한 감각축소인간이며 운동축소인간도 이와 유사하다. 시각 및 청각피질과 생각을 담당하는 전전두엽을 표시하였다.

〈그림 4-3〉 체감각피질과 운동피질

### 3) 뇌의 단면과 신경조직

뇌의 단면을 보면 어두운 부분(회색질, gray matter)과 밝은 부분(백색질, white matter)이 있다. 회색질에는 신경세포의 세포체(soma)와 가지돌기(dendrite)가 주로 존재하며, 백색질은 신경세포의 축삭(axon)이 모여 있는 곳으로, 축삭은 지질(lipid)로 된 말이집(myelin)으로 싸여 있기 때문에 흰색을 띤다. 뇌는 주름이 져 이랑(gyrus)과 고랑(sulcus)을 이루어 표면적을 넓히며, 실제로 고랑이 이랑보다 2배 정도 더 넓은 표면을 차지한다. 뇌의 내부에 있는 회색질을 핵(nucleus)이라 하며, 뇌의 겉에 있는 회색질은 특별히 피질(겉질, cortex)이라 한다. 대뇌피질(cerebral cortex)의 두께는 2~5mm이며 신경세포들이 모여 6층을 이룬다.

신경계통을 이루고 있는 세포와 기질을 신경조직(nerve tissue)이라 하며, 신경계통 기능의 주된 역할을 하는 신경세포(nerve cell, neuron)와 이들을 돕는 신경교세포(neuroglia)로 구성된다.

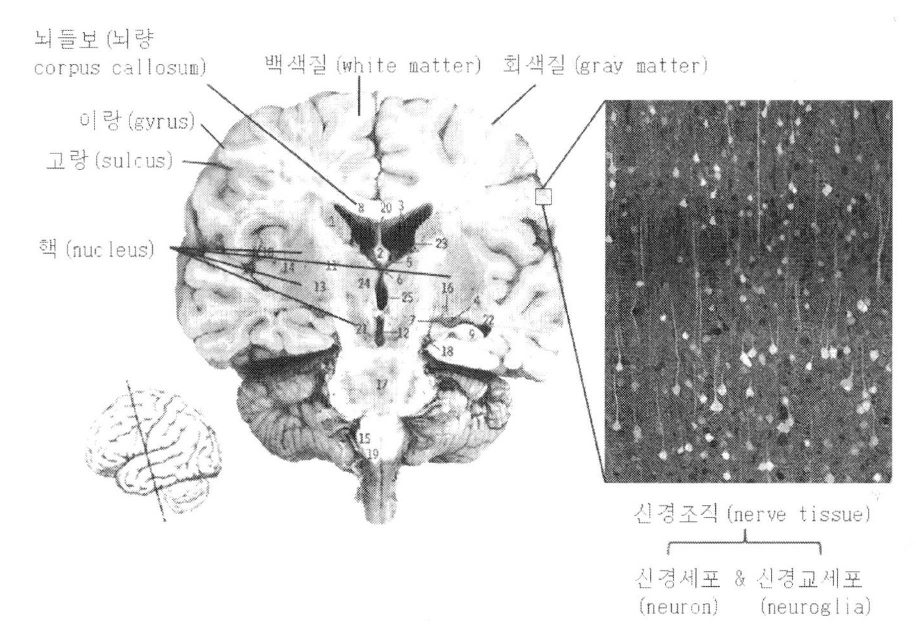


참조: 왼쪽은 사람 뇌의 관상절단면, 오른쪽은 유전자조작으로 형광을 띠게 한 생쥐의 대뇌피질 현미경사진이다. 회색질에는 신경세포의 세포체가 모여 있으며, 백색질은 축삭의 다발이다. 뇌의 내부에 있는 회색질을 핵이라 한다.

**〈그림 4-4〉 뇌의 단면과 신경조직**

## 3. 뇌 활동부위의 측정 기술

뇌는 감각(시각, 청각 등), 감정, 생각, 운동 등 다양한 기능을 동시다발적, 즉 병렬적으로 수행하며, 각각의 기능은 대뇌피질과 피질하신경핵(subcortical nuclei)들의 신경세포가 특이적으로 연결된 대단위 신경망을 통하여 서로 독립적으로 조절된다. 최근 '기능적 뇌영상기술'의 발달로 뇌의 활동 영역을 볼 수 있게 되었는데, 대표적으로 기능적 자기공명영상(functional magnetic resonance imaging, fMRI), 양자방출단층촬영(positron emission tomography, PET), 단광자방출전산화단층촬영(single photon emission computerized tomography, SPECT)이 있다.

### 1) 기능적 자기공명영상(fMRI)

fMRI는 뇌신경의 활동성을 자기 공명의 신호변화로 나타내고 이를 시각화하여 보여 주는 영상 방법이다. fMRI는 뇌의 활성을 마치 비디오와 같이 연속적으로 찍을 수 있기 때문에, 피험자의 생각이나 감정의 변화에 따른 뇌활성의 연속적 변화를 관찰할 수 있다.

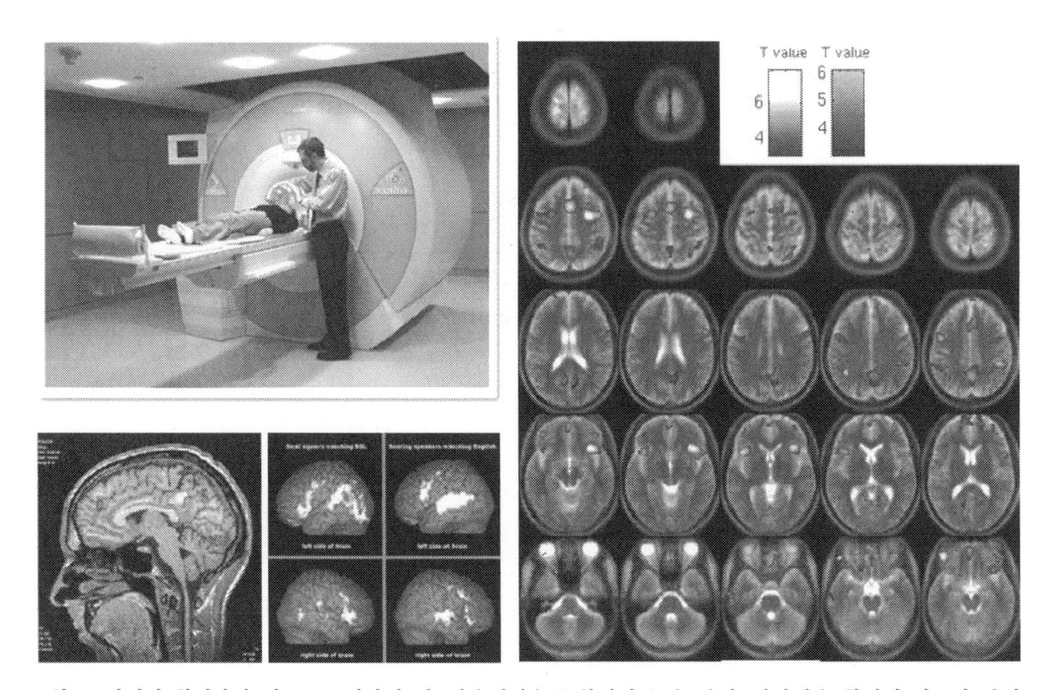


참조: 장치와 촬영장면 및 fMRI 영상의 예. 붉은색일수록 활성이 높은 부위, 파란색은 활성이 감소한 부위를 나타낸다.

**〈그림 4-5〉 기능적 자기공명영상(fMRI)**

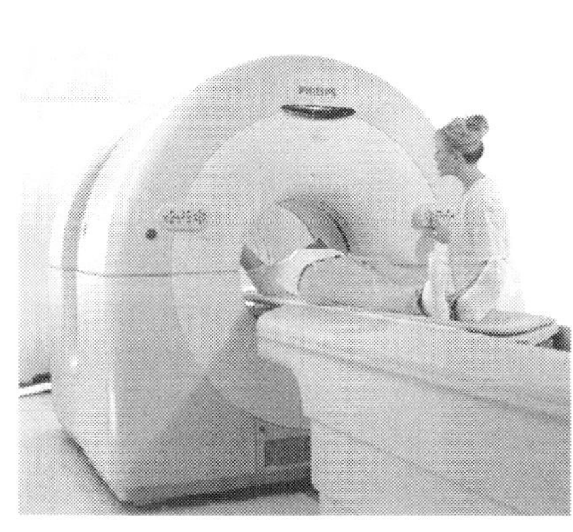

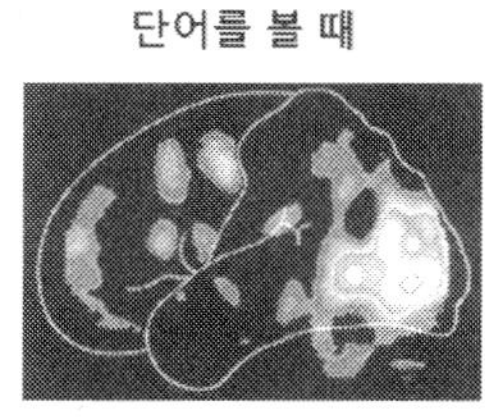


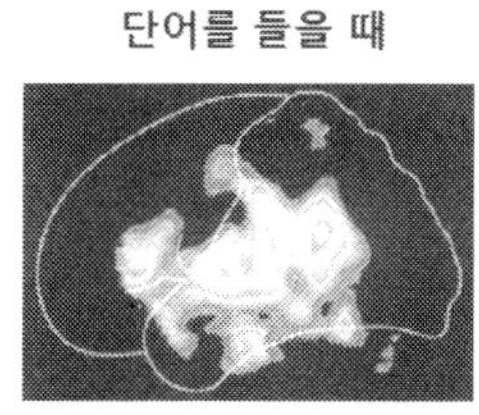


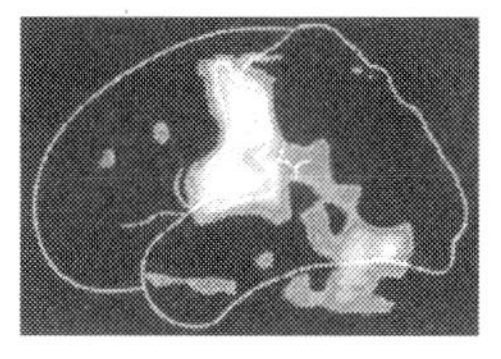


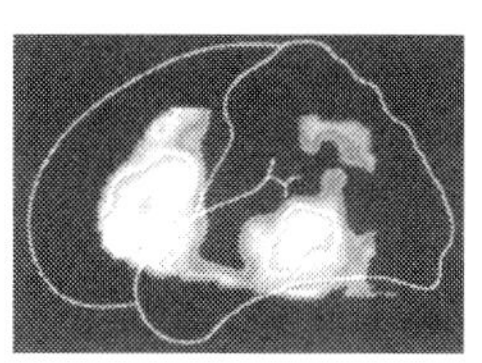


참조: 장치와 촬영장면. 단어의 다양한 경우에 대한 뇌활성 PET 영상. 붉은색일수록 활성이 높은 부위를 나타낸다.

〈그림 4-6〉 양자방출단층촬영(PET)

### 2) 양자방출단층촬영(PET)

PET는 방사능의 존재위치를 측정하는 핵의학 검사법의 하나다. X선이나 컴퓨터단층촬영(CT)은 방사선원을 피검체(인체)의 외부에 두고 방사선을 투과하여 측정하는 데 반해, PET는 양전자(포지트론)를 방출하는 방사성약제(방사성동위원소로 표지된 물, 포도당, 아미노산 등)를 체내에 극미량 투여하고, 방사능을 측정하면 체내 방사능원의 위치를 알 수 있다. 이때 방사능원은 에너지원에 표지되어 있기 때문에 활성이 높은 뇌부위는 높은 방사능을 낼 것이다.

## 4. 뇌의 사회행동신경망

인류든지 비인류든지 동물들은 '사회적 뇌(social brain)'를 갖는다. 성적 행동, 공격성, 영토주장, 모성행동과 같은 사회적 행동을 조절하는 뇌 부위는 둘레계통(limbic system)의 6개 매듭(node)에 있는 것으로 알려지고 있다. 이들은 시상하부[medial preoptic area(MPOA), lateral septum(LS), anterior hypothalamus(AH), ventromedial hypothalamus(VMH)], 중간뇌[periaqueductal grey(PAG)], 확장편도체[medial amygdala(MEA), bed nucleus of the stria terminalis(BNST, external medial amygdal)]에 속하는 부위로서 해부학적으로 서로 양방향으로 연결되어 있고, 모두 성호르몬수용체를 갖는 공통된 신경내분비적 성격을 갖는다.

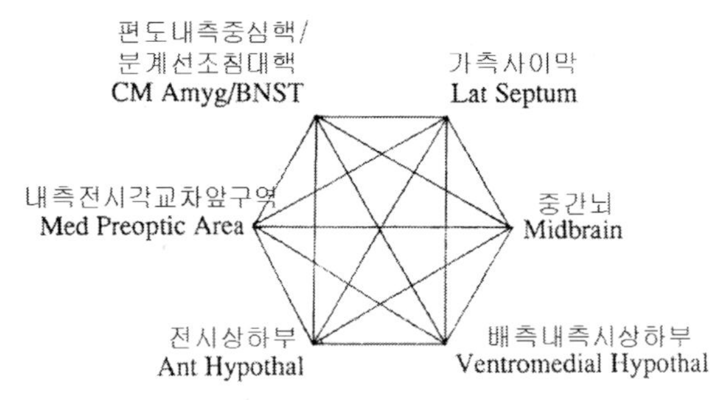


참고: 이 신경망은 해부학적으로 상호 양방향으로 밀접하게 연결된 둘레계통(limbic system)의 6개 중심매듭으로 구성된다-확장내측편도체[extended medial amygdala(Ext. MeA)(즉 내측편도 medial amygdala, 분계선조침대내측핵 medial bed nucleus of stria terminalis, BSTm), 가측사이막[lateral septum, LS], 시상하부[preoptic area, POA; anterior hypothalamus, AH; ventromedial hypothalamus, VMH] 그리고 중뇌수도관회색질(periaquaductal gray, PAG)을 포함한 다양한 부위의 중간뇌. 각 매듭은 성호르몬 수용체가 있으며 여러 가지 사회행동을 조절한다(Newman, 1999).

**〈그림 4-7〉 사회행동신경망(social behavior network)**

어떻게 동일한 신경해부학적 망이 다양한 사회행동을 조절할까? 아마도 특정한 사회행동은 이 신경망 전반을 통한 활성형태에 기인하는 것 같다. 즉 어떤 특정 매듭(중심점)이 'on' 또는 'off'되는 것이 아니라 매듭들의 다양하고 역동적인 활성에 의하여 행동양상이 조절된다. 예를 들면, 수컷 쥐 성행동과 공격행동에 관여하는 각 부위의 활성 차이를 아래 그림에 나타내었다.

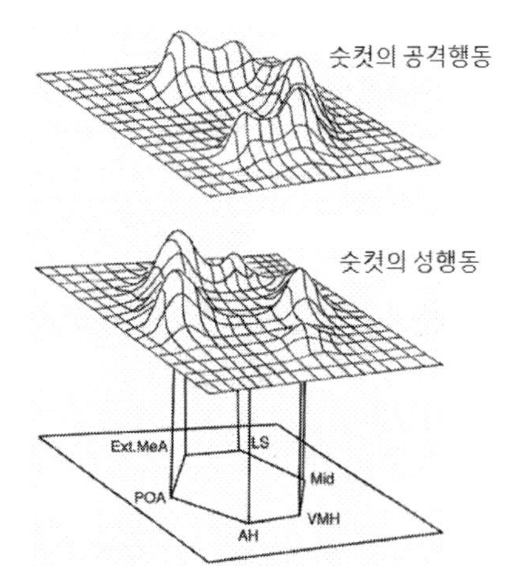


참조: 서로 다른 사회행동에서 6개 매듭의 활성에 변화가 일어난다(Newman, 1999).

**〈그림 4-8〉 수컷 쥐의 성행동과 공격행동 시 사회행동신경망의 활성 변화**

## 5. 쾌락

fMRI, PET와 같은 기능적 뇌영상기술을 이용하면 뇌의 활동부위를 관찰할 수 있다. 뇌의 활동은 곧 마음이기 때문에 이러한 영상은 마음을 보여 주는 것이라 할 수 있다. 아래에 쾌락(pleasure)과 공격성(aggression)을 예로 마음의 뇌과학적 기전을 설명한다.

쾌락은 긍정적이고, 즐거우며, 추구할 만한 가치가 있는 광범위한 정신적 상태로 묘사된다. 쾌락은 주관적이며 동일한 상황에서도 개인에 따라 느끼는 종류와 정도가 다르다. 먹기, 운동, 성교 등과 같은 원초적 쾌락과, 성취감 및 인정반음과 같은 사회적 쾌락, 그리고 미술, 음악, 문학과 같은 문화적 쾌락도 있다. 연구에 의하면 원초적 쾌락과 고차원적 쾌락은 동일한 기전으로 느낀다. 즉 모든 쾌락은 동일한 뇌신경회로에 의하여 생성되며, 이 회로는 쾌락을 생성하기 위하여 특별히 만들어졌으며, 감각회로나 인지회로와 구분된다. 따라서 쾌락은 단순한 감각이나 생각이 아니라 그 이상의 부가적 희열이며 이를 위한 특별한 뇌신경회로가 따로 존재한다.

### 1) 뇌의 보상체계(reward system)

쾌락은 뇌의 어느 부위에서 생성되며 어떻게 느끼는 것일까? 약 50여 년 전 캐나다 맥길대학의 심리학자들인 James Olds와 Peter Milner는 뇌의 쾌락 중심(pleasure center)을 찾는 데 중요한 단서를 제공하는 실험을 하였다. 이들은 쥐 뇌의 특정한 부위에 전극을 꽂아 놓고 쥐가 스스로 스위치 페달을 밟아 전극을 자극할 수 있도록 장치하였다. 만약 페달을 밟아 전극이 꽂힌 뇌부위가 활성을 가질 때 쥐가 쾌락을 느낀다면 쥐는 계속해서 페달을 밟을 것이다. 이들은 전극을 대뇌피질 아래의 깊은 부위인 사이막핵(중격핵 septal nucleus)과 이 핵 바로 가측에 있는 사이막의지핵(중격의지핵 nucleus accumbens)에 꽂으면 쥐들이 전극스위치 페달을 반복적으로 (시간당 2천 번까지) 밟는 것을 관찰하였다(Olds and Milner, 1954; Olds, 1956). 이는 사이막핵과 사이막의지핵이 활동을 하면 쾌락을 느끼며, 이러한 쾌락을 느끼기 위하여 쥐는 계속 페달을 밟는 것으로 해석할 수 있다.

한편 신경심리학자들은 쾌락과 관련된 뇌과학적 근거는 '보상(reward)'임을 발견하였다. 쾌락은 '즐김(enjoy)으로부터 초래되는 행복감 혹은 만족감의 상태'라 할 수 있다. 따라서 쾌락은 주관적인 현상이며 보상과 쾌락은 밀접히 연관되어 있고, 신경과학적으로 쾌락은 '보상회로'의 기능이다. 보상회로는 주로 둘레계통(limbic system)의 뇌구조들로 구성되나 이와 관련된 뇌생리나 구조는 매우 복잡하다.

사이막의지핵은 실제로는 뇌의 보상체계(reward system) 중심이다. 보상체계는 '좋아서 자꾸 반복하기를 원하는 것'을 담당하는 신경회로로서 궁극적으로는 대뇌의 전전두엽에 전달되어 쾌락을 야기한다. 사이막의지핵은 중간뇌배쪽피개부위(ventral tegmental area, VTA)에 올라온 쾌락유발자극을 내측전뇌다발(medial forebrain bundle, MFB)을 통하여 받고, 감정중추인 편도체(amygdala), 자율신경계 중추인 시상하부 등으로 신호를 전달하여 감정표현을 나타내게 한다. 또한 쾌락감각자극은 전전두엽으로도 전달되

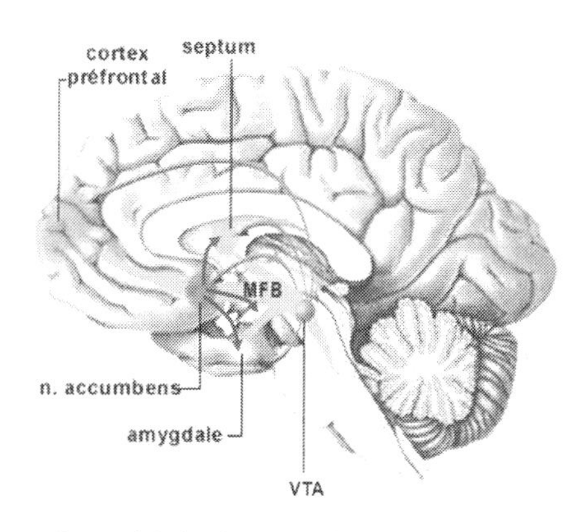


참조: 쾌락적 자극은 중간뇌의 배쪽피개부위(VTA)로 올라와 보상체계의 중심인 사이막의지핵(n. accumbens)과 사이막핵(n. septum), 전전두엽으로 전달된다(파란색 화살표). 사이막의지핵은 감정중추인 편도체(amygdala)와 사이막핵, 시상하부 등으로 전달되어(붉은색 화살표) 쾌락반응을 나타내고 전전두엽은 쾌락을 느낀다. 전전두엽, 사이막핵의지핵, 시상하부, 배쪽피개부위를 연결하는 신경다발을 내측전뇌다발(MFB)이라 하며, 이것은 보상체계와 쾌락을 전달하는 '쾌락의 고속도로'이다.

**〈그림 4-9〉 뇌의 보상체계와 쾌락의 고속도로**

며, 전전두엽과 사이막의지핵은 상호 양방향으로 밀접히 연결되어 있다.

### 2) 쾌락의 야기(causation): 뇌의 쾌락원천(hedonic hotspots)

보상(reward)에는 생존에 필요한 먹기(eating), 교미(mating), 싸움(fighting)과 같은 원초적인 것과, 경제적, 미적, 음악과 같은 고차원적 보상이 있으며 이는 쾌락과 매우 밀접히 연관되어 있다. 한편 뇌의 보상체계는 쾌락을 야기하는 구조와 이를 해석하는 구조로 나누어 볼 수 있는데, 쾌락의 야기(pleasure causation)는 소수의 피질하 구조(subcordical structure)에 국한되는 것으로 알려져 있다. 각각의 쾌락원천은 쥐의 경우 크기가 약 $1mm^3$에 불과하며 사람의 경우 입방$cm^3$일 것으로 추측된다. 쾌락원천은 단맛과 같은 쾌락감각에 더 큰 '호감(liking)' 반응을 생성하게 하는데, 사이막의지핵, 배쪽창백(ventral pallidum), 그리고 아마도 다른 전뇌부위와 둘레계통 피질부위(limbic cortical regions), 또한 다리뇌의 팔곁핵(parabrachial nucleus)을 포함한 뇌줄기의 깊은 부위에 위치한다.

### 3) 대뇌피질의 쾌락구조: 쾌락피질(hedonic cortex)

피질하 구조들인 쾌락원천에서 야기된 자극들은 대뇌피질에서 해석되고 쾌락의 의미가 부여된다(pleasure encoding). 쾌락피질에는 눈확전두(orbitofrontal), 뇌섬(insula), 내측전전두(medial prefrontal), 그리

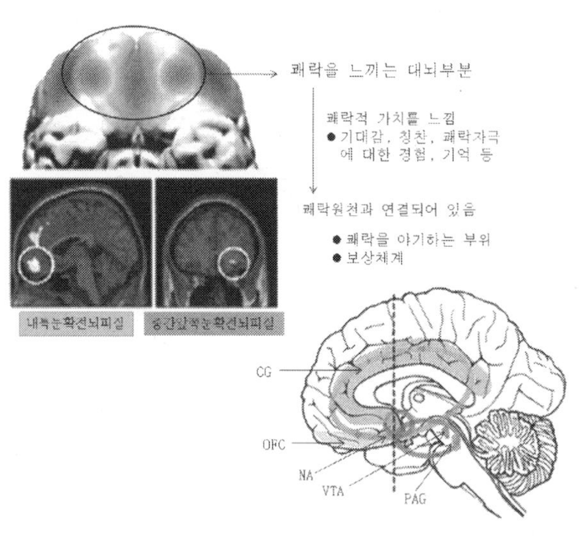


참조: 쾌락원천(pleasure hotspot)은 사이막의지핵(NA), 배쪽창백(VTA), 수도관주위회색질(PAG)과 같은 '좋아함(liking)'을 증폭시키는 부위이다. 쾌락의 느낌과 해석은 눈확전두피질(OFC)의 다양한 부위에서 최정점에 이른다(Kringelbach and Berridge, 2010).

**〈그림 4-10〉 사람 뇌의 쾌락신경계통**

고 대상(cingulate) 피질들이 포함되며, 이들은 쾌락의 의미(기대, 감상, 경험, 쾌락자극 기억)를 부여하며 피질하 쾌락원천과 밀접한 해부학적 연결을 하고 있다. 사람에 있어 쾌락의 의미부여는 눈확[안와(眼窩), eye socket]전두피질(orbitofronal cortex, OFC: 눈이 있는 부위 바로 위에 위치하는 전전두엽 부분)의 내측 앞쪽 및 내측 가쪽 피질에서 정점에 이른다. 따라서 눈확전두피질은 쾌락의 주관적 경험을 해석하고 의미를 부여하는 부위로 간주된다(Kringelbach, 2005).

## 6. 공격성(aggression)

### 1) 동물의 공격성 신경회로

공격성도 사회행동신경망에 의하여 조절된다. 쥐의 경우 후각이 행동에 큰 영향을 미친다. 후각망울에 들어온 공격적인 단서는 내측편도(medial amygdala, MEA)에서 처리되어 사회행동신경망으로 전파되고, 수도관주위회색질(periaquaductal grey, PAG)을 자극하여 쥐가 특이한 공격행동을 하게 된다. 스트레스는 눈확전두피질(OFC)과 뇌실곁핵(paraventricular nucleus, PVN)에서 억제성 입력을 내어 공격성을 억제할 수 있다. 사람을 제외한 영장류의 경우 공격성은 전형적으로 소리나 시각 신호에 의하여 촉발된다. 쥐에서와 유사하게 공격적인 소리단서와 청각단서는 내특편도를 통하여 사회행동신경

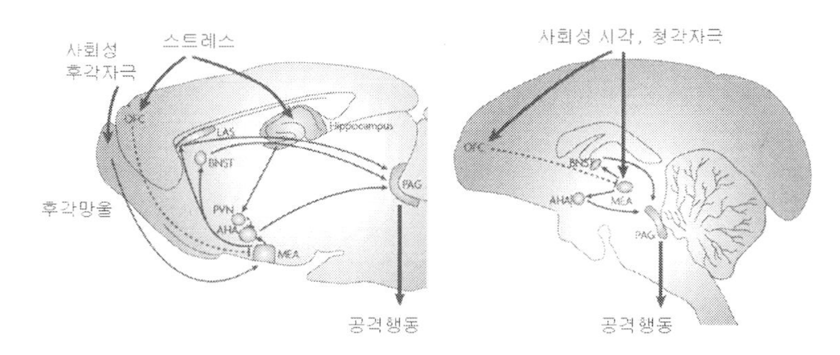


참조: 쥐(왼쪽). 쥐의 경우 후각망울에서 들어온 정보는 내측편도(MEA)에서 처리되어 외측사이막(LAS), 분계선침대핵(BNST) 그리고 전시상하부(AHA)로 전해진다. 이 부위들은 중뇌수도관회색질(PAG)을 자극하여 종(species)에 특이한 공격행동을 촉진한다. 스트레스는 눈확전두피질(OFC)이나, 뇌실곁핵(PVN)을 통하여(해마를 경유함) 공격성을 억제할 수 있다.
비인류 영장류(오른쪽). 공격성은 주로 소리나 시각신호에 의하여 촉발된다. MEA의 활성은 BNST와 AHA를 활성화시키고, 이들은 다시 PAG를 활성화시킨다. 일반적으로, OFC가 사회적 단서를 해석하는 데 중요한 역할을 하고, 여기에서 나오는 억제성 입력은 편도의 반응성을 줄여 공격성을 억제할 수 있는 것으로 보인다. 두꺼운 화살표는 뇌로 입력과 출력을, 가는 화살표는 뇌 속에서의 연결을, 점선은 억제성 연결을 나타낸다(Nelson and Trainor, 2007).

**〈그림 4-11〉 공격성의 신경해부학적 경로**

망으로 전파되고 수도관주위회색질을 통하여 공격행동이 촉발된다. 그리고 눈확전뇌피질에서 편도의 반응성을 줄여 공격성을 억제할 수 있는 것으로 보인다.

### 2) 사람의 공격성 신경회로

사람의 경우 공격성은 일반적으로 계획된 것과 충동적인 것으로 구분한다. '계획된' 공격성은 좌절이나 즉각적 위협에 대한 반응과 관련이 없으며, 분명한 목적을 마음에 품고 계획한 것으로 가끔 사회적으로 허용이 되기도 한다(예, 전쟁에서의 경우). 반면 '충동적' 공격성은 화(anger)나 공포심(fear)과 같은 부정적 감정과 연관된 자발적 흥분이나 조급 수준이 매우 높은 것이 특징이다. 충동공격성은 감정적 자극에 과장되어 나타나면 병적인 것으로 본다. 그러나 당면한 위협이 위험하고 급박하며 미리 계획되지 않은 공격성은 방어적 공격이라 볼 수 있으며 인간의 정상적 행동범주에 든다.

뇌손상과 이미징을 통한 연구에 의하면 사람의 충동공격을 전달하는 신경회로는 비인류 영장류의 공격성을 조절하는 신경망과 어느 정도의 동일성을 갖는다. 전두피질의 손상은 공격행동을 증가시킨다는 많은 보고가 있다. 또한 충동공격성이 높은 사람은 평균 이하의 전뇌피질 활성을 보이며, 전뇌피질은 시상하부와 편도체의 활성을 억제하는 회로를 갖는다. 이는 사람도 동물과 마찬가지로 사회행동신경망을 통하여 공격적 행동이 촉발되고 전전두엽은 이를 억제함을 의미한다. 전전두엽은 사춘기 후반까지는 완전히 성숙되지 않기 때문에 어린이와 사춘기 젊은이들이 쉽게 좌절하고 화를 내며 인내와 사려 깊은 마음이 부족한 것의 원인이 된다.

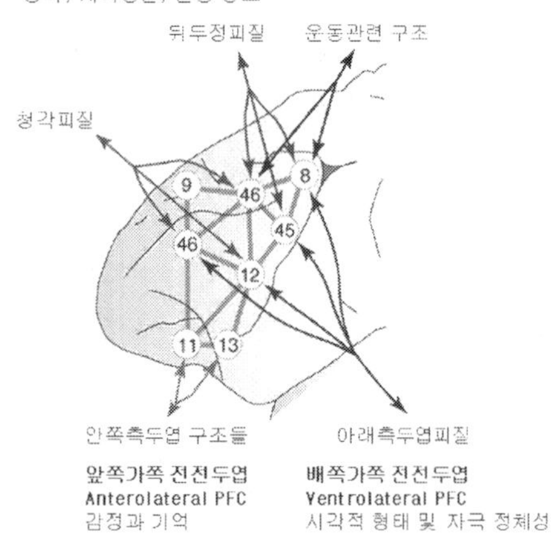


참조: vlPFC은 필요한(필수적 혹은 금지된) 행동의 추론, dlPFC은 가능한(허용된) 사안들의 도출, alPFC은 위 두 가지 지식을 합하여 보다 높은 차원의 추론을 도출하는 것으로 보인다. 숫자는 Brodmann 번호를 지칭한다(Barbey et al., 2009).

**〈그림 4-12〉 짧은 꼬리 원숭이(macaque monkey) 전전두엽의 정보통합**

## 7. 이성의 뇌

진화의 역사를 통하여 인간은 다른 사람과 상호 관계를 이루며 살아가는 능력을 획득하였다. 사회규범을 따르지 않으면 처벌을 받기 때문에 인간은 감정에만 의존하지 않고 목적 지향적 행동을 선택하여 타인과 공존할 수 있는 기전이 뇌에 진화하였다. 최근의 연구들은 전전두엽이 이런 기능에 크게 관여함을 시사한다. 전전두엽은 행동요령원칙(behavior-guiding principles)을 가지고 있다. 즉 인간의 뇌는 경험한 상황, 행동 및 그 결과들을 기억하고, 현재 혹은 미래에 유사한 상황에 처했을 때 어떤 행동이 행동요령원칙에 더 가까운지를 판단한다.

이러한 사회행동의 행동지침원칙은 가쪽 전전두엽에 있는 고위연합영역에서 이루어진다고 믿는다. 이 부위는 광범위한 뇌신경계통으로부터 오는 다양한 신호들을 복합적으로 묶는 정보의 수렴부위이다. 가쪽 전전두엽은 주요 3부위로 구성된다.

배쪽가쪽전전두피질(Ventrolateral PFC, vlPFC)은 시각적 형태(visual form)와 자극 정체성(stimulus identity)에 대한 정보와 밀접하게 상호 연결되어 있어 현 상황을 목적 지향적 행동요령원칙에 맞게 분류시킨다. 등쪽가쪽전전두피질(dorsolateral PFC, dlPFC)은 청각·시각·공간적 그리고 운동 정보들을 처리하는 피질영역과 상호 연결되어 있어 허용된 행동을 도출한다. 마지막으로, 앞쪽가쪽전전두피질(anterolateral PFC, alPFC)은 배쪽내측전전두엽을 통하여 감정, 기억, 보상과 같은 내적 정보를 처리하는 둘레계통 구조와 간접적으로 연결되어 있어, 위 두 피질의 지식을 합하여 보다 고차원적 지식을 도출해 낸다. 따라서 가쪽전전두피질은 뇌의 광범위한 지역에 흩어져 있는 신경회로들에 대한 전반적인 정보를 통합하고 합성할 수 있다. 이렇게 통합되어 합성된 정보가 기억으로 남으면 향후 이에 해당하는 상황의 일부 정보만 접하더라도 우리는 나머지 상황을 예측하여 적절한 판단을 할 수 있게 된다.

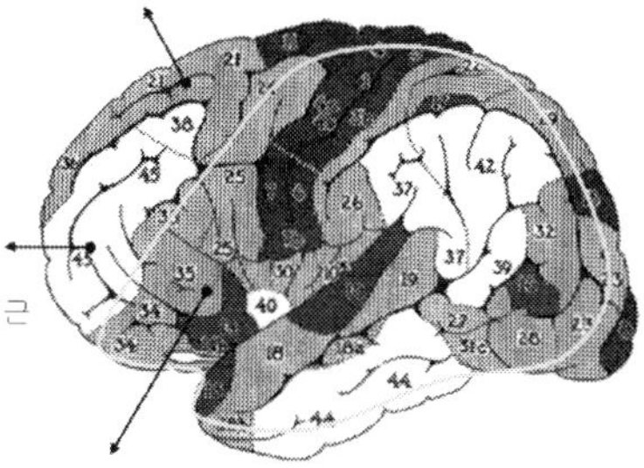

참조: 가쪽전전두피질(lateral PFC)은 배쪽가쪽, 등쪽가쪽, 앞쪽가쪽 순으로 생겨났다. 가쪽전전두의 기능편제는 진화, 개체발생(個體發生 ontogeny), 상하체계구조(hierarchial structure) 및 해부학적 연결에 의하여 결정된다. 숫자는 말이집(myelination)이 형성되는 순서를 나타낸다. 노란색 선은 사람에서 특히 발달한 전전두엽을 보여 주고자 원숭이의 뇌를 대략적으로 그린 것이다(Barbey et al., 2009).

**〈그림 4-13〉 전전두엽의 개체발생학적 지도**

## 8. 남자의 뇌, 여자의 뇌

### 1) 뇌의 성 차이

태어날 때부터 여자아이는 얼굴을 바라보기를 좋아하고 남자아이는 움직이는 물체를 더 좋아한다. 유아기 여자아이는 인형을, 남자아이는 장난감자동차를 더 좋아한다. 이런 현상은 원숭이에게서도 나타나는 것을 보면 행동의 성 차이는 인류에 이르기 이전에 이미 진화한 것으로 보인다. 뇌기능의 성 차이는 우울, 근심, 정신분열, 약물남용, 치매와 같은 신경정신과적 질환에 걸리는 정도도 다르다.

태아의 성선(gonads)은 임신 8주경 Y 염색체에 있는 성결정 유전자에 의한 테스토스테론의 분비로 남자의 성기가 만들어지고, Y 염색체가 없는 경우 이 호르몬이 만들어지지 않아서 여성이 된다. 테스토스테론은 발달 중인 뇌에도 영향을 미쳐 뇌의 성적 분화가 일어난다. 이렇게 자궁에서 형성된 성정체성(gender identity)은 지속적이며 교육과 사회영향에 의하여 바꾸어지지 않는다. 어머니의 자궁에서 형성된 우리의 뇌신경회로는 성장하면서 학습(경험)을 통하여 내용이 풍부해진다. 그리고 뇌신경회로의 활성은 여러 가지 호르몬에 의하여 영향을 받는다. 호르몬에 의한 뇌활성의 변화는 특히 여성에게서 심하다. 여성은 매월 생리주기에 따라 그리고 성장과정 전체를 통하여 호르몬 분비양상의 변이가 심하기 때문에 이에 따른 뇌활동의 차이가 나타나고 이는 곧 행동으로 이어지기 때문이다. 이와 같이 남자와 여자의 뇌는 서로 다르기 때문에 동일한 상황에서도 행동에 큰 차이가 있을 수 있다.

### 2) 성전환증

성적 성향(sexual orientation)의 차이는 뇌구조의 차이에서 나타나는 대표적인 행동의 성차이이다. 가장 극단적인 성정체성질환은 성전환증(transsexuality, gender dysphoria)이다. 이는 자신이 생물학적 성과 반대의 성이라고 확신하는 증상으로 결국에는 호르몬처방과 성전환수술을 요구한다. 성전환증의 경우 뇌에 반대 성의 구조가 나타난다. 즉 남성이 여성의 뇌구조를 갖든지 그 반대의 경우가 있다. 성적 행동과 관련이 있는 분계선조침대핵 중심핵(central nucleus of the human bed nucleus of the stria terminalis, BSTc)과 전시상하부 사이질핵(interstitial nucleus of the anterior hypothalamus, INAH)의 경우 남자의 BSTc 부피는 여자의 2배이며, 세포도 그만큼 더 많다. 마찬가지로 INAH도 남자가 여자에 비하여 2배의 부피와 세포 수를 갖는다. 그런데 남자인데 여자로 느끼는 성전환증의 경우 여성 INAH와 BSTc를 갖고 있으며, 그 반대의 성전환증인 경우 남성의 뇌 구조를 가진다. 이러한 뇌 구조의 차이는 행동의 차이를 필연으로 수반하기 때문에 성전환증을 나타낸다.

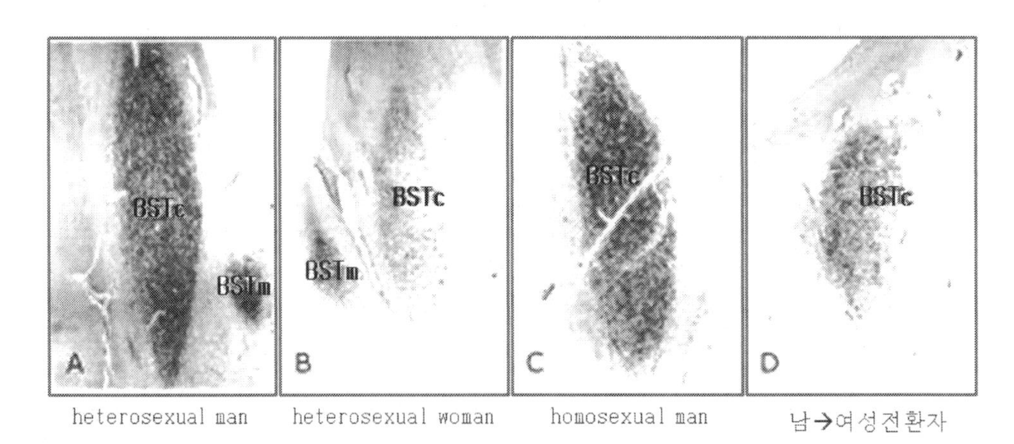


참조: BST에는 작은 내측부분(BSTm)과 큰 타원형의 중심부분(BSTc)이 있다. 남성(A)과 여성(B)의 구조가 다르며, 남성에서 여성으로 성전환한 사람(D)의 경우 여성 BSTc 모양을 하고 있다(Zhou et al., 1995).

**〈그림 4-14〉 사람 분계선조침대핵의 중심핵(BSTc)의 변이**

## 9. 마음 다스리기

진화적으로 감정을 일으키는 뇌부위는 이성의 뇌가 진화하기 훨씬 이전에 발달하였다. 사회갈등과 관련된 감정은 주로 화(anger)에 근거한 공격성이다. 공격성은 개체를 보호하고 방어하기 위하여 필연적으로 진화한 행동이다. 그러나 인간의 경우 감정을 억제하고 사회규범에 따라 행동할 필요가 있다. 위에서 기술하였듯이, 이 기능은 궁극적으로 전전뇌피질에서 나오는 감정 억제 작용에 의존한다.

인간은 삶에서 불편한 자극을 완전히 피할 수는 없다. 최근 마음 다스리기 훈련을 통하여 불편한(화를 촉발하는) 자극을 잘 처리하여 보다 더 평온한 마음을 유지함으로써 삶의 질을 높이고자 하는 노력이 많이 진행되고 있다. 이 가운데 비교적 실험연구가 잘 되어 있는 훈련법이 마음챙김명상(mindfulness meditation)이다. 이는 주의력훈련기법(attention-training technique)으로 순간순간의 경험을 있는 그대로 판단하지 아니하고 바라보는 자세를 훈련하는 것이다. 이러한 명상훈련은 내적·외적 감각과 감정에 대한 주의력과 민감성에 관련된 뇌신경회로의 작용에 변화를 줄 것으로 가정되어 왔다. 뇌활성을 관찰할 수 있는 장치(예, fMRI, PET)의 등장으로 최근 이런 가정을 증명하고자 하는 시도가 이루어지고 있는데, 마음챙김명상은 주의력(attention)과 관련된 전두엽의 활성을 증가시키고, 학습과 기억, 감정조절, 자기 성찰, 역지사지(易地思之)에 관여하는 뇌부위의 밀도(density)를 증가시킨다.

외부의 자극이 처리되어 감정중추(편도체)를 활성화시켜 대뇌로 전달하는 '아래-위 신호전달(bottom-up signaling)'을 하는 데 걸리는 시간은 매우 짧다(~0.25초). 대뇌 전전두엽은 짧은 시간 안에 외부자극에 대한 행동을 결정하는데, 명상훈련은 이 자극들을 자신에게 유리한 방향으로 해석하고 적용하는 능력을 배양한다. 근래에는 마음 다스리기 훈련을 돕는 기계와 프로그램이 개발되고 있으며 자신의 마음(스트레스)을 보여 주는 바이오피드백(bio-feedback) 장치들도 있다.

## 10. 마음 읽기

위에서 쾌락과 공격성을 예로서 뇌가 어떻게 쾌락을 생성하고 해석하는지를 설명하고 이 과정에 관련된 신경회로와 뇌부위에 대하여 기술하였다. 그러면 반대로 뇌의 활성부위를 보면 그 사람이 어떤 생각을 하는지 마음 읽기가 가능할까? 2011년 10월 미국 버클리에 있는 캘리포니아 대학의 잭 갈란트 교수 연구진은 "사람이 영화를 볼 때 뇌에 일어나는 활성을 포착해 무슨 장면을 봤는지 실시간 동영상으로 재현하는 데 성공했다"고 밝혔다. 연구진은 피검자에게 동영상을 보여 주고 기능성 자기공명영상(fMRI) 장치를 이용하여 뇌의 활성을 연속적으로 촬영하였다. 이를 기반으로 뇌활성 데이터베이스에서 비슷한 영상을 골라내는 컴퓨터 프로그램을 이용하여 피검자의 뇌활성을 재현하였다. 놀랍게도 재현한 영상은 흐릿하기는 하지만 피검자가 본 영상과 전체적인 윤곽은 거의 일치하였다. 이는 뇌활성을 촬영하면 역으로 그 사람이 어떤 생각을 하고 있는지 읽어 낼 수 있음을 의미한다. 현재는 기능성 뇌영상기술에 한계가 있어 생각의 해석과 재현이 초보수준에 머무르지만 보다 정밀한 영상기술이 개발된다면 더 정확한 생각 읽기가 가능할 것이다.

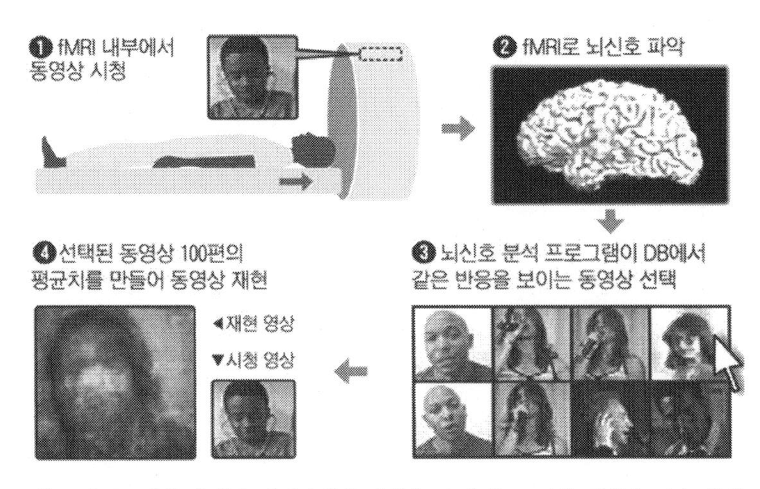


참조: fMRI 장치 속에서 피검자에게 영상을 보여 주고 뇌의 영상을 연속 촬영하였다. 촬영한 영상과 가장 유사한 뇌영상사진을 database에서 선별하여 재구성하여 동영상으로 재현하였다(Nishimoto et al., 2011). 동영상 사이트: http://www.youtube.com/watch?v=KMA23JJ1M1o

**〈그림 4-15〉 뇌영상신호로 영상을 재현한 과정**

## 생각발전소 토론주제

1. 물질인 세포가 모여서 그룹으로 회로를 만들어 활동하는데 어떻게 형이상학적인 정신이 생성됩니까? 단백질효소는 아미노산의 연결인데 아미노산이 할 수 없는 한 차원 높은 기능(합성과 분해)을 할 수 있는 것과 비교해서 설명해 보세요.

2. 상대방이 고통을 느끼면 자신도 괴롭습니다. 그 정도는 사랑하는 사람이면 더 큽니다. 공감의 사전적 정의는 "남의 감정, 의견, 주장 따위에 대하여 자기도 그렇게 느끼는 기분"입니다. 이는 타인의 감정을 거의 같은 수준으로 이해하는 것으로 이심전심, 역지사지 또는 주객일체와 같은 속성을 갖습니다. 뇌는 어떻게 직접 경험하지 않은 남의 감정상태를 느낄까요? 뇌에는 남의 감정을 반영하는 '거울신경세포'들이 있을까요?

제 **5** 장

# 학습과 기억의 뇌과학

*우리는 학습과 경험한 정보를 뇌에 기억으로 보관한다.*
*현재의 갈등은 과거의 나쁜 기억에 의하여 증폭된다.*
*여기에서는 뇌가 어떻게 기억하고 망각하는지에 대하여 논의한다.*

1. 신경회로
2. 연접
3. 기억 형성 기전
4. 의식

# 제5장 학습과 기억의 뇌과학

적극적이든지 수동적이든지 우리는 일상생활에서 수많은 정보에 접하게 되며, 그 가운데 일부의 정보는 기억이 되어 남는다. 이렇게 형성된 기억은 다시 향후 개인의 행동양상에 변화를 주게 된다. 뇌는 무엇으로 만들어져 있으며, 학습 즉 경험을 하는 과정에 뇌에는 어떤 활성과 변화가 있을까? 기억은 어떻게 만들어지며 그 정체는 무엇일까?

## 1. 신경회로

뇌를 현미경으로 관찰하면 세포들과 그들이 뻗어 내고 있는 가지들이 거미줄처럼 복잡하게 얽힌 구조를 발견하게 된다. 초기 과학자들은 이 세포들을 신경세포(nerve cell, neuron)라 명명하고, 뇌 전체가 하나의 연속적인 그물망이라고 생각하였다. 그러나 근대 신경과학의 창시자 가운데 한 사람인 스페인의 의사 겸 조직학자인 카할(Santiago Ramón y Cajal, 1852~1934)은 뇌가 신경세포들이 특별한 접점을 통하여 연결되어 서로 소통한다고 생각하였다. 그 후 1897년에 Sherrington이 이 접점을 '연접(시냅스 synapse)'이라 명명하고, 뇌가 하나의 연속적인 그물망이 아니라 신경세포들이 연접을 통하여 연결되어 있다고 가정하였다. "신경계통의 단위는 하나의 신경세포이다"라고 하는 이 가설은 '신경세포주의(neuron doctrine)'의 바탕이 되었다. 그 당시 저배율의 광학현미경으로는 연접을 직접 관찰할 수 없었으나 전자현미경의 도래로 연접을 확인할 수 있게 되었다.

뇌를 이루는 기본단위는 활동전위(~100mV)를 만들어 전달하는 신경세포이기 때문에 뇌의 정보처리는 신경과학적으로 보면 신경세포가 생성하는 단순한 전기신호, 즉 활동전위의 주고받음에 지나지 않는다. 신경세포들은 연접을 통하여 서로 연결되어 회로를 형성한다. 신경계의 활동은 이러한 신경회로(neural circuit, neural network)의 활동이기 때문에 학습도 신경회로에서 이루어지고 학습의 결과로 생기는 기억도 이 회로 속에 형성된다. 뇌에는 수많은 신경세포가 있고(대뇌에만 수천억 개로 추정) 하나의 신경세포가 평균 1만 개의 다른 신경세포와 서로 연결되어 있어 신경회로의 복잡성은 상상을 초월한다.

이러한 복잡한 신경회로를 이용하여 뇌는 운동, 감각, 사고, 추리 등 다양한 기능을 수행한다. 뇌에는 이러한 기능들을 관할하는 중심구조들이 있으며 여러 가지 과제를 동시에 독립적·병렬적으로 처리한다. 따라서 기억은 신경회로의 활성 결과로 각각의 기능에 해당하는 신경회로에 흩어져 존재할 것이다. 우리는 학습(경험)을 통하여 새로운 지식을 얻을 수 있고, 행동을 변화시키며, 어떤 지식은 장기간 기억된다.

---

* 문일수(동국대학교 의과대학 신경해부학 교수).

## 1) 신경세포와 신경계통

신경회로를 구성하는 기본단위인 신경세포는 전기(활동전위, ~100mV)를 생성하여 연결된 다음 신경세포에 전달한다. 신경세포는 돌기(가지 process)가 난 것이 특징이다. 돌기에는 가지돌기(dendrite)와 축삭(axon)이 있는데, 이들은 세포의 핵이 위치하는 부위인 세포체(soma)에서 생성되어 뻗어 나온다. 가지돌기는 하나의 신경세포에 여러 개 존재하며 가지치기(branching)를 하면서 가늘어져 복잡한 가지돌기나무(dendritic tree)를 만든다. 가지돌기에는 가시 같은 작은 돌기가 생성되어 있는데 이것을 가지돌기가시(dendritic spine)라고 한다. 한편 축삭은 하나의 신경세포에 하나만 존재하고 매우 길게 뻗어 나가며 직경이 가늘어지지 않는다. 축삭도 가지치기를 하는데 이들을 축삭곁가지(axon collateral)라 한다. 축삭은 활동전위를 생성하여 전달하는 기능을 한다.

뇌와 척수를 중추신경계통(central nervous system, CNS)이라 하며, 그 외 다른 모든 신경계통의 구조들을 말초신경계통(peripheral nervous system, PNS)이라 한다. 거의 대부분 신경세포의 세포체는 중추신경계통 즉 뇌와 척수에 위치하며, 축삭들이 다발(날신경 efferent nerve)을 이루며 온몸으로 퍼져 나간다. 한편 온몸에 흩어진 감각기관들로부터 생성된 전기신호는 들신경(afferent nerve)을 통하여 중추신경계로 들어온다(들신경의 세포체는 척수 옆에 위치한 신경절에 있음). 일반적인 다른 세포와 달리 신경세포는 세포분열을 하여 증식하지 않기 때문에 태생기에 생성된 신경세포는 평생 동안 생존해 있어야 한다. 말초신경계통을 이루는 신경(nerve, 축삭다발)은 절단되면 다시 자라나 재생되는 능력이 있지만, 중추신경계통에 있는 신경세포의 가지돌기는 손상되면 재생이 매우 제한적이다.

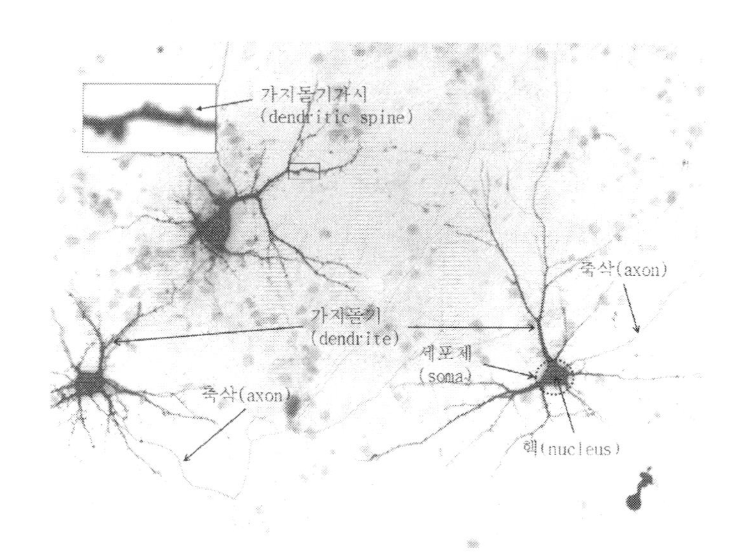


참조: 여러 개의 가지돌기와 하나의 축삭이 세포체에서 뻗어 나온다. 확대한 그림에 가지돌기가시를 표시하였다. 세포체 내에 위치하는 핵을 연한 점선으로 표시하였다. 세포는 원래 색이 없으나 구조를 잘 보이게 하기 위하여 인위적으로 색깔을 주었다. 세포체의 직경은 대략 30㎛이다.

**〈그림 5-1〉 실험실에서 배양한 해마신경세포**

### 2) 신경교세포

신경계통을 이루는 세포들과 이들이 만들어 낸 세포바깥바탕질을 총칭하여 신경조직(nerve tissue)이라 한다. 신경조직에는 신경세포를 도와주는 역할을 하는 신경교세포(neuroglial cell) 수가 신경세포보다 10배 더 많이 존재한다. 신경세포와 달리 이들은 세포분열을 할 수 있기 때문에 뇌손상이 일어나면 이 세포들이 분열하여 손상된 부위를 메운다. 말초신경계통의 신경교세포인 슈반세포(Schwann cell)는 축삭을 감싸는 말이집(myelin)을 만들어 활동전위가 빠르게 전달될 수 있도록 한다(도약전달 saltating propagation). 중추신경계통에서는 희소돌기아교세포(oligodendrocyte)가 축삭의 말이집을 형성하며, 별아교세포(astrocyte)는 신경세포를 보호하고 신호 전달을 도우며, 미세아교세포(microglia)는 뇌조직 손상 시 포식세포(phagocyte)가 되어 손상된 조직을 처리하는 면역계통의 세포이다.

## 2. 연접

### 1) 연접의 구조

축삭은 길게 뻗어 나와 다른 신경세포에 접한다. 축삭의 말단이 다른 신경세포에 접하는 접점을 연접(시냅스 synapse)이라 하며 신경세포의 가지돌기, 세포체, 축삭말단 등 어느 부위에서도 형성될 수 있다. 연접은 연접전신경세포(presynaptic neuron) 축삭말단의 세포막과 연접후신경세포(postsynaptic neuron)의 세포막이 만나는 곳으로 연접전세포막(presynaptic membrane), 연접후세포막(postsynaptic membrane), 그리고 그 사이 ~20nm 넓이의 일정한 공간인 연접틈새(synaptic cleft)로 이루어진 특수한 구조이다.

연접전세포막과 연접후세포막에는 단백질들이 많이 모여 있어 전자현미경사진에서 보면 두껍고 진하게 보인다. 연접전세포막에는 연접소포(synaptic vesicle: 신경전달물질이 들어 있음)의 막과 융합(fusion)하는 데 필요한 단백질들이 주로 존재하며, 연접후세포막에는 신경전달물질수용체들(neurotransmitter receptors)과 이들에 의한 신호전달을 중계하는 단백질들이 많이 존재한다. 흥분성연접의 경우 연접후세포막에 보다 많은 단백질들이 모여 매우 두껍게 형성되어 있다. 연접틈새는 빈공간이 아니라 연접전후세포막을 연결하는 단백질들로 구성된다.

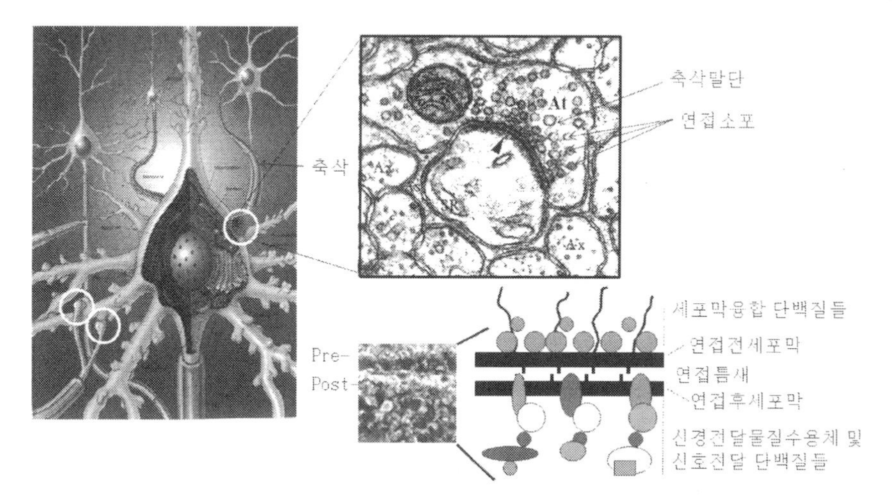


참조: 신경세포에서 축삭이 뻗어 나와 그 말단이 다른 신경세포에 접하는 부위(흰 원)인 연접은 특수한 구조를 이룬다. 연접전세포막과 연접후세포막은 철도의 두 레일과 같이 일정한 간격(~20nm)을 이루며 서로 접하고 있고, 단백질들이 많이 모여 있어 전자현미경사진에서 두껍게 보인다(화살표머리). 연접전세포막에는 연접소포가 융합하는 데 필요한 단백질들, 연접후세포막에는 신경전달물질수용체와 그 신호전달에 필요한 단백질들이 모여 있다. At, axon terminal(축삭말단).

**〈그림 5-2〉 연접의 구조**

## 2) 연접의 종류와 연접전달

연접후신경세포를 흥분시키는 연접을 흥분성연접(excitatory synapse), 억제시키는 연접을 억제성연접(inhibitory synapse)이라 한다. 그리고 연접에서의 신호전달방식에 따라 화학연접(chemical synapse)과 전기연접(electrical synapse)로 나눈다. 포유류 신경계통의 대부분 연접은 화학연접으로, 활동전위가 축삭말단에 도달하면 연접소포가 연접전세포막과 융합하여 그 속에 저장된 화학물질(즉 신경전달물질)을 연접틈새로 방출한다. 방출된 신경전달물질은 연접틈새로 확산되어 연접후세포막에 있는 수용체와 결합하여 이를 활성화한다. 활성화된 신경전달물질수용체는 세포 내 대사를 변화시키든지 작은 연접후전위(postsynaptic potential, PSP)를 만든다. 여러 개 연접이 동시에 활동하여 연접후전위의 합이 일정 수준(역치라 함)을 넘으면 연접후신경세포가 활동전위를 발사하며, 이 합은 축삭의 시작 부위에서 이루어진다.

한편 연접전후신경세포의 세포막이 단백질 통로를 통하여 서로 연결된 연접을 전기연접이라 한다. 전기연접은 연접 전 세포의 활동전위가 곧바로 연접 후 세포로 빠르게 전달된다. 포유동물의 뇌에서 전기연접은 망막 등에 매우 제한적으로 존재한다.

# 3. 기억 형성 기전

## 1) 기억연구의 간단한 역사

성인 뇌의 신경세포의 수(대략 $10^{11}$개)는 나이가 들어도 별로 증가하지 않는다는 사실을 알았기 때문에 초기 신경과학자들도 기억이 새로운 신경세포의 성장에 의한 것이 아님을 충분히 짐작할 수 있었다. 이들 가운데 한 사람이며 연접의 존재를 예측한 카할(Santiago Ramón y Cajal)은 1894년 "기존의 신경세포 사이의 접점이 강화되어 소통의 효율을 높임으로써 기억이 형성된다"고 주장하였다. 카할의 생각에 더 나아가 1949년 캐나다 심리학자인 Donald O. Hebb(1904~1985)은 신경세포 사이의 소통능력을 증가시키기 위하여 기존 연접의 강화뿐 아니라 새로운 연접이 생성되기까지 할 것이라고 주장하였다.

미국의 심리학자인 Karl S. Lashley(1890~1958)는 학습이 일어나면 기억의 물질적 흔적[기억흔적(engram: physical entity of memory)]이 반드시 생성되어야 한다고 생각하고 engram이 위치하는 기억장소를 찾으려고 노력하였으나 실패하였다. 따라서 그는 "기억은 뇌의 한 부분에 위치하는 것이 아니라 피질의 전반에 걸쳐 흩어져 있다"고 주장하였다. 또한 개의 조건반사 연구로 러시아의 Ivan Petrovich Pavlov(1849~1936)는 조건반사의 기억이 대뇌피질에 생성됨을 알았다. Hebb이 예측한 연접강도의 변화는 1973년 노르웨이에서 Tim Bliss와 Terje Lømo가 실험적으로 찾았는데, 이를 연접가소성(synaptic plasticity)이라 하며 기억을 형성하는 기전으로 받아들여지고 있다.

## 2) 세포회합

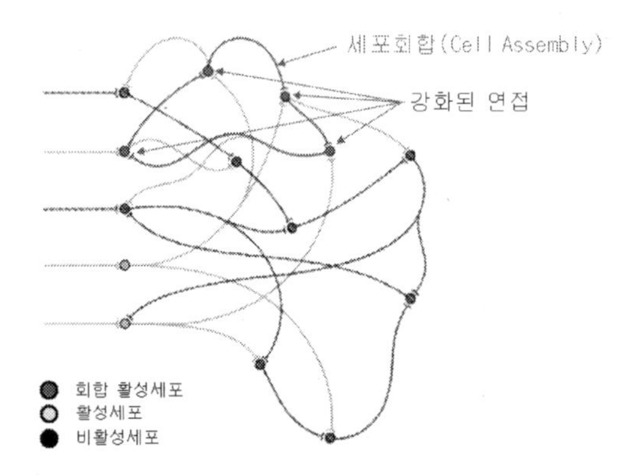


참조: 병렬적으로 들어온 복수의 자극에 의하여 동시에 활성을 갖는 신경세포들(붉은색)은 서로 사이의 연접연결을 강화하든지 새로운 연접을 생성하여 하나의 그룹(회로)을 만들어 회합한다(Hebb, 1949).

**〈그림 5-3〉 Hebb의 세포회합(cell assembly)**

Donald O. Hebb은 1949년에 발표한 「행동의 구성(The Organization of Behavior)」이라는 책에서 '세포회합(cell assembly) 이론'을 발표하여 engram의 일반적 성질에 대한 가장 성공적인 이론을 제시하였다(Hebb, 1949). Hebb의 원칙(Hebb's rule) 혹은 Hebb의 가설(Hebb's postulate)이라고도 불리는 이 이론은 "A세포가 반복적으로 계속해서 B세포를 활성화하면 세포 사이에 새로운 돌기의 생성이나 대사에 변화가 일어나 A세포가 B세포를 활성화하는 효율이 증가한다"는 것이다. 이것은 한 그룹의 뇌신경세포가 서로를 활성화하는 상황이기 때문에 흔히 "동시에 활성을 갖는 신경세포들은 서로 연결된다(Neurons that fire together wire together)"라는 말로 쉽게 바꿔 설명된다. 즉 동시에 활성을 갖는 신경세포들은 서로 사이의 연결이 강화되어 특정한 신경회로를 형성하며, 이렇게 형성된 회로가 기억의 흔적(engram)이 된다. 시각, 청각을 비롯한 모든 자극은 복수의 감각수용기를 활성화하고 이들은 각각의 신경을 통하여 뇌로 전달되어 결국 복수의 뇌신경세포를 동시에 활성화하기 때문에 이 세포들은 서로 연결되어 회합을 이룰 수 있다.

Hebb의 가설은 학습 동안에 신경세포들의 상호 연결에 변화가 일어난다는 관점을 지지한다. 그리고 운동학습, 의미학습 등 종류에 따라 거기에 해당하는 뇌부위가 작용하기 때문에 engram은 특정한 지점에 국소적으로 생성되는 것이 아니라 뇌의 광범위한 부위에 걸쳐 존재한다. 즉 의미적・서술적 기억은 대뇌에, 운동기억은 대뇌바닥핵을 포함한 운동회로에, 감정은 편도체를 포함한 둘레계통과 이와 관련된 대뇌부위에 형성된다.

## 3) 연접가소성

두 신경세포 사이 연결점인 연접에서 신호를 보내는 세포가 받는 세포를 활성화하는 효율, 즉 연접효율(synaptic efficacy)은 변할 수 있다. 이 변화는 특정 연접이 어떻게 사용되어 왔는지에 대한 역사를 반영한다. 사용에 따른 연접신호전달효율의 가소성(가변성)을 연접가소성(synaptic plasticity)이라고 한다. 뇌는 흔히 컴퓨터의 중앙처리장치(CPU)에 비유되는데 CPU에는 silicon으로 이루어진 회로가 있고, 뇌에는 신경세포로 이루어진 신경회로가 있다. silicon 회로와 신경회로의 근본적 다른 점은 바로 이 가소성으로 이것은 연접효율의 가변성에 비롯한다. silicon 회로가 변화하지 않는 고정된 회로인데 반하여, 신경회로는 외부의 자극(경험)에 의하여 기존의 신경망이 변경되든지 새로운 신경망이 생성된다. 변경되거나 새로 생성된 신경회로는 기억의 실체가 된다.

연접가소성을 전기생리학적으로 설명하면 연접전신경세포 축삭말단에 도달한 활동전위(~100mV: 활동전위의 크기는 변화하지 않음)에 의하여 연접후세포막에 생성되는 연접후전위 크기가 변화하는 성질을 의미한다. 빈번히 사용되는 연접의 연접후전위는 커지고, 자주 사용하지 않는 연접은 연접후전위가

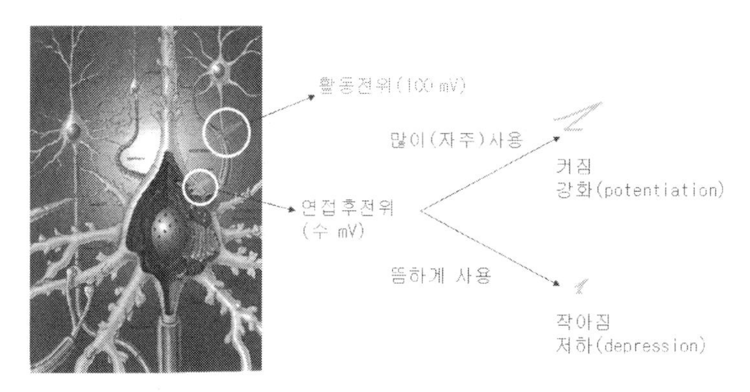


참조: 활동전위가 축삭말단에 도달하면 연접전달을 통하여 연접 후 세포의 세포막에 작은 연접후전위(postsynaptic potential)가 생성된다. 활동이 많은 연접에서는 이 전위가 커지고, 사용하지 않으면 작아진다.

**〈그림 5-4〉 연접가소성**

작아진다. 연접후전위가 커지는 현상을 강화(potentiation), 작아지는 현상을 저하(depression)라 한다.

### (1) 장기연접강화와 장기연접저하: 장기기억과 망각

연접후전위의 크기가 변화된 상태의 지속 시간에 따라 단기 및 장기로 나눌 수 있으며, 통상 20분 이내에 소멸되면 단기로 간주한다. 반면 20분 이상 장기적으로 강화가 지속되는 현상을 장기연접강화(long-term potentiation: LTP), 저하가 지속되면 장기연접저하(long-term depression: LTD)라 한다. LTP는 1966년 노르웨이 오슬로대학 Per Andersen 교수 연구실에 박사과정에 재학 중이던 Terje Lømo에 의하여 토끼 뇌의 해마(hippocampus)에서 처음 관찰되었다. 1968년 Tim Bliss가 같은 연구실에 들어와 두 사람은 공동연구를 하였으며, 1973년 LTP에 대한 최초의 논문을 발표하였다(Bliss and Lømo, 1973). 해마는 서술적 기억(운동기억과 대비되는 의식적, 말로 표현할 수 있는 기억)의 형성에 중요한 역할을 하며, LTP는 장기기억의 연접기전으로 간주된다. 한편 저하는 신경회로의 소멸기전으로 장기저하(LTD)는 망각의 기전으로 간주된다.

갈등은 과거의 부정적인 기억으로 증폭될 수 있다. 그러면 우리의 뇌에는 망각을 촉진하는 방법이 있을까? 망각은 기억의 퇴화이다. 기억은 부호화(encoding: 정보를 분류하여 코드를 부여하는 과정), 저장(storage: 부호화된 정보를 저장하는 과정), 인출(retrieval: 저장된 정보를 불러냄) 과정으로 구성된다. 저장은 연접의 연결강도가 강화되는 LTP 현상에 의하여 일어난다. 연구에 의하면 LTP의 크기는 계속 증가할 수 있으며, 한계에 이르면 연접이 갈라져 두 개의 연접을 이룬다. 이와 같이 우리는 능동적으로 자극을 반복(반복학습)함으로써 기억을 강화할 수 있다. 또한 우리의 뇌는 특이하거나 중요한 경험을 하는 순간 뇌활성을 증가시켜 기억을 잘 할 수 있게 하는 기전을 진화시켰다.

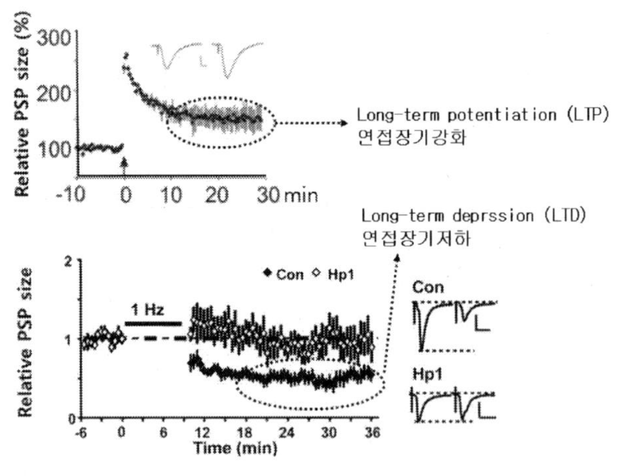


참조: 특정 연접을 강하게 자극하면(예, 100Hz, 위 그림의 화살표) 연접후전위(PSP)가 커진다. 반면에 낮은 빈도로 자극하면(1Hz, 아래 그림) PSP가 작아진다. 이런 변화가 오래 지속되는 현상을 각각 LTP, LTD라 한다.

**〈그림 5-5〉 연접의 장기강화와 장기저하**

그러나 적극적으로 연접효율을 저하시킬 수 있는 방법은 없다. 다만 특정 연접을 사용하지 않음으로써, 즉 회상하지 않음으로써 수동적으로 LTD를 유도하여 그 기억에 대한 신경회로가 약해지도록 유도할 수 있다. 또한 뇌의 기억체계를 활용하여 망각을 유도할 수 있다. 어떤 체계로 기억의 신경회로가 구성되는지는 아직 잘 알려져 있지 않지만 기억단위들은 유사한 정보들끼리 서로 연결되도록 부호화되는 것으로 보인다(연합기억 associative memory). 예를 들면, 어떤 기억과 관련이 있는 단서를 제시하면(priming 점화 혹은 기폭) 그 기억이 연상되어 쉽게 회상된다. 역으로 이런 기억체계의 연결고리를 끊는 것은 인출을 불가하게 할 수 있다. 실제로 우리가 새롭게 학습하는 것이 이전에 학습한 것을 회상하는 능력을 방해하는 현상이 있는데 이를 역행 간섭(retroactive interference)이라 한다. 새로운 학습이 과거로 손을 뻗어 이전의 학습에 간섭을 일으키는 것이다. 따라서 새로운 환경에 몰두하여 새로운 학습을 함으로써 부정적인 기억에 대한 과거의 신경회로를 약화시키거나 지울 수 있다.

### (2) 연접특이적 가소성과 국소적 단백질합성

단기적 가소성은 연접을 이루는 기존 단백질의 변화(주로 인산화)에 의한다. 그러나 LTP와 LTD 같은 장기적 가소성에는 새로운 단백질이 기존의 연접에 가담하여야 된다. 하나의 신경세포에 약 1만 개의 연접이 형성되어 있는데, 각각의 연접은 서로 다른 신경회로에 속해 있기 때문에 독립적으로 연접가소성이 이루어져야 한다. 이러한 개념을 연접특이적 가소성(synapse-specific plasticity)이라 한다.

새로운 단백질은 어디에서 만들어지며 어떻게 특정 연접에만 국한하여 가담될 수 있을까? 전통적으로 단백질합성은 세포체에서 일어나는 것으로 알려져 왔다. 따라서 세포체에서 합성된 단백질이 특정 연접으로 이동되거나(targeting), 무작위적으로 확산되지만 특정 연접이 획득할 수 있다(capture). 그러나 단백질이 특정 연접을 표적으로 이동된다는 가정은 세포체와 가지돌기의 복잡성 및 거리를 생각할 때 불가능할 것이고, 무작정 확산되어 특정 연접에 포획된다는 것은 신경세포의 에너지 경영적 측면이나 생명체 진화의 합목적성에 어긋난다. 가장 적합한 가정은 새로운 단백질이 필요한 바로 그 연접 근처에서 국소적으로 만들어진다는 것이다. 이를 가지돌기 내 국소적 단백질합성(local translation)이라 한다. 실제로 최근의 연구에 의하면 신경세포의 가지돌기에 단백질의 합성에 필요한 여러 가지 인자들(mRNA, tRNA, 리보좀, 단백질해석인자 등)이 존재한다. 보다 직접적인 증거로 가지돌기를 세포체로부터 물리적으로 잘라 버려도 단백질합성이 일어남이 관찰되었다. 따라서 가지돌기 내 연접부위에서의 국소적 단백질합성은 특이적 연접가소성에 필요한 단백질들을 제공할 수 있으며, 이러한 기전은 순간순간 변화되어야 하는 연접가소성에 필요한 단백질들을 실시간으로 공급할 수 있다.

### (3) 역동적인 연접

연접가소성은 매우 역동적으로 일어난다. 실험실에서 배양한 뇌신경세포를 이용하여 LTP가 유도되는 강한 자극을 하면 연접후전위의 크기가 증가될 뿐 아니라, 연접의 크기도 커진다. 좀 더 구체적으로 설명하면 연접말단과 가지돌기가시가 커지고 동시에 연접말단에는 연접소포의 수가 증가하고, 연접후세포막에는 신경전달물질수용체가 더 많아진다. 반면에 LTD가 유도되는 자극을 하면 기존의 가지돌기가 축소되고 없어지는 것을 관찰할 수 있다.

한편 생체 내에서도 연접의 모양이 역동적으로 변함이 쥐의 뇌에서 관찰되었다. 쥐는 야행성으로 머리의 앞부분에 있는 긴 수염(wisker)이 중요한 접촉감각기관이다. 이 수염들의 움직임을 분석하여 쥐는 어둠 속에서도 부딪히지 않고 잘 다니는데, 이에 따라 수염들의 감각정보가 들어오는 뇌부위(barrel cortex라 함)가 잘 발달되어 있다. 이 부위의 세포들을 형광으로 염색하고 특수 광학렌즈를 이용하여 이 신경세포들의 형태변화를 일주일 이상 관찰한 결과 뇌신경세포의 가지돌기가시들 가운데는 짧은 기간에 일시적으로 생성되고 사라지는 것, 어느 정도 유지되는 것, 그리고 매우 안정적인 것 등 다양한 가시들이 있음을 알 수 있었다. 이는 우리의 뇌에서도 연접이 역동적으로 변화되고 있음을 시사한다. 이는 여객기가 공항에 착륙할 때 하늘에서 내려다보면 도시의 불빛들이 현란하게 점멸되는 것에 비유할 수 있는데 하나의 반짝임이 연접의 활성으로 대비하여 상상해 볼 수 있다. 도시 전체를 뇌로 비유한다면 수많은 연접들이 독립적으로 활성을 가지며 시시각각으로 신경회로가 변화함을 상상할 수 있다.

이처럼 우리의 뇌는 시시각각으로 연접의 연결강도가 변화하든가 새로운 연접의 생성 또는 소멸로 인하여 신경회로가 역동적으로 변화한다. 연접의 역동성은 노화함에 따라 떨어진다. 갓난아기 때의 기억이 거의 나지 않는 것은 연접의 역동성이 높아 쉽게 신경회로가 허물어지기 때문이다. 신경회로들 가운데는 개체의 삶에 필수적인 정보에 대한 기억을 담당하는 것들이 있는 반면 잊어버려도 상관없는 정보에 대한 것들도 있다. 다행히 우리 뇌의 신경회로는 역동적인 연결에 의하여 생성 혹은 소멸될 수 있기 때문에 비록 제한적이기는 하지만 기억을 인위적으로 조절할 수 있다.

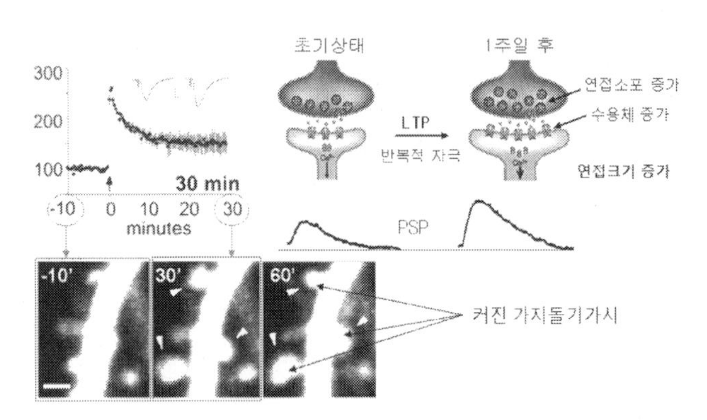


참조: 배양한 신경세포를 시험관에서 자극하여 LTP를 유도한 후 30분, 60분의 사진을 보면 자극하기 전에 비하여 가지돌기가시가 커져 있음을 알 수 있다. 사진에는 보이지 않지만 축삭말단도 따라서 커진 모습을 모식도에 나타내었다.

**〈그림 5-6〉 역동적인 연접**

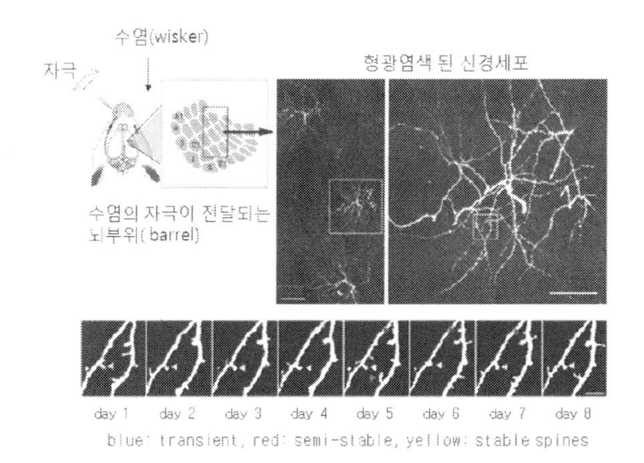


참조: 살아 있는 쥐의 수염촉각부위피질(barrel cortex) 신경세포를 형광염색하고 장기간 관찰한 사진. 가지돌기가시 가운데는 일시적으로 생성되었다가 소멸되는 것(blue), 조금 안정적인 것(red), 매우 안정적인 것(yellow)들이 있음을 보여준다(Trachtenberg et al., 2002).

**〈그림 5-7〉 쥐 뇌 신경세포의 역동적 변화**

## 4. 의식

### 1) 의식의 신경근거

의식(意識, consciousness)은 마음과 외부 물질세계 사이에서 생기는 심리적 활동의 총체를 말한다. 의식은 인간의 주관, 지식, 감정, 의지, 각성 등 일체의 활동을 포함한다. 장구한 시간에 걸쳐 말초신경계통의 감각기관을 비롯한 뇌의 하위기능이 진화하였으며, 이는 의식의 형성에 필요불가결한 조건이지만 이들만으로는 충분하지 않다. 인간에게 의식은 감각계통을 통한 물질세계의 단순한 수동적 반영이 아니라 그것을 능동적 합목적적으로 해석하며 언어의 출현으로 그 내용이 풍부해진다. 따라서 인간의 의식은 동물의 심리와는 근본적으로 구별되어 외부 세계를 인식하는 기능에 더하여 미래를 예측하고 목표를 정하여 그 목적에 부합하는 계획과 결단을 내리는 기능을 한다. 이처럼 의식은 매우 복잡하고 다양한 면을 가지고 있는데 지금 경험하고 있는 순간순간의 단편적인 스냅사진의 연결이 아니라 의미 있게 연결된 일관성이 있는 연속체이다.

이러한 현상을 나타내는 의식신경근거(neural correlates of consciousness: NCC)는 무엇일까? 과학자들은 NCC가 뇌의 특정한 부위에 위치하거나, 아니면 특정한 활성양상일 것으로 보고 이를 찾기 위한 연구를 진행하고 있다. 아직 확정적이지는 않지만 지난 수십 년 동안 주목받아 온 이론은 뇌활성의 고주파진동(감마파 gamma band)이 의식과 연관이 있다는 것이다. Christof von der Malsburg와 Wolf

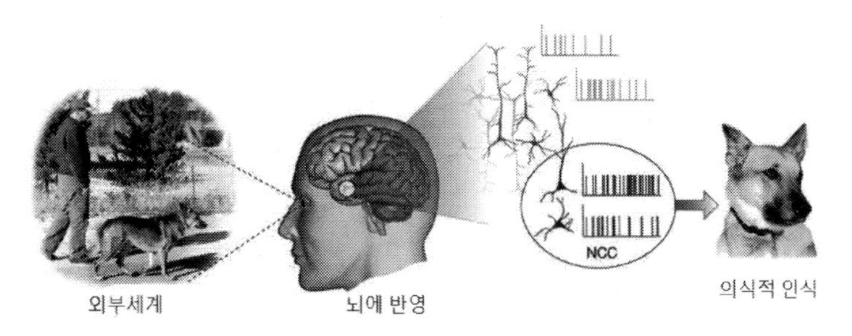


참조: 외부세계는 감각기관을 통하여 뇌에 반영되어 특정 신경세포들의 활성을 유도한다. 감마파로 동조된 신경세포들의 활성은 하나로 통합되어 의식 속으로 들어온다. 즉 의식의 신경근거(NCC)는 감마파로 동조된 신경활성이라고 해석된다.

**〈그림 5-8〉 의식의 신경근거(neural correlates)**

Singer가 1980년도에 주장한 이 이론은 감마파(25~100Hz, 40Hz가 대표적임)가 뇌에 반영된 다양한 외부세계의 정보들을 하나로 통합하여 인지하는 데 필요한 뇌파라는 것이다.

쉽게 설명하면 다음과 같다. 외부세계는 다양한 정보를 포함한다. 시각, 청각, 촉각 등을 통하여 이 정보들이 뇌의 시각영역, 청각영역, 체감각영역 등 다양한 부위에 들어와 이 부위의 신경세포들을 활성화한다. 문제는 이 뇌 영역들이 물리적으로 상당한 거리를 두고 떨어져 있기 때문에 의미를 갖기 위해서는 하나로 묶여야 한다. 어떤 기전에 의하여 하나로 통일되느냐 하는 것은 신경과학자들에게 큰 숙제로 남겨져 있기 때문에 이를 '결속문제(binding problem)'라 한다. 각각의 외부정보들은 뇌의 서로 다른 부위의 신경세포 무리들을 활성화해 뇌파를 생성하는 데 서로 연관된 정보들은 감마파(예, 40Hz)로 동조(synchronization)된다는 것이다. 역으로, 많은 정보들 가운데 의식에 들어오는 정보들은 감마파로 동조된 정보들이라고 해석할 수 있다. 이러한 동조는 물리적으로 멀리 떨어진 뇌부위의 활성을 하나의 단위로 묶으며, 또한 뇌로 들어오는 수많은 정보 가운데 관심을 끄는 정보가 되어 궁극적으로 전전두엽에서 해석되어 의미를 부여받는다는 것이다.

## 2) 일차의식과 고차의식

미국의 신경과학자이며 노벨상 수상자인 제랄드 에델만(Gerald M. Edelman)은 의식을 낮은 수준의 일차의식과 언어로 표현되는 고차의식으로 모델링하여 의식의 일반적인 속성을 정리하였다. 대뇌피질에 저장된 서술적 기억(언어로 표현할 수 있는 기억)들은 실시간으로 입력되는 외부의 정보들과 시상을 통하여 양방향으로 연결된다. 즉 현재 뇌로 들어오는 입력(경험)신호를 기억창고의 정보들과 비교하여 그 정체를 해석하는 과정이 '일차의식'이다. 즉 일차의식은 '현재의 기억(remembered present)'이라고 에델만은 정의한다. 일차의식은 스냅사진처럼 하나의 장면을 묘사한 그림에 불과한 동물수준의 의식이다. 그러나 인간에 존재하는 고차의식은 일차의식 작동 상태에서 언어가 더 추가되어 현재의 스냅사진(일차의식)들은 연속적으로 연결하고 기억한 결과 과거, 현재, 미래가 형성되고 자기만의 주관이 담긴 해석을 하는 자아가 탄생한다고 설명한다.

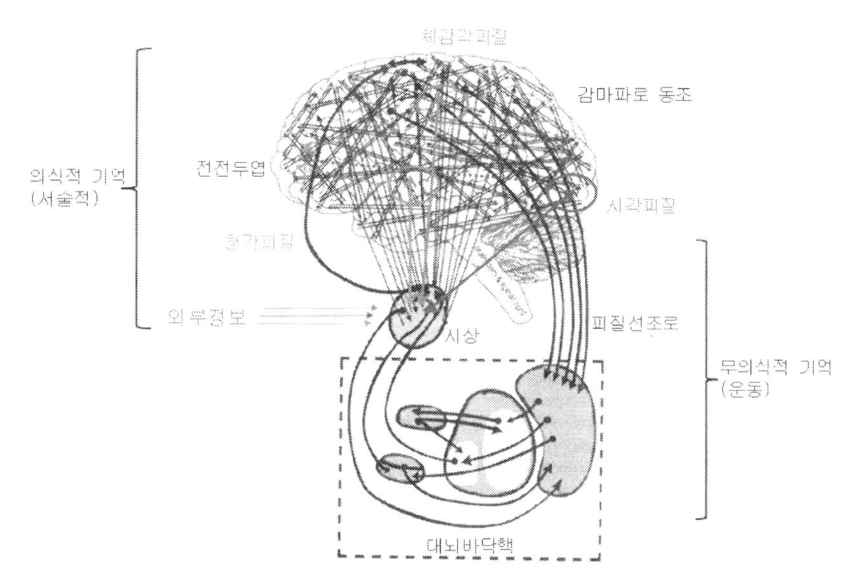


참조: 외부로부터 들어온 다양한 양상의 정보들은 시상을 통하여 각각 관련된 대뇌피질 부위를 활성화해 뇌파를 생성한다. 이때 관심을 끄는 정보들의 뇌활성은 감마파를 내어 서로 동조되어 하나로 통합되고 궁극적으로는 전전두엽에 전달되어 해석과 의미부여가 일어나는 과정이 의식이다. 대뇌피질 사이, 대뇌피질과 시상 사이에는 밀접한 양방향 정보교환이 있어 지금 순간 들어온 정보가 대뇌피질에 저장된 기존의 지식과의 일치 여부 및 관계를 설정한다. 따라서 일차의식은 '현재의 기억(remembered present)'이라고 에델만은 정의한다. 시상대뇌피질계통(thalamocortical system)의 정보는 피질선조로를 통하여 대뇌바닥핵(basal ganglia)에 전달되어 운동기능을 조절할 수 있다. 시상피질계통에 의한 양방향 정보교환은 의식적이며, 일방적 신호전달과정인 운동은 무의식적이다(Edelman, 2005).

**〈그림 5-9〉 에델만이 주장하는 의식의 신경근거**

## 생각발전소 토론주제

1. 술에 취하면 왜 기억이 나지 않을까? 그럼에도 집에는 어떻게 찾아왔을까?

2. '늙은 오리는 가르치기 어렵다'는 서양속담이 있다. 나이가 들면 학습과 기억이 어려워질까? 어린아이들은 잘 배우지만 또한 잘 잊어버리는 이유는 무엇일까?

3. 데자뷰(deja vu)는 이미 본 적이 있거나 경험했다고 느끼는 심리상태이다. 왜 이런 느낌을 가질 수 있을까? 뇌에는 왜 경험하지 않은 기억이 형성되어 있을까?

4. 수면 중에는 왜 일상적인 감각을 느끼지 않을까? 수면 중에는 왜 대뇌로의 정보전달이 차단될까? 아니면 정보가 전달됨에도 의식이 작동하지 않을까?

5. 빨리 망각할 수 있는 방법이 있을까? 망각은 기억의 퇴화라는 관점에서 생각해 보자.

제 6 장

# 갈등과 스트레스의 이해

*스트레스의 시대라 할 만큼 현대인은 많은 스트레스를 받고 살아가고 있다.*
*스트레스는 이제 우리에게 중요한 화두 중 하나가 되었다.*
*그럼 스트레스란 무엇인가?*

1. 스트레스의 개념
2. 스트레스 반응
3. 스트레스에 영향을 주는 인자들

# 제6장 갈등과 스트레스의 이해

사람은 끊임없이 다양한 자극을 받으며 살아간다. 오늘날과 같이 문화가 급속하게 변할수록 각종 자극은 더욱 늘어만 가게 되어, 우리는 흔히 현대를 스트레스의 시대라고 부른다. 인간은 원시 동굴 시대의 공포나 굶주림, 추위 등 죽음의 위기를 문명의 발달과 사회의 발전을 통해 극복하면서 이러한 원시시대의 공포를 망각하게 되었지만, 문명의 발달은 우리의 생활을 편리하고 안락하게 만들어 주는 대신에 사회가 점점 더 복잡해져서 더 많은 스트레스를 받게 만들었다.

스트레스란 무엇인가? 쉽게들 쓰는 말이지만 정작 질문을 받으면 정확히 설명하지 못하는 경우가 많다. 이는 스트레스에 대한 정의가 수없이 많고 다양하기 때문이다. 스트레스라는 단어는 우리들의 인생 전반에 걸쳐 사용되는 용어로, "스트레스란 무엇인가?"라는 질문은 "인생이란 무엇인가?" 등의 본질적인 질문을 던지는 것과 다를 바가 없기 때문이다.

## 1. 스트레스의 개념

스트레스에 관한 많은 연구에도 불구하고 스트레스를 어떻게 정의할 것인가에 대한 합의된 의견은 없다. 스트레스란 본래 '외부로부터 물체에 가해지는 압력이나 압박'을 뜻하는 말로 15세기경부터 물리학이나 공학에서 사용되기 시작했다. 17세기경에 이르러 그 의미가 일반화되기 시작하여 역경이나 곤란의 뜻으로 받아들여졌다. 20세기 초 스트레스는 Cannon에 의해 질병의 발생이나 악화에 영향을 미치는 인자로 간주되면서 의학적으로 광범위하게 사용되었다. Cannon은 유기체가 내적 균형을 이루고자 하는 경향을 항상성(homeostasis)이라 부르고, 이 항상성을 저해하는 사건이 스트레스가 되어 결국에는 질병을 야기할 수 있다는 가설을 제시하였다.

일반적으로 현실에 존재하거나 상상 속에 있거나를 불문하고 그 개인에게 적응할 것을 요구하는 어떠한 자극, 예를 들면, 사건, 상황, 사람 또는 대상을 스트레스 요인(stressor)이라 하고, 자극을 받았을 때 이에 적응하는 개인의 생리적·심리적·행태적 반응을 스트레스 반응(stress)이라고 정의한다. 즉 스트레스 반응이란 몸과 마음이 신체적·심리적·정서적 노력을 경주해서 변화에 적응하는 일련 과정의 결과이다. 따라서 우리가 사용하는 스트레스는 학문적으로는 스트레스 요인(Stressor)으로 표현하는 것이 정확하다. 학문적 의미에서 Stress는 이 스트레스요인 즉 Stressor로 인해서 생긴 스트레스 반응을 말한다. 그러나 여기서는 스트레스 요인(Stressor)을 우리가 통상적으로 사용하는 스트레스(Stress)로 표현하기로 한다.

---

* 사공정규(동국대학교 의과대학 정신건강의학과 교수)

## 1) 스트레스의 이중성

어느 정도의 스트레스는 삶의 필수요소로 필요하다. 스트레스가 없다면 우리는 아무것도 성취할 수 없다. 생리적으로 스트레스가 없는 상태란 곧 죽음을 의미한다. 이런 점에서 권태나 지나친 자극의 결여는 우리의 건강을 해칠 수 있다. 현대인은 삶의 활력이나 추진력·원동력으로서의 스트레스와 사회적·경제적 또는 의학적 문제 근원으로서의 스트레스라는 상반된 '스트레스의 이중성'과 늘 마주하며 살아가고 있다.

적절한 수준의 스트레스하에서는 스트레스가 증가함에 따라 활력이나 열정이 고조되고, 낙관적이거나 긍정적 시각을 견지하며 창의성과 생산성이 증대되고, 질병에 대한 저항력이 커져 건강이 증진된다. 이런 수준의 스트레스를 긍정적 스트레스(eustress)라고 한다. 이처럼 긍정적 효과를 극대화시킬 수 있는 스트레스를 최적의 스트레스(optimal stress)라고 부른다. 반면에 스트레스가 증가하여 일정 수준을 넘어서면 피로감과 짜증이 증가하고, 집중력이 떨어져 생산성과 창의력이 저하되며, 비관적 태도와 부정적 시각을 보이고, 질병에 대한 저항력이 떨어져 건강을 해치게 된다. 이런 스트레스를 부정적 스트레스(distress)라고 한다.

스트레스는 하루 중의 시간이나 스트레스의 특성 또는 스트레스에 대한 대처방식의 효율성에 따라 다양하게 변한다. 또한 스트레스의 역치는 개인에 따라 차이가 있다. Lazarus는 스트레스의 영향을 평가할 때, 스트레스 그 자체보다는 스트레스에 대한 개인의 지각, 즉 지각되는 위험의 정도와 스트레스를 처리하는 데 이용되는 대처기제를 중요시하였다. Lazarus는 이를 위해 취약성(vulnerability)과 대처(coping)라는 개념을 도입하였다. 취약성이란 스트레스를 처리하는 데 필요한 대처기술이 부족한 상태를 말하며, 대처란 스트레스를 다루는 개인의 노력을 일컫는다.

복잡하고 경쟁적인 현대사회에서 우리가 하루도 스트레스 없이 지낸다는 것은 상상하기 어렵다. 따라서 스트레스를 피한다는 것은 사실상 불가능하기 때문에 오히려 이에 대해서 효과적으로 직면해서 스트레스의 부정적 효과를 극소화시키는 일이 보다 더 중요하다.

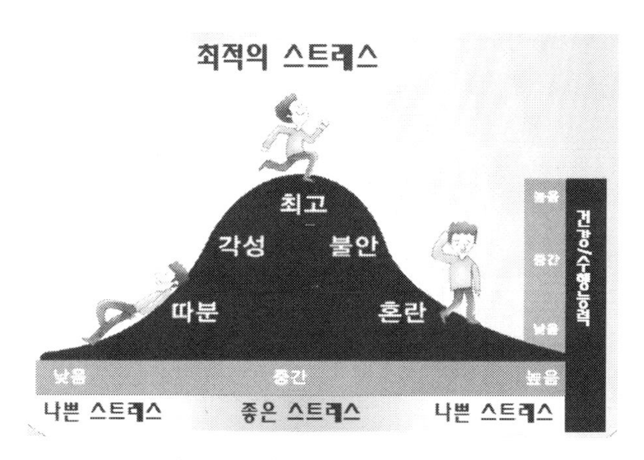


〈그림 6-1〉 스트레스의 이중성

### 2) 스트레스의 크기

스트레스를 느끼는 정도는 개인의 특성에 따라서 각각 다르다. 어떤 사람에게는 괴롭고 짜증나는 자극이 다른 사람에게는 생산적이고 긍정적인 자극이 될 수도 있다. 비록 사람에 따라 생활에서 겪게 되는 사건들이 스트레스로 지각되는 정도의 차이는 있지만, 그렇다고 스트레스의 크기를 전혀 측정할 수 없는 것은 아니다.

종래에는 스트레스를 정량화한다는 것이 불가능하다고 생각해 왔으나, Holmes와 Rahe는 스트레스도 때와 경우에 따라 받는 양이 다를 것이라 여기고 상황에 따라서 오는 스트레스의 크기를 측정하는 정량화 작업을 하였다. 개인의 지속적인 생활양상의 주요 변화를 초래하는 사건을 스트레스 요인으로 정의하고, 각 생활 사건들의 상대적 크기를 통계적인 방법으로 점수화하여 '사회재적응평가척도(social readjustment scale)'를 개발함으로써 스트레스의 양을 측정하는 것이 가능하게 되었다. 그들은 우선 결혼이 인생 일대의 중대사로 스트레스를 준다는 사실을 염두에 두고 결혼에서 오는 스트레스를 50점으로 가정하여 스트레스를 일으킬 만한 43항목의 삶의 변화를 초래하는 사건들을 찾아 이를 정량화하는 사회재적응평가척도를 개발하는 데 성공하였다.

〈Holmes & Rahe(1967)의 '사회재적응평가척도'〉

총 43개 항목으로 구성되어 있으며 각 항목의 가중치가 다르다.

배우자 혹은 사랑하는 사람의 죽음 100, 이혼 73, 별거 65, 가까운 친척의 죽음 63, 자신의 상해와 병 53, 결혼 50, 실직 47, 가족의 건강변화 혹은 행동상의 큰 변화 44, 임신 40, 성생활의 문제 39, 새로운 가족구성원이 생김 39, 직업 적응 39, 재정적 상태의 변화 38, 가까운 친구의 죽음 37, 다른 부서로 배치되는 것 36, 배우자와의 언쟁 증가 35, 많은 액수의 부채 31, 부채가 노출된 경우 30, 자녀가 집을 떠나는 것 29, 시집식구 혹은 처가식구와의 갈등 29, 뛰어난 개인적 성취 28, 아내가 취직을 하거나 반대로 일을 그만두는 상황 26, 입학과 졸업 26, 생활환경의 변화 25, 습관을 고치는 것 24, 직장상사와의 갈등 23, 전학 20, 취미활동의 변화 19, 종교활동의 변화 19, 사회활동의 변화 18, 소액의 부채 17, 수면습관의 변화 16, 가족이 함께 모이는 횟수의 변화 15, 식사습관의 변화 15, 방학 13, 크리스마스 12, 가벼운 법규위반 11

Holmes와 Rahe의 사회재적응평가척도는 미국사회에서의 기준이므로, 문화가 다른 우리나라에 그대로 적용하기에는 문제가 있을 수 있다. 예컨대 미국사회에서는 배우자의 죽음이 가장 큰 스트레스였으나, 우리 사회에서는 배우자의 사망보다 자식의 사망이 더 큰 스트레스가 되었다. 또한 이 평가척도가 절대적인 것은 아니며, 문화적 · 시대적 상황 그리고 각 개인의 환경적 · 성격적 특징에 따라 그 비중이 달라질 수 있다. 국내와 미국에서 발표된 사회재적응평가척도를 이용한 스트레스 순위를 비교할 때 한국에서는 배우자의 죽음, 가까운 가족의 죽음, 이혼 순으로, 미국의 경우 1967년에는 배우자의 죽음, 이혼, 별거 순으로, 1994년에는 배우자의 죽음, 이혼, 가까운 가족의 죽음, 별거의 순으로 나타나 나라 간에 그리고 시대에 따른 차이를 보였다.

### 3) 스트레스의 종류

#### (1) 신체적 스트레스, 심리적 스트레스

신체적 스트레스란 부적절하고 과도한 육체적 노력을 요구하는 어떤 형태의 스트레스로 인해 야기되고 생리학적 조건들과 밀접한 관련을 맺고 있다. 긴급한(emergency) 스트레스가 닥칠 경우 이로 인해 호르몬 분비, 심장박동 증가, 혈압 증가 등 생리적 현상들이 나타난다. 반면 지속적인 스트레스는 긴급한 스트레스와 유사한 생리적 현상들이 나타나지만 보다 복합적인 양상을 보인다. 신체의 저항을 증가시키기 위해 지속적으로 많은 양의 호르몬이 분비된다. 그러나 스트레스가 과다한 경우 치명적인 결과를 초래하기도 한다.

신체적 스트레스와 심리적 스트레스의 근본적인 차이점은 신체적 스트레스는 실제적인 현실 상황인 데 반하여 심리적 스트레스는 응급 상황을 상상하게 될 때 주로 발생한다. 예를 들면, 위험이 닥칠 것이라는 상상 등 심리적 경험이 근육의 긴장이나 심박동을 증가시킨다.

#### (2) 정신사회적 스트레스

인간은 사회적 동물이면서 서로 함께 생활을 영위하며 함께 활동한다. 즉 삶의 과정에서 정신사회적 스트레스가 불가피하게 발생하게 된다. 정신사회적 스트레스는 적응, 좌절, 자극과다, 자극박탈(고독, 권태)이 있다. 사람들은 좋든 싫든 생활의 변화에 적응해야 한다. 어떤 형태의 변화도 일시적으로 생체의 균형을 깨뜨려 스트레스 반응을 일으킨다. 좌절은 개인이 원하는 행동이나 목표가 방해를 받았을 때 일어난다. 경제적 문제나 관료주의가 좌절을 일으키기도 한다. 국내에서도 IMF 이후 기업가들이 회사 부도 후 자살을 시도하거나 자살을 한 경우가 많았다. 한편 관료주의는 개인의 창의력과 동기를 감소시키고 직업에 대한 만족도를 떨어뜨린다. 거대한 관료조직의 비능률과 비인간화가 스트레스가 되어 인간의 행동을 억제하여 스트레스 반응을 일으킨다.

자극의 과다는 개인의 능력에 비해 자극이나 요구가 많을 때, 즉 시간의 압박, 과도한 책임감, 사회적 지지의 부족, 자신이나 주위로부터의 지나친 기대가 스트레스의 원인이 된다.

박탈은 고독이나 권태와 같이 자극이 없는 경우로서 과다한 자극과 마찬가지로 스트레스를 야기하여 건강을 위협한다. 그래서 누군가는 고독을 죽음에 이른 병이라고 하지 않았던가. 인간의 고독은 관상동맥질환이나 조기 사망을 일으킬 위험이 높은 것으로 알려져 있다.

#### (3) 환경적 스트레스

환경과 접촉해서 일어나는 자극들은 대부분의 사람들에서 스트레스 반응을 일으킨다. 여기에는 생물학적 리듬(생체리듬), 음식물, 소음, 공해, 기후 등이 있다. 생물학적 리듬은 일정한 시간의 간격을 두고 주기적으로 생물학적 활동이 일어나는 것을 가리킨다. 예를 들면, 수면-각성 주기, 체온, 월경주기, 내분비변화, 맥박 등이 정상적인 리듬에서 벗어날 때 질병을 야기할 위험이 높아진다. 음식물 중에도 스트레스를 일으키는 게 있다. 카페인이 들어 있는 커피는 짧은 시간에 다량 마실 경우 가슴이 뛰고 혈압이 오르고 맥박이 불규칙해지는 등 스트레스 반응에서 보이는 생리적 변화를 일으킨다. 차, 초콜릿, 코코아도 커피와 마찬가지로 많이 섭취할 경우 불안을 일으킬 수 있다. 설탕이나 가공된 밀가루로 만든 제품들은 좋은 에너지원이 되고 있으나 이것들은 비타민 B를 빼앗아 가기 때문에 이런 종류의 음식물인 케이크, 파이, 캔디 등을 먹을 때에는 비타민 B를 따로 섭취할 필요가 있다. 환경적 요소인 소음도 자율신경계를 자극하여 불쾌감을 일으킴으로써 일의 능률을 방해하는 스트레스 요인으로 작용한다.

## 2. 스트레스 반응

스트레스 반응은 몸과 마음의 상호 작용에 의해 일어나는 복잡한 과정이다. 이 반응은 무의식과 의식 과정 두 경로를 통해서 일어난다. 무의식적 과정은 스트레스에 직면했을 때 몸을 각성시켜 필요한 활동을 취할 수 있도록 준비 상태를 유지하게 한다. 이 경우는 교감신경계의 활성화에 의해 일어나며, 부교감신경계는 스트레스 이전의 상태로 회귀하는 데 관여한다. 의식적 과정은 어떤 상황이나 사건 또는 대상을 스트레스 요인으로 지각하여 각성의 필요성이나 유용성을 주관적으로 판단하게 한다.

### 1) 스트레스 반응의 3단계

Selye는 스트레스를 자극에 대한 신체의 반응으로 정의하면서 유해자극에 대항하는 신체의 비특이적인 반응을 일반적응증후군(general adaptation syndrome)이란 개념으로 구체화하였다. 일반적응증후군은 3단계로 구성되어 있다.

#### (1) 경보 반응 단계(alarm reaction stage)

스트레스에 처음으로 노출되는 시기이다. 이 단계에서는 교감신경계가 활성화되면서 신체가 전반적인 각성상태에 놓인다. 즉 아드레날린과 노르아드레날린의 분비가 증가하면서 신체가 어떤 행동(도피 또는 투쟁)을 취할 수 있도록 준비하는 단계이다. 이 단계에서는 스트레스가 특정 장기에 영향을 미치지는 않는다.

#### (2) 저항단계(stage of resistance)

유기체가 최대로 스트레스에 적응하는 단계이다. 첫 단계에서 보인 신체적인 변화는 사라지고 저항력이 정상 이상으로 상승된다. 이 단계에서는 뇌하수체 전엽이 부신피질자극호르몬인 ACTH가 방출되고, 이것이 부신피질 호르몬인 cortisol을 과다하게 분비하도록 자극해서 신체의 저항력을 높이게 된다. 신진대사가 원활하게 일어나면서 신체가 스트레스에 적응하는 시기이다. 이 단계에서는 스트레스 반응이 특정기관이나 과정에 집중된다. 그러나 적응 에너지는 제한되어 있기 때문에 스트레스가 지속될 경우 질병을 야기할 수 있다.

#### (3) 탈진단계(stage of exhaustion)

유기체의 적응력이 한계에 도달하여 사용 가능한 자원이 고갈된 상태이다. 다수의 스트레스에 장기간 노출되어 더 이상 스트레스를 처리할 수 없는 상태이다. 이 단계에서는 신체가 더 이상 스트레스에 대응할 수 없어 특정 기관이나 과정의 와해가 일어나고 결국에는 사망에 이르게 한다.

### 2) 스트레스와 자율신경계 반응

우리의 신체는 의지에 따라서 자유로이 운동하는 주로 골격근을 지배하는 수의신경계와 이와 반대로 의식을 떠나서 운동하는 것, 예를 들면, 심장이나 위장의 운동과 같은 불수의운동을 지배하는 자율신경계가 있다. 자율신경계는 의식에서 비교적 독립하여 작용하고 있지만 감정이나 행동과 밀접한 관련이 있다. 자율신경계는 3가지 다른 형태의 조직, 즉 심장근육, 분비선, 평활근들을 일차적으로 통제하는 기능을 가지고 있으며, 심장 활동, 혈압, 소화, 배뇨 및 배설, 기타 신체 기능들을 통제한다.

자율신경계는 교감신경과 부교감신경으로 구분된다. 이 두 시스템이 서로 대치하면서 균형상태를 이룬다. 한 시스템이 활동하면 다른 시스템은 활동을 멈춘다. 교감신경은 투쟁-도피 시스템이라고도 불린다. 이것은 응급상황이나 감정이 격한 상태에서 작동한다. 이런 경보반응은 시상하부 내에서 시작된다. 교감신경계자극에 의한 생체 반응으로는 혈압이 오르거나 근육강도가 증가하거나 정신활동이 증가하는 것 등을 들 수 있다.

이런 생리적 변화 때문에 사람들은 응급상황에서 자신이 믿지 못할 정도의 능력을 발휘하기도 하나, 이러한 생리적 변화가 지속되면 부정적 영향을 미칠 수 있다. 사람들이 화날 때는 음식을 잘 먹지 못하게 되고 식사하는 동안에는 즐거운 대화를 나누어야 한다는 얘기를 흔히 듣는다. 그 이유는 분노가 타액과 소화과정에 영향을 미치기 때문이다. 감정이 격한 상태에서는 위에서 음식을 처리할 수 있는 준비가 되어 있지 않기 때문에 소화불량이 일어날 수 있다. 이런 일을 하는 데 필요한 혈액의 대부분이 근육으로 재분배되었기 때문이다.

반면 부교감신경계는 일반적으로 스트레스를 받았을 때 사람들을 이완상태로 회복시키는 데 관여한다. 즉 응급 상태가 끝나면 시상하부는 부교감신경을 활성화시켜 응급상황에 의해 손상된 것을 복구시키는 역할을 한다. 부교감신경은 평온하고 이완된 상태에 있을 때에 작동한다. 이때 혈액은 소화와 에너지 저장과 같은 일을 하는 신체기관에 주로 몰린다. 호흡은 느려지고 맥박과 혈압이 떨어지고 근육이 이완된다.

자율신경계의 교감신경과 부교감신경은 서로 길항작용을 하며, 생체항상성 평형(homeostatic equilibrium)에 따라서 한쪽이 자극되면 나중에는 다른 쪽에서 과도히 보상될 수 있기 때문에 만성적인 스트레스 상황에서는 복잡한 양상을 띠게 된다. 일반적으로 만성적인 스트레스 상태에서는 신경계의 기전보다 내분비계의 기능이 질병 발생에 큰 영향을 미치는 것으로 보고 있다.

### 3) 스트레스와 신경내분비계 반응

스트레스에 따른 신경내분비계 반응은 시상하부에 의해 중재된다. 스트레스가 계속되면 시상하부 앞쪽에서 CRF를 방출하고, 이때 뇌하수체는 ACTH를 분비시켜 부신피질을 자극하면 부신피질에서는 코르티졸(cortisol)과 알도스테론(aldosterone) 같은 호르몬들을 분비한다. 코르티졸은 스트레스에 대항하기 위한 연료를 제공해 주는 역할을 한다. 즉 코르티졸의 일차적 기능은 혈당을 증가시켜 우리가 스트레스에 대항하는 데 필요한 에너지를 공급해 주는 것이다. 단백질과 지방을 당으로 전환해서 혈당을 올린다. 이 모든 변화는 스트레스와 싸우거나 도망가게끔 우리를 준비시키기 위한 것이다. 이외에도 혈압을 높이고 혈소판 응집을 증가시키고 혈중 콜레스테롤을 높인다. 다시 말해서 스트레스 기간 중에 일어나는 호르몬의 변화들은 신체기능을 균형 있게 유지시킴으로써 인체가 스스로 방어할 수 있도록 해준다. 그러나 코르티졸 분비가 계속되면 면역을 약화시켜 질병을 일이킬 위험성이 커진다. 또한 최근 연구에 의하면 해마에 있는 신경세포는 코르티졸에 예민하여 코르티졸이 오랫동안 유지되면 이들 세포가 위축되거나 사멸하여 기억장애를 초래함이 확인되었다.

알도스테론도 스트레스에 대항하도록 준비시키는 역할을 한다. 이것은 요 생성을 감소시키거나 나트륨을 축적시켜 혈류량을 증가시킴으로써 혈압을 올린다. 이렇게 함으로써 영양분과 산소를 신체기관 특히 팔다리와 같이 활동을 많이 하는 신체부위로 이동시킨다. 이 외에 갑상선도 스트레스반응에 관여한다. 뇌하수체로부터 갑상선자극 호르몬(thyrot ropic hormone: TTH)에 의해 활성화되어 티록신(thyroxin)이 분비된다. 이것은 기초대사율의 증가, 유리지방산의 증가, 포도당신합성의 증가, 위장관 운동의 증가(설사), 호흡 및 맥박의 증가, 혈압의 상승, 불안 등을 일으킨다.

### 4) 스트레스에 따른 면역계 반응

불의의 사고로 배우자를 잃거나 극심한 우울증에 빠져 있거나 높은 수준의 스트레스를 경험하는 사람들은 낮은 수준의 스트레스를 경험하는 사람들에 비해 자주 감기에 걸리고, 더 낮은 건강수준을 보이는 것을 흔히 볼 수 있다. 그런데 이러한 현상을 처음부터 스트레스와 면역체계가 연관성이 있는 것으로는 생각하지 못하였다. 면역학의 발전과 더불어 정신신경면역학(psychoimmunology) 분야가 발전하면서 1970년대에 들어서면서 두 체계에 연관성이 있다는 점이 인식되었다. 이후 심리적 스트레스가 각종 면역기능을 감소시키고 신체적 질병에 대한 감수성을 증대시킬 수 있음을 시사하는 연구들이 많이 보고되었다. 심리적 스트레스를 일으키는 일상적 사건들이 세포활동을 감소시키거나 마이토젠(mitogen)에 의한 임파구 증식반응을 감소시키는 것으로 보고되었다.

한 가지 의문은 스트레스가 어떻게 해서 어떤 때에는 건강을 증진시키고, 어떤 때에는 건강을 해칠 수 있느냐 하는 것이다. 이에 대해서 아직 전체적 기전은 잘 모르지만, 아마도 스트레스의 유형이나 스트레스 기간과 연관될 가능성이 있다. 다시 말하여, 스트레스에 영향을 주는 두 가지 중요한 요인으로 스트레스 기간과 정도를 꼽을 수 있다는 것이다. 지속적인 스트레스 상태에서 건강증진반응은 약해지고 면역반응이 약화된다고 본다.

### 5) 스트레스에 따른 신경전달물질 반응

#### (1) 도파민(dopamine)

스트레스를 받으면 도파민의 중피질(mesocortical) 및 중변연계(mesolimbic) 경로가 활성화된다. 중피질계는 예기현상과 인지기능에 관계되는 것으로 생각되며, 중변연계는 동기, 보상현상에 관여하는 것으로 보인다. Lavielle(1978) 등과 Herve(1979) 등은 스트레스로 인해 대뇌의 중피질의 신경원이 활성화되어 도파민이 상승한다고 하였으며, Herman(1982) 등은 조절할 수 없는 자극(uncontrollable shock)을 준 후 다시 자극을 가했을 경우 전두엽피질과 연관되는 A10 신경원들이 민감한 반응을 보이면서 도파민 합성과 이용이 증가하는 것으로 보고하였다. 그러나 조절 가능한 스트레스에 대해서는 변화가 없는 것으로 보고하였다. 이에 Horger와 Roth(1996)는 외상후스트레스장애 환자에게서 도파민의 과잉활동이 관찰되며, 특히 중전전두(mesoprefrontal) 도파민 신경세포는 물리적·심리적 스트레스에 민감한 부위로 스트레스를 받으면 이 부위의 도파민 신경전달을 증가시킨다고 하였다.

#### (2) 노르에피네프린(Norepinephrine)

만성적인 스트레스는 대뇌의 노르에피네프린 분비를 증가시키는데 동물에서 동일한 스트레스를 계속해서 줄 경우 노르에피네프린의 내성이 일어나지만, 같은 동물에서 새로운 스트레스가 주어질 경우 노르에피네프린 분비가 증가한다. 즉 스트레스가 만성화되면 그 스트레스에 대한 생체의 자율신경계의 반응은 감소하지만 뒤이어 일어나는 다른 스트레스에 대해서는 더 예민하게 반응하게 되는 것이다.

#### (3) 세로토닌(Serotonine)

스트레스로 인해 우울증이 발병하는 것은 그 원인이 대뇌 세로토닌의 감소에 기인되는 것으로 설명하고 있다. 스트레스인자에 노출되었을 때에나 후에 대뇌 부위들에서 세로토닌5-HT의 수준이 감소하게 되며, 이러한 세로토닌의 감소는 수일간 지속되므로 우울증이 발현되는 것으로 설명하고 있다. 동물실험에서 스트레스로 인한 행동변화는 대뇌에서 세로토닌5-HT 이용 정도와 연관이 된다고 연구결과들을 발표하고 있다.

### (4) 기타 신경전달 물질들

1980년대 이후 아미노산 신경전달 물질과 펩티드 신경전달 물질들이 스트레스 반응에 관여한다는 보고가 증가하고 있다. 코르티코트로핀 방출호르몬(CRF)은 HPA axis에서 호르몬 조절의 역할뿐 아니라 신경전달물질로도 작용하며, N-methyl-D-aspartate(NMDA) receptors에 작용하는 글루타메이트, γ-aminobutyric acid(GABA) 등이 스트레스 반응에 중요한 역할을 하는 것으로 알려져 있다.

## 3. 스트레스에 영향을 주는 인자들

스트레스를 경험한 모든 사람이 질병이나 건강상의 어려움을 겪는 것은 아니다. 스트레스와 질병 간의 관계는 선형적이지 않고 개인의 특성이나 환경적 요인과 같은 다양한 인자에 의해 영향을 받는다.

### 1) 개인 간 차이

개인이 생활상의 변화나 사건을 어떻게 받아들이고 해석하느냐에 따라 생리적 결과나 심리적 결과가 달라진다. 비록 환경(예: 직장, 가정, 교회 등)에 따라 달리 반응할 수 있지만 주어진 환경에서 보이는 특징적인 반응 양상은 비교적 고정되어 있다. 스트레스 상황에 적개심이나 분노로 반응하는 경우에 교감신경계의 활성이 증대되고 스트레스로 지각되는 사건도 증가한다. 결국에는 교감신경계가 활성화되는 빈도나 강도가 증가함으로 건강에 부정적 영향을 끼칠 가능성이 훨씬 증가한다. A형 인격의 예가 가장 잘 알려진 경우이다. A형 인격의 특징은 인내심이 적고 시간에 쫒기며 경쟁적이고 적대적이다. 이런 행동 특성을 나타내는 사람에게서는 관상동맥질환의 빈도가 높은 것으로 알려져 있다(Friedman & Rosenman, 1959).

스트레스 상황을 자신이 제어할 수 없는 상태로 인식하는 경향도 과도한 스트레스 반응과 관련이 있다. 이와 관련된 동물실험으로서 '학습된 무력감(learned helplessness)'을 들 수 있다(Selgman, 1975). 개에게 자신이 제어할 수 없거나 피할 수 없는 자극을 가했을 때 절망적인 정서적 반응을 보이고 심지어 도피가 가능한 경우에도 자극이 사라질 때까지 도피를 시도하지 않는다. 이 학습된 무력감은 우울증의 모델로 이용되고 있으며, 스트레스의 효과에 있어서 개인 간 차이를 이해하는 데 도움이 된다. 스트레스를 유발하는 사건을 위협으로 지각하지 않고 도전으로 지각하는 성향도 스트레스 반응에 있어 개인 간의 차이를 설명하는 중요한 근거가 된다.

### 2) 대처방식

스트레스에 대한 대처방식도 스트레스 반응에 영향을 미친다. 대처방식이 적응적이면 스트레스가 개인에 미치는 영향이 약화되지만, 비적응적이면 일부 영역에서의 기능 장애가 초래되거나 그 개인이 속한 사회에서 용납되지 않는 반응이 나타난다. 예를 들어, 화나는 상황에서 술로 대처할 경우 당장에는 스트레스 반응을 해소하는 데는 도움이 될 수 있지만, 과다할 경우 직장이나 사회생활에서 여러 가지 곤란을 겪을 수 있다. 또한 스트레스 상황에 직면해서 이를 적극적으로 수정하는 능동적 대처방식을 견지하거나, 수동적으로 스트레스 반응을 회피할 수도 있다. 능동적 대처방식과 수동적 대처방식 모두 처해 있는 상황에 따라 적응적이거나 비적응적일 수 있다. 마지막으로, 대처방식의 선택에 따라 스트레스에 대한 정서적 반응을 완화시키거나 또는 문제 그 자체를 약화시킬 수 있다. 예를 들어, 주위의 친구나 가족으로부터 사회적 지지를 받아 스트레스에서 기인하는 고통스런 정서적 결과를 완화시킬 수 있고, 스트레스에 대응하는 방안을 강구하여 문제를 해결함으로써 스트레스를 약화시킬 수도 있다. 스트레스에 대한 대처방식에 있어 좋거나 나쁘다는 판단은 그 반응의 결과를 보고 알 수 있다. 즉 어떤 경우에는 적극적 태도가 스트레스에 대처하는 데 매우 효과적이지만, 다른 상황에서는 오히려 스트레스가 끝날 때까지 수동적으로 기다리는 것이 최선의 선택이 될 수 있다. 예를 들면, 업무와 관련된 스트레스에 있어서 대개는 소극적 회피보다는 적극적 대처가 스트레스를 약화시키는 최선의 방책이지만, 스트레스와 관련해서 아무런 힘이나 통제력을 갖지 못하고 있는 상황에서는 수동적 대처가 최선의 방식이 될 수도 있다.

### 3) 환경

스트레스가 발생할 때의 환경적 상황이 스트레스 반응을 결정하는 데 때로는 중요한 역할을 한다. 예를 들면, 사회적 지지체계의 이용 유무, 교육수준, 소득, 소음, 공해 등이 스트레스 반응에 영향을 미칠 수 있다. 특히 사회적 지지(예, 가족이나 친지의 공감)는 스트레스를 경감시키는 데 효과적이다. 사회적 유대관계의 결여는 흡연에 상응할 정도로 질병의 위험요인이 되며, 사회적 격리는 음주나 비만보다 질병의 위험요인과 더 관련이 있는 것으로 알려져 있다.

사회적 지지가 건강에 어떻게 영향을 미치는가에 대해서는 아직까지 불명확하지만, 주위에 있는 지지자가 예방적인 건강증진 행위를 권할 수 있고, 사회적 지지가 스트레스에 대한 생리적 반응을 보다 직접적으로 완충한다는 의견도 있다. 다른 환경적 요인으로는 빈곤이나 사회적 불이익 등이 부정적인 스트레스의 근원이 될 수 있다. 빈곤계층은 영양이나 규칙적인 운동, 스트레스에 대처하는 데 요구되는 교육이나 대처기술의 습득기회, 재정 등의 대처자원이 상대적으로 빈약하다.

〈왜 스트레스에 대한 이해가 사회갈등 치유에 중요한가?〉

오늘날처럼 사회 및 집단 간의 갈등이 첨예하게 대립하는 현대 사회에서는 사회 갈등으로 인한 사회 심리적 스트레스가 증가하고 있다. 이로 인해 생기는 분노, 좌절 등은 우리의 정신과 신체에 부정적인 스트레스 반응을 야기한다. 이러한 스트레스 반응이 사회 갈등에 더욱 악영향을 주어 사회 갈등은 심화된다. 따라서 스트레스에 대한 올바른 이해와 적응이 사회 갈등으로 인한 스트레스 반응을 줄이고 사회갈등 치유에 기여할 수 있을 것이다.

## 생각발전소 토론주제

1. 어떤 스트레스는 부정적인 영향을 주고 어떤 스트레스는 긍정적인 영향을 주나요? 유형을 구분하여 봅시다.

2. 스트레스의 긍정적 영향을 증대시키기 위해서는 어떤 노력이 필요한가요?

제 7 장

# 스트레스의 관리

*"삶이 있는 곳에 스트레스는 있다."*
*스트레스는 없앨 수도 피할 수도 없는 것이고*
*적절히 활용함으로써 발전을 이끌 수 있다고 생각한다.*
*스트레스는 받아들이는 마음의 태도에 따라서 괴로울 수도 있고*
*발전의 발판이 될 수도 있다. 따라서 스트레스를 고통이기보다는*
*미래의 전진을 위한 유익한 기회라고 생각하는 태도가 중요하다.*
*즉 '스트레스는 자기 하기 나름'이라는 말을 강조하고 싶다.*

갈등이 증폭되어 스트레스가 일정 수준에 도달하면 증상 관리 차원에서 접근해야 한다. 구체적인 스트레스 관리 중재 기법에는 비약물치료와 약물치료가 있다. 비약물치료와 관련한 스트레스 감소기법은 정서 중심적 대처(emotional coping)와 문제 중심적 대처(problem focused coping)로 나눌 수 있다. 문제 중심적 대처란 문제 해결 기법이나 환경적인 변화와 같이 스트레스 원인을 제거하거나 감소시키기 위한 전략이라고 할 수 있으며, 정서 중심의 대응은 이와 반대로 스트레스로 인한 증상을 제거하거나 감소시키려는 시도(이완훈련, 바이오피드백 등)라고 볼 수 있다. 상황에 따라 두 가지 중 적절한 대처 전략을 사용해야 한다. 자신의 능력에서 벗어난 일에 대해서는 정서 중심의 대응이 바람직한 반면, 자신이 해낼 수 있는 일이라면 문제 중심적 대처가 더 효과적이고 시간을 절약할 수 있다. 위의 두 가지 대응전략은 각각 신체적 관리방법과 인지적 관리방법으로 다시 구별된다. 신체적 관리 방법이란 스트레스를 받을 때 각성 수치(arousal level)를 감소시키기 위한 전략(혈압저하, 근육 긴장도 저하 등)이며, 인지적 관리 방법이란 사고방식이나 스트레스 평가과정을 변경시켜 주는 대응방안이라고 할 수 있다. 대응기법의 유형을 분류하면 아래 표와 같다.

가장 보편적으로 사용되는 스트레스 관리기법으로는 호흡법, 자율이완법, 점진적 근육 이완법, 바이오피드백, 명상법, 그리고 인지-행동치료이다.

〈표 7-1〉 스트레스 관리기법의 유형

| 프로그램 | 대응(문제중심/정서중심) | 관리방법(신체/인지) |
|---|---|---|
| 호흡법 | 정서중심대응 | 신체적 방법 |
| 자율이완법(automatic relaxation) | 정서중심대응 | 신체적 방법 |
| 점진적 근육이완법(progressive muscle relaxation) | 정서중심대응 | 신체적 방법 |
| 바이오피드백(biofeedback) | 정서중심대응 | 신체적 방법 |
| 명상법(meditation) | 정서중심대응 | 인지적 방법 |
| 인지-행동치료(cognitive-behavioral therapy) | 문제중심대응 | 인지적 방법 |

## 1. 호흡법

가장 일반적으로 활용하는 스트레스 관리기법이라 할 수 있다. 일부러 깊게, 느리게 하려 애쓰지 말고 그냥 평소 호흡 횟수와 속도로 호흡하면서 정신을 자기 호흡에 집중한다. 집중이 잘 되면 그 다음 단계로 호흡 횟수를 줄여 나간다. 호흡을 하면 횡경막의 상하운동으로 복식호흡이 유도되어 많

* 사공정규(동국대학교 의과대학 정신건강의학과 교수)

은 산소가 폐로 유입된다. 10분쯤 계속하면 부교감신경이 활성화되어 근육과 마음이 이완하여 도움을 받을 수 있다.

| 호흡법 1단계 | 호흡법 2단계 |
| --- | --- |
| · 편안한 자세로 몸의 긴장을 푼다.<br>· 한 손은 배 위에 다른 한 손은 가슴 위에 놓는다.<br>· 되도록 배위의 손만 오르내리도록 한다.<br>· 코를 통해 부드럽게 호흡한다.<br>· 이때 정신은 배의 움직임에 집중한다. | · 고른 속도로 숨을 들이쉬고 내쉰다.<br>· 흡기 시 '하나', 내쉬면서 '편안하다'고 말한다.<br>· 하나에 열까지 세고 거꾸로 열에서 하나까지 센다.<br>· 숨의 길이는 자신에게 편안한 수준으로 한다.<br>· 호흡하면서 배의 움직임에 집중한다. |

**〈그림 7-1〉 호흡법**

## 2. 자율이완법(automatic relaxation)

Schultz(1932)의 자율이완법은 인간의 완벽한 정신적·신체적 이완 체험 상태를 목표로 연구 개발한 기법이다. 슐츠는 신체와 자아에 적용되는 이완을 연구하는 생리학자였으며, 초기 연구시절 일정한 신체적 암시 체험이 인간의 신체에 직접 영향을 미치는 점을 발견하고 이를 전제로 한 이완법을 개발하였다(예: 양팔이 무겁다, 호흡이 편안하다 등). 그는 자신이 연구한 이완법을 점차 개선하여 체계화시켰고, 이후에 이를 자율이완법이란 이름으로 1932년 베를린 생리학 학회에 발표하였다.

자율이완법은 교감신경 상태에 강력히 반작용하는 역제지 및 상호 균형효과를 주기 때문에 슐츠를 인지적·자율적 신체반응의 조절훈련을 제시하는 바이오피드백의 원조라고도 부른다. 슐츠의 자율 이완법은 특히 불안 감소, 상상력 증가, 정동상태 변화, 생동감, 주의집중 등의 효과를 기대할 수 있다. 즉 슐츠의 자율이완법은 인간의 자율신경계통 중 부교감신경이 교감신경의 자극 상태(불안, 슬픔, 무력, 좌절, 억압 등)를 특히 효과적으로 조절해 준다.

슐츠의 자율이완법은 여러 단계로 구성되어 있는데, 기초단계는 아래 표와 같다(Schultz, 1932).

**〈표 7-2〉 자율이완법**

| |
| --- |
| 1단계: 양손과 양발이 무겁다고 자각하는(느끼는) 단계 |
| 2단계: 전신이 무겁다고 자각하는(느끼는) 단계 |
| 3단계: 양손과 양발이 따뜻하다고 자각하는(느끼는) 단계 |
| 4단계: 전신이 따뜻하다고 자각하는(느끼는) 단계 |
| 5단계: 심장이 고동치는 소리를 자각하는(느끼는) 단계 |
| 6단계: 편안한 호흡을 자각하는(느끼는) 단계 |
| 7단계: 복부의 횡경막 부분이 따뜻하다고 자각하는(느끼는) 단계 |
| 8단계: 머리가 개운하고 시원하다고 자각하는(느끼는) 단계 |

## 3. 점진적 근육이완법(progressive muscle relaxation: PMR)

점진적 근육이완법은 1973년 Bernstein과 Borkovec에 의해 개발된 것이다. 여기에서는 1983년 Jacobson이 개발한 방법을 축약하여 소개하기로 한다. 신체는 긴장하면서(스트레스를 받으면서) 동시에 이완할 수는 없으므로 스트레스와 양립할 수 없는 반응을 만들어 냄으로써 스트레스를 극복하도록 하는 것이다. 스트레스로 인한 신체반응을 완화시켜 주기 위한 방법으로 신체의 주요 부위의 근육을 긴장시켰다가 이완시키는 것인데, 규칙적으로 이를 시행하면 근육을 이완시키는 방법을 터득하게 되어 스트레스로 인해 근육이 긴장될 때 의식적으로 근육을 이완시켜 스트레스로 인한 증상을 감소시켜 준다. 이 기법은 먼저 자신의 근육 긴장도를 느끼는 것이 첫 번째 목표이다. 먼저 특정 근육을 수축시키고 긴장을 유지한 상태에서 그 감각을 기억해 둔다. 그런 다음 근육을 이완시키면서 긴장이 '썰물처럼 빠져나가는' 느낌에 집중하도록 한다. 이완하려고 '노력'하는 것이 아니라 자연스럽게 '이완되도록 내버려 두는' 것이다. 이런 과정을 다른 근육들에 대해서도 반복한다. 이런 훈련의 결과로 근육이 긴장된다고 느껴질 때 의식적으로 근육을 이완시킬 수 있게 되고, 이와 동반된 교감신경계의 항진도 저하시킬 수 있게 된다.

## 4. 바이오피드백(biofeedback)

예일 대학교의 심리학자 Miller가 처음 소개하였다. 호흡, 심장박동, 혈압, 혈류 등 자율신경기능 등을 인식할 수 있으면 자의적으로 이들 기능을 조절할 수 있다는 것이다. 바이오피드백은 학습이론에 기반을 두고 있다. 사람들은 자신이 수행한 것에 대해 피드백을 받을 때 가장 잘 인식하게 된다는 것이다. 예를 들어, 컴퓨터 화면을 이용한 바이오피드백은 여러 가지 생리적 기능을 그대로 비추어 주는 거울과 같은 역할을 하는데, 이를 보면서 사람들은 스스로 자신의 신체변화를 느끼고 조절하게 된다. 목표 효과에 따라서 체온 바이오피드백 훈련, 뇌파 바이오피드백 훈련, 호흡 바이오피드백 훈련, HRV(heart rate variavility) 바이오피드백 등으로 구분할 수 있다. 이들 방법은 특히 만성통증 치료에 효과가 있다. Andrasik의 연구에 의하면, 바이오피드백은 특별히 근 긴장성 두통(muscle contraction headache)으로 고통을 받고 있는 사람들에게 효과가 있음이 보고되었다. 이 바이오피드백은 많은 복잡한 측정기계들과 유능한 치료사가 필요하다.

## 5. 명상법(meditation)

명상을 하여 머리와 마음을 비우면 생리적으로 기운이 나고 머리는 맑아진다. 명상은 자기 마음을 통제하는 방법으로 동양에서 오랫동안 실천해 온 불교의 선(禪)과 요가가 시조라 할 수 있다. 명상을 통하여 생리기능을 조절할 수 있다는 것은 오랫동안 확인되어 온 사실이다. 현대과학은 명상이 교감신경기능, 즉 산소 소비, 대사기능, 심장박동 등을 감소시키고 뇌파의 알파파와 세타파를 증가시켜 편안한 감정을 증가시킨다는 것을 입증하였다. 1960년대 인도의 Maharishi가 요가를 쉽고 효과적으로 시술할 수 있도록 변형하여 초월명상(ttnscendenta1 Meditation: TM)을 개발하였다. 이후 초월명상은 서양에서 폭발적으로 확산되어 현재 세계에서 가장 많이 사용되고 있는 명상법이 되었다. 1968년 Maharishi가 TM을 하버드대학교 의과대학 심장내과 교수인 Herbert Benson에게 과학적 효과에 대한 연구를 요청하였는데, 그 결과 다음과 같은 효과가 있는 것으로 밝혀졌다.

- 산소 소비 감소(대사감소 의미)
- 뇌의 알파파 증가
- 심장박동 수 감소
- 혈액 내 락트산염 감소

이후 Benson 교수가 Maharishi의 TM을 좀 더 간소화하여 전문가의 도움 없이 누구나 아무 곳에서 손쉽게 할 수 있는 명상법인 이완반응명상법(relaxation response)을 개발하여 보급하였다. 이 명상법은 하루 중 아무 때나 편한 시간에 할 수 있고 조용한 방이 아니더라도 가능하다. 익숙해지면 지하철이나 버스 안에서도 가능하다. 사람마다 느끼는 반응이 다르지만 생리효과에는 별 차이가 없는 것으로 보고되고 있다. 즉 아무리 해도 별로 반응을 못 느끼는 사람도 생리적으로는 효과를 본다는 것이다. 눈에 띄는 효과를 보려면 습관화하여 꾸준히 실천해야 한다. 예를 들어, 하루 2번씩 2개월을 시행한 후 불안감을 완전 해소하였다는 보고가 있는 반면 성격과 생활방식을 바꾸기 위해서는 1년 정도는 해야 한다는 보고도 있다. 그리고 시행을 중단하면 효과가 없어진다는 보고도 있다. 방법을 소개하면 다음과 같다.

**〈표 7-3〉 Benson 박사의 이완반응명상법(relaxation response)**

- 편안한 자세로 조용히 앉는다. 가능하면 조용한 환경이 좋다. 누우면 졸음이 와서 좋지 않다.
- 눈을 감는다. 그리고 사물을 응시할 때는 눈을 뜬다.
- 발에서 시작하여 얼굴에 이르기까지 모든 근육을 점진적으로 이완한다.
- 코로 자연스럽게 숨을 쉰다. 이때 복식호흡을 하면 더 좋다. 숨을 마시고 내쉴 때 '하나' 하고 자신에게 조용히 말한다. '하나' 대신 어떤 단어나 문구를 사용해도 된다. 그리고 조용히 소리 내어 하는 것이 좋다. 말 대신 어떤 물체를 응시해도 되고 어떤 특별한 느낌에 집중해도 된다. 이것을 반복해서 시행함으로써 잡념을 방지하고 마음을 비울 수 있게 된다.
- 이것을 10~20분 계속한다. 중간에 시간을 보기 위해 눈을 떠도 된다. 알람시계는 사용하지 마라. 끝난 후 바로 일어나지 말고 수 분간 처음에는 눈을 감은 채로, 다음은 눈을 뜨고 조용히 앉아 있는다.
- 이완이 잘 되었나 못 되었나를 걱정하지 말고 '맡겨 버리는 태도'를 유지해야 한다.

중간에 잡념이 생기면 곰곰이 생각하지 말고 무시하려 노력하여야 하며 하루 한두 번 하되 식사 후 2시간 내에는 하지 않는 것이 좋다. 소화기능이 이완을 방해하기 때문이다. 처음에는 잘 되지 않지만 반복하면 곧 익숙해진다.

미국의 대학병원이나 심장병센터에 가면 명상실이 있어서 많은 사람들이 명상을 활용하고 있다는 것을 알 수 있다. 매사추세츠 대학교의 메디컬센터에서는 Kabat-Zinn 박사에 의해 '마음챙김 명상(mindfulness meditation)'이란 구조화된 명상을 8주 프로그램으로 실시하고 있다. 암, AIDS, 심장병 등의 중증환자에서 불안, 우울 등 심리적 환자에 이르기까지 징후의 경감에 큰 도움을 준다는 것이 입증되었다.

명상의 효과를 보려면 우선 명상에 의한 효과를 의심하지 말고 믿어야 하며, 당장 느끼지 못해도 생리적으로 효과를 보고 있다고 믿고 조급하게 굴지 말아야 한다. 익숙해지면 효과를 느낄 수 있다.

## 6. 인지행동 치료(cognitive-behavioral therapy)

인지행동 치료는 인지적 왜곡(cognitive distortion)을 시정하기 위한 정신치료의 일종으로서 방법적으로 인지적 및 행동적 치료기법을 병행 사용하는 것을 말한다. 인지행동 치료는 이미 우울장애 및 불안장애 환자들에게 효과적인 치료방법으로 알려져 있다.

### 1) 인지행동 치료의 배경

인지행동 치료는 환자와 치료자 간에 적극적이고 지시적이며 협동적으로 이루어지는 단기 정신치료의 일종이다. 치료자와 환자가 서로 머리를 맞대고 공동으로 환자의 문제 해결을 위한 전략을 짜내며, 그것을 평가하고 연습하면서 환자 스스로 문제 해결을 시도하게 하는 치료방법이라 할 수 있다. 즉 환자가 자신의 인지적 왜곡과 비적응적 가정을 발견하여 변형시키도록 돕는 데 치료자가 적극적인 역할을 담당하는 일종의 학습경험이다. 이 치료에서 강조되는 두 가지 핵심요소는 환자와 치료자 간의 협동과 자가관리(self- management)이다.

인지행동 치료가 스트레스 대응전략에 적용되는 근거는 첫째, 스트레스 경험을 형성하는 데 개인의 인지양상과 능동적 역할이 강조된다는 점이다. 이것은 스트레스를 일으키는 실제 생활사건보다는 생활사건에 대한 주관적 지각이 더 스트레스 정도를 좌우할 수 있음을 의미한다. 즉 개인에 따라서 스트레스인자에 대한 해석이 다를 수 있어 혹자는 상당한 스트레스로 경험할 수 있는가 하면 혹자는 별로 스트레스로 여기지 않을 수 있다. 따라서 인지와 관련된 지각수준에 대한 개입이 효과적일 것으로 보고 있다. 둘째, 스트레스 반응을 결정하고 스트레스에 대응하도록 하는 인지과정이 중요하다는 점이다. 즉 개인에 따라 동일한 스트레스인자에 대한 반응이 다를 뿐만 아니라 개인의 인지과정이 스트레스에 대해 효과적으로 대응케 하는가 하면 비효과적으로 대응하게 할 수 있어 나중에 심리적 및 신체적 장애를 일으킬 수도 있다. 인지행동 치료의 목표는 일차적으로 스트레스반응을 일으키는 인지적 왜곡(잘못된 생각)을 발견하여 변화시키는 데 있으나 궁극적으로 비적응적 가정, 즉 생활의 규칙을 발견하여 변화시키는 데 있다. 특히 이것은 환자를 치료(cure)한다기보다는 오히려 환자가 자신의 생활 및 일을 처리하는 데 보다 더 나은 대응전략을 개발시키도록 돕는 데 있다.

### 2) 흔히 범하는 부정적 인지 왜곡

비록 어떤 생각들은 사실이지만, 많은 생각들이 사실이 아니거나 아주 일부만이 사실이다. 생각의 흔히 범하는 부정적 인지 왜곡들은 다음과 같다.

① 전부 아니면 전무의 사고 (흑백 논리, 양극단적 사고, 이분법적 사고 등으로도 불림) : 연속적 개념보다는 오직 두 가지의 범주로 나누어 상황을 본다.

② 재앙화 (점쟁이 오류로도 불림) : 미래에 대하여 보다 현실적인 어떤 다른 고려도 없이 부정적으로 해석한다.

③ 긍정적인 면의 평가절하 : 당신의 긍정적 경험, 행한 일이나 자질 등을 고려하지 않고 스스로에게 비이성적으로 말한다.

④ 감정적 추론 : 그것을 너무 강하게 '느끼기'(실제적인 믿음) 때문에, 그 반대되는 증 거는 무시하거나 고려하지 않고, 어떤 일이 틀림없는 사실이라고 생각한다.

⑤ 명명하기 : 덜 위험한 결론으로 이끄는 좀 더 합리적인 증거를 고려하지 않고, 자신이 나 다른 사람에게 고정적이며 전반적인 이름을 붙인다.

⑥ 과장/축소 : 자신이나 다른 사람 혹은 어떤 상황을 평가할 때, 비이성적으로 부정적인 측면을 강조하고 긍정적인 면을 최소화 한다.

⑦ 정신적 여과 (선택적 추상이라고도 불린다) : 전체 그림을 보는 대신에 한 가지 작은 세세한 것에 필요 없이 관심을 가진다.

⑧ 독심술 : 좀 더 현실적인 가능성을 고려치 않고, 다른 이들이 생각하는 것을 알 수 있 다고 믿는다.

⑨ 지나친 일반화 : 현실의 상황을 넘어서는 싹쓸이식 부정적 결론을 내린다.

⑩ 자기 탓 : 다른 사람의 행동에 대한 타당한 설명을 고려하지 않고, 자신 때문에 다른 사람이 부정적으로 행동한다고 믿는다.

⑪ 당위 진술 (명령문이라고도 불린다) : 자신이아 다른 사람들이 행동에 대해 확실하고 고정된 사고를 가지고 있으며, 이런 기대를 충족하지 못하게 되면 얼마나 나쁜지를 과 대평가 한다.

⑫ 터널 시야 : 어떤 상황의 부정적인 면만을 본다.

### 3) 인지행동 치료의 과정

Rush는 인지 치료의 과정을 5단계로 구분하였다. 첫째, 환자 혹은 스트레스를 받는 사람이 그가 흔히 스트레스가 된다고 밝혀진 상황에 대해 갖는 견해를 알아야 한다. 그리고 자신의 상황에 대한 주관적 해석과 반대되는 객관적인 것, 즉 측정할 수 있는 진실을 가려 낼 수 있어야 한다. 일단 환자가 상황의 객관적인 요소와 주관적인 요소를 구분할 수 있다면 그는 주관적 견해를 평가하고 현실 검정하고 조정할 수 있다고 본다. 그리고 환자가 문제되는 생각들을 찾아내어 수량화하기 위해서 일기 혹은 빈도를 계산하는 형태로 자료들을 수집할 필요가 있다.

둘째, 환자가 어떤 상황들에 대해 반복되는 지각을 하는지 알게 하여 그것을 교정의 대상으로 삼는다.

셋째, 반복되는 지각으로부터 일반화하여 환자가 여러 상황들에서 작동하는 이면의 가정과 믿음을 밝혀낼 수 있어야 한다. 이러한 이면의 가정은 의식적으로 작용하지 않고 지각을 안내하는 역할을 담당한다.

넷째, 환자가 예상되거나 예상치 못한 스트레스에 대해 능동적으로 특정한 인지행동적 기술들을 선택해서 연습하도록 한다.

마지막으로, 새로운 이면의 가정들을 일반화하고 이 새로운 가정들을 스트레스상황에 응용하는 것으로 종결된다.

치료자의 인지 치료에 관한 견해에 따라서 위 치료과정의 단계들에 대한 중요성이 달라질 수 있다. Ellis는 여러 가지 다른 상황에 영향을 미칠 수 있는 이면 가정(가설)의 역할을 강조하고, Beck은 주로 현실검정에 관해서 언급하고 있다. 한편 Meichenbaum은 인지가 행동을 통제케 할 수 있는 새로운 방법들을 개발할 것을 강조하고 있다. 치료자는 환자의 요구와 스트레스 인자 및 스트레스 반응의 속성에 따라서 문제의 초점을 조정할 수 있다. 이와 비슷하게 인지 치료에서 사용될 기술들은 치료자의 관심, 환자의 요구, 문제의 본질에 따라 달라질 수 있다.

〈일반적인 인지행동기법의 절차〉

인지적 변화를 위해 사용되는 일반적인 인지행동기법의 과정은 다음과 같다.

| 문제 해결 모형의 제시 및 실행: 문제 해결의 정의, 대안의 선택, 적용 |
| --- |
| ↓ |
| 가설검정: 가설의 진술과 검증 자료의 수집 및 평가 |
| ↓ |
| 자가평가: 특수한 인지들을 밝혀내고 평가함 |
| ↓ |
| 인지에 대한 도전: 환자의 부정적 인지에 대한 논리적 도전 |
| ↓ |
| 긍정적 대안의 제시 |
| ↓ |
| 자기 교육: 바람직한 행동의 인정과 강화 |
| ↓ |
| 귀착: 훈련을 통한 인지 및 행동의 변화 |

## 7. 약물치료

스트레스 측정에서 스트레스 점수가 높게 나오고 스트레스 호르몬 등 생화학적 지표들도 높게 나왔을 때는 앞서 제시한 스트레스 관리만으로는 스트레스를 조절하기 어려울 수가 있다. 이 경우 그대로 두면 건강에 손상이 가서 질병을 유발할 수 있으므로 전문의사에 의한 한시적인 약물치료가 필요할 수 있다. 심한 스트레스가 예상될 때, 예를 들어, 이혼, 배우자 사망, 사업 실패 등 스트레스로 인한 건강 충격에서 오는 질병의 발병, 악화 등을 예방하기 위해 적절한 약물치료를 할 수 있다. 그러나 약물치료는 스트레스 전문클리닉에서 전문가에 의해서만 가능한 것이라는 것을 강조한다.

지금까지 스트레스 관리와 치료 방안을 소개하였다. 다시 말하지만 중요한 것은 스트레스에 대한 정확한 이해와 자기의 스트레스 반응도를 파악하는 것이다. 이것 없이 스트레스 관리는 남의 이야기일 수밖에 없다. 그리고 스트레스에 불리한 부정적인 성격 성향이 강한 사람들은 자신의 성격을 완전히 바꾼다는 것이 불가능하다는 점을 인식해야 한다. 다만, 약간만 조정해도 스트레스 반응을 차단하거나 경감하는 데 도움이 되어 부정적인 스트레스 반응의 예방에 크게 기여한다는 확신을 가질 필요가 있다. 스트레스 관리는 많은 시간과 노력을 필요로 하는 일이다. 완전히 생활화하도록 하는 노력이 필요한 것이다. 조급성을 보여서는 안 된다.

적절한 스트레스는 '혼에 생동감을 부여하는 청량제', '인생의 조미료'이다. 스트레스는 없앨 수도 피할 수도 없는 것이고 적절히 활용함으로써 발전을 이끌 수 있다고 생각한다. 스트레스는 받아들이는 마음의 태도에 따라서 괴로울 수도 있고 발전의 발판이 될 수도 있다. 따라서 스트레스를 고통이기보다는 도리어 미래의 전진을 위한 유익한 기회라고 생각하는 태도가 중요하다. 즉 '스트레스는 자기 하기 나름'이라는 말을 강조하고 싶다.

## 생각발전소 토론주제

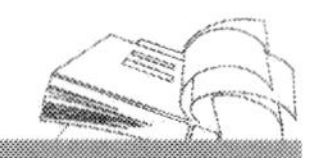

1. 갈등상황에서 내가 주로 사용하는 스트레스 관리법은 무엇입니까?

2. 내가 주로 사용하는 부정적 인지 왜곡은 무엇입니까?

제 8 장

# 사회갈등의 개념과 전개과정

*사회갈등이란 무엇이며 우리나라 사람들은 사회갈등을 어떻게 인식하고 있을까? 또한 사회갈등은 어떻게 표출되고 어떤 단계를 거치면서 전개되는 것일까?*

1. 사회갈등의 개념
2. 사회갈등의 표출구조
3. 사회갈등의 인식
4. 사회갈등의 전개과정
5. 사회갈등의 관리원칙

# 제8장 사회갈등의 개념과 전개과정

사회갈등은 개인갈등과 달리 사회적 이슈를 대상으로 집단적 차원에서 발생하는 갈등을 의미한다. 우리가 흔히 이야기하는 지역 간 갈등이나 노사 간 갈등 등이 이에 속한다. 정부의 정책을 둘러싸고 이해당사자들 간에 발생하는 공공갈등도 이에 속한다. 여기에서는 사회갈등의 개념과 전개과정에 대하여 알아보기로 한다.

## 1. 사회갈등의 개념

### 1) 개념

사전에서 갈등을 찾아보면 갈등을 싸움, 의견·이해 따위의 불일치, 충돌로 정의한다. "견해나 이해관계 등의 차이로 생기는 불화, 충돌"을 의미하거나 "한 개인의 마음속에 두 가지 이상의 욕구가 동시에 일어나 갈피를 못 잡고 괴로워하는 상태"를 의미한다. 갈등(葛藤)은 등나무와 칡을 일컫는 말로 일이 복잡하게 얽혀 있는 상태를 표현한다. 등나무는 생물학적으로 오른쪽으로 꼬여 올라가고, 칡은 왼쪽으로 꼬여 올라가는 특성을 갖는다고 한다. 그러니 갈등이란 서로 다른 방향을 향해 꼬이면서 복잡하고 풀기 어렵게 얽혀 있는 현상이다.

사회갈등의 개념도 학자에 따라 차이가 많지만, 일반적으로 "사회적 이슈를 대상으로 집단적 차원에서 발생하는 갈등"을 의미한다. 물리적으로 연인원 500명 이상의 참여자가 집단적 행동을 조직하여 공공장소에서 최소한 100명 이상의 참여로 집단적 행동을 적어도 1회 이상 실시하였고 대립 및 분쟁의 상호 작용이 적어도 7일 이상 지속된 갈등을 사회갈등으로 간주하는 주장도 있다(김학린, 인터넷 자료).

〈갈등의 법적 정의〉

2009년부터 시행되고 있는 대통령령 「공공기관의 갈등 예방과 해결에 관한 규정」은 갈등을 "공공정책을(법령의 제정·개정, 각종 사업계획의 수립·추진을 포함한다)을 수립하거나 추진하는 과정에서 발생하는 이해관계의 충돌"로 정의하고 있다.

갈등관리의 성질을 인체의 머리·가슴·손발로 은유적으로 표현한 것을 보자(Lederrach, 2003). 머리는 우리가 갈등을 어떤 시각으로 바라보고 갈등에 반응할 것인가를 은유적으로 나타낸 것이다. 갈등을 사회에서 발생할 수 있는 자연스런 현상으로 인식하고 이것을 인간관계의 재조정이나 잠재적

* 오영석(동국대학교 행정학과 교수 겸 갈등치유연구소 소장).

문제의 해결을 위한 기회로 인식하는 것이 필요하다는 것을 의미한다. 반응이란 갈등관리의 행동 지향적 특성을 의미하는 것으로 사회문제 해결의 기회에 능동적으로 대처하는 것을 의미한다. 심장은 피의 순환을 책임지는 신체기관인데 다른 기관과의 관계를 은유적으로 나타내는 것이다. 갈등관리는 눈에 보이는 관계뿐만 아니라 눈에 보이지 않는 관계까지도 염두에 두고 시행되어야 한다는 것을 의미한다. 손발은 행동의 적극적 관여를 의미하는데, 갈등관리도 분열과 폭력을 없애고 정의와 평화의 구축에 이바지하는 목적 지향적이고 행동 지향적이라는 것을 의미한다.

갈등관리는 문제 해결을 과정 중심적으로 이해하고 있다. 누군가에 의하여 주어진 문제 해결이 아니라 갈등당사자들 스스로가 능동적으로 문제를 해결하는 것을 지향한다는 것이다. 결과가 만족스럽지 못하더라도 과정이 공평하고 공개적이면 많은 갈등은 스스로 그 부작용을 최소화한다. 이 모든 과정의 중추에는 대화(dialogue)가 자리 잡고 있다는 것도 갈등관리의 특성이다. 대화는 커뮤니케이션의 모체이자 인간관계의 근원적 수단이기 때문이다.

### 2) 갈등관리 용어의 다양성

우리는 흔히 "사회갈등을 관리하여야 한다"라는 말을 자주 듣게 된다. 사회갈등을 누군가의 시각에서 통제되거나 다뤄질 수 있다는 의미가 내포되어 있다. 이와 유사하게 갈등관리(management)는 갈등해결(resolution) 혹은 갈등변환(transformation)과 상호 교호적으로 사용되고 있다. 갈등관리는 관료적 혹은 권위적 뉘앙스를 풍길 뿐만 아니라 갈등을 제3자가 관리해 준다는 의미가 강하기 때문에 사용을 자제하는 학자들도 있다. 갈등해결은 갈등의 현장을 경험한 사람들로부터 갈등이 흑과 백의 논리로 명확하게 해결되는 경우가 드물다는 판단에서 사용하는 것이 부적절하다고 주장하는 학자들도 있다. 갈등은 변환되어 가면서 이해당사자들 간에 접점을 찾아가는 과정으로 보아야 한다는 의미에서 갈등변환을 선호하는 학자들이 있다(Lederach, 2003 등).

그러나 이 책에서는 관리나 해결이나 변환이라는 시각이 아닌 치유(healing)의 시각에서 접근하기로 한다(제1장 참조). 이것은 갈등의 병폐적 요소를 노출시키기 위한 것이기도 하지만 갈등이 사회적 맥락에서뿐만 아니라 개인적 요소에서 출발하기 때문이다. 갈등관리나 해결이 개인 차원에서의 감성적 치유와도 밀접하게 관련되어 있기 때문이라는 것이다. 또한 의학이나 철학 심지어 불교학과 같은 관련 인접학문과의 융·복합을 통하여 접근할 때보다 종합적 이해와 체계적 해결방안이 모색될 수 있기 때문이다.

### 3) 사회갈등을 대하는 시각의 변천

사회갈등을 대하는 시각도 시간과 함께 변하고 있다. 전통적 시각은 갈등을 부정적으로 본다. 갈등은 개인과 조직에 피해를 주기 때문에 반드시 제거되어야 한다는 입장이다. 이와는 반대로, 인간관계학이나 행동과학이 발전하면서 갈등을 긍정적으로 보는 시각이 등장하였다. 갈등은 반드시 나쁜 것만은 아니고 자연적이고 필연적인 사회현상이라는 것이다. 최근엔 통합적 시각으로 발전하고 있는

데, 갈등은 가치중립적인 것이라는 것이다. 이익이 될 수도 있고 손해가 될 수도 있다는 입장이다. 상황에 따라서 조정되거나 적정한 수준에서 유지 관리되어야 한다는 것이다.

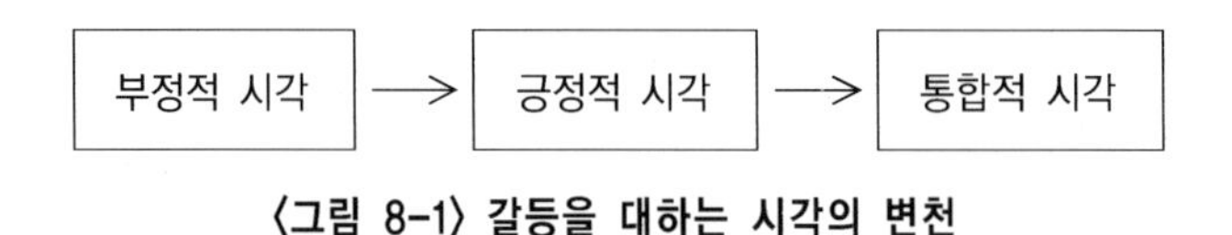


〈그림 8-1〉 갈등을 대하는 시각의 변천

## 2. 사회갈등의 표출구조

갈등은 주장(demand)-이해(real interest)-심리문화적 기저(psychocultura) 3층 구조로 구성되어 있다는 것을 인식하는 것이 중요하다. 갈등당사자들이 공개적으로 표출하고 있는 주장은 그들이 아직 전략적으로 밝히고 있지 않은 이해와 다를 수 있다는 것이다. 또한 이 이해를 결정하는 심리문화적 기저를 이해하는 것이 갈등과 당사자를 이해하는 첩경이 된다. 예를 들면, 원전 주변지역 주민들이 "원전은 물러나라!"라고 외치는 것은 '안정성과 지원금'의 부족이라는 이해에서 나오는 것일 수 있다. 또한 이 주장과 이해가 표출되는 기저에는 "지금까지의 의사결정과정에서 자신들을 배제한 정부에 대한 신뢰 부족"이 잠재하고 있을 수 있다. 따라서 갈등을 이해하기 위해서는 주장과 이해 그리고 심리문화적 기저를 함께 종합적으로 관찰하는 능력이 요구된다.

## 3. 사회갈등의 인식

우리 한국인들은 갈등을 무서워하고 이를 피하는 것이 상책이라고 생각하는 경향이 있다. 우리의 유교적 전통은 인간관계에서의 조화를 중요시하며 갈등은 이 조화를 파괴하는 암적인 존재란 생각을 해왔다. 고도로 분업화된 현대사회를 살아가는 우리들에게 갈등은 어쩌면 밥을 먹는 것과 같은 자연스러운 삶의 일부이다. 우리는 흔히 갈등을 조화를 깨는 파괴적인 것으로 인식하지만, 갈등 자체가 그러한 것이 아니라 갈등을 억제하고 부인하고 회피할 때 파괴적으로 된다는 것을 인지할 필요가 있다.

우리나라 국민들은 우리나라에서 사회갈등이 얼마나 자주 발생한다고 생각하고 있을까? 삼성경제연구소의 조사에 의하면 우리 사회가 갈등으로 일 년에 치르는 비용이 약 300조 원에 이른다고 하니 갈등에 대한 인식도 높을 것으로 생각된다. 아래의 표는 지난 3년간 우리나라 국민들이 사회갈등에 대한 인식을 나타내는데, 응답자의 93.3%가 갈등이 있다고 답하고 있다.

〈표 8-1〉 사회갈등 상황에 대한 인식

| 조사연도 | 문항: 선생님께서는 올해 우리나라의 갈등상황이 전반적으로 어떻다고 생각하십니까? | | | | 전체 |
|---|---|---|---|---|---|
| | 전혀 갈등이 없었다 | 별로 갈등이 없는 편이었다 | 약간 갈등이 있는 편이었다 | 매우 갈등이 심했다 | |
| 2008 | 8(0.8%) | 46(4.7%) | 417(42.3%) | 514(52.2%) | 985(100.0%) |
| 2009 | 7(0.7%) | 50(5.3%) | 309(32.7%) | 578(61.2%) | 944(100.0%) |
| 2010 | 17(1.8%) | 64(6.9%) | 412(44.6%) | 430(46.6%) | 923(100.0%) |
| 통합 | 32(1.1%) | 160(5.6%) | 1138(39.9%) | 1522(53.4%) | 2582(100.0%) |

출처: 전형준, 2010

## 4. 사회갈등의 전개과정

갈등이 어떻게 전개되는지는 학자에 따라 다양하게 설명하고 있다. 제1단계-제2단계-제3단계-제4단계 형식으로 구분하고 각각의 사회갈등 단계가 보이는 특수성과 일반성을 반영하여 전개과정을 구분하는 방식이 있다. 이와 유사하지만 각 단계에 명칭을 부여하는 방식이 있는데 도입단계-상승단계-절정단계-소강단계-해결단계 등으로 구분하는 방식이다. 위의 두 가지 방식은 갈등의 특성이나 전개과정을 멀리서 관찰하면서 전개과정을 구분하는 방식이다.

그러나 사회갈등이 전개되면서 보이는 내부적 특징에 기반을 두어 갈등단계를 구분하면 다음과 같다. 이 단계 구분은 갈등이 심화되면서 갈등당사자 간 그리고 갈등현장에서 보이는 특징에 근거하여 구분하는 것이다. '사실의 오해'단계는 객관적 사실들이 왜곡하여 전달되거나 해석되어 발생하는 단계이다. 이 단계에서는 객관적 사실만 잘 전달하여도 갈등이 주저앉을 수 있다.

이 단계를 넘어서면 '감정단계'로 넘어가는데 상호 부정적 감정들이 오고 가는 단계이다. 이 단계가 갈등이 심화되는 분수령이 되고 갈등의 골이 깊어지는 계기가 될 수 있다.

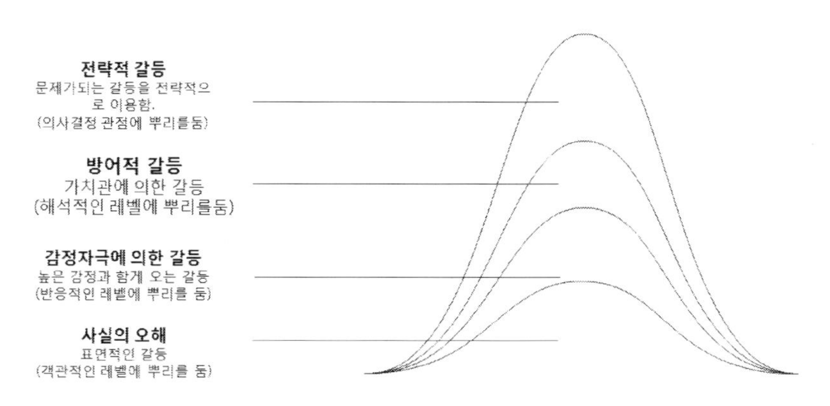


〈그림 8-2〉 사회갈등의 전개과정

'방어단계'에서는 갈등당사자 간의 가치관이나 신념이 작용하게 되어 갈등이 심화되는데, 각 당사자들이 상대방을 이해하기보다는 자신의 입장과 이해를 고집하고 방어하는 현상들이 나타난다.

사회갈등이 첨예하게 되면 '전략단계'로 고착하게 된다. 이 단계에서는 문제 해결이 어렵다고 생각하여 이 갈등상황에서 자신들이 취할 수 있는 이득이 무엇인지 계산하고 이를 극대화할 수 있는 방법만을 강구하게 된다. 갈등당사자들도 문제 해결에 초점을 두기보다는 자신의 개인적 혹은 집단적 이익을 극대화하는 데 중심을 둔다. 갈등이 어떻게 전개되는지에 대한 관심은 멀어지고 이 상황을 유리하게 해석 혹은 이용하여 자신의 이득을 극대화시키는 단계이다. 이 단계까지 가게 되면 갈등해결이 매우 어려워진다.

## 5. 사회갈등의 관리원칙

사회갈등은 공공분야에서 발생하기 때문에 사적 이해관계에서 발생하고 있는 갈등과는 여러 측면에서 성격이 다르다. 따라서 사회갈등의 분석과 치유를 해 가는 과정에서 지켜져야 할 기본원칙을 준수하는 것이 바람직하다. 예를 들면, 사익을 배려하지 않아야 한다는 것은 아니지만 공익을 무시하는 갈등해결책을 강구하는 것은 지양되어야 한다는 것이다. 다음은 사회갈등관리에서 일반적으로 준수하여야 할 원칙이 될 수 있다(국무조정실 · 국제정책대학원, 2007).

〈표 8-2〉 사회갈등 관리의 원칙

| 공익의 창출 | 공익 창출 > 침해받는 사익 |
|---|---|
| 공정한 절차를 통한 합의 형성 | 내용적 합리성 + 절차적 합리성 |
| 효율성 기준의 충족 | 투입 < 산출 효과 |
| 정부에 대한 신뢰 유지 | 갈등해소과정에서 정부의 권위 및 신뢰 유지 |
| 긍정적 학습효과 | 갈등해결과정을 사회적 학습과정으로 인식 |

## 생각발전소 토론주제

1. 사회갈등은 부정적인 사회현상인가요, 긍정적인 사회현상인가요? 여러분의 생각을 정리하여 봅시다.

2. 사회갈등의 전개과정을 몇 단계로 구분하여 설명해 봅시다.

3. 여러분이 직접 혹은 간접적으로 경험한 사회갈등의 예를 '통합적 시각'에서 분석해 봅시다.

제 9 장

# 사회갈등의 유형과 대응방식

*사회갈등의 유형화는 갈등을 체계적으로 이해하고 치유방안을 모색하는 데 통찰력을 제공한다.*

# 제9장 사회갈등의 유형과 대응방식

사회갈등을 일정한 기준에 입각하여 구분하는 것은 갈등을 관리하는 데 효율성과 효과성을 높이기 위해서이다. 사회갈등 중에서 정부의 정책을 대상으로, 발생하는 공공갈등을 대상으로 갈등을 유형화하고 관리상의 특성에 대하여 알아보기로 한다.

## 1. 사회갈등의 유형

갈등의 유형 구분은 어떤 기준을 사용하느냐에 따라 달라질 수 있다. 갈등의 발생 원인 혹은 내용을 기준으로 하느냐에 따라 달라질 것은 자명하다. 사회갈등은 다양한 형태로 가시화되기 때문에 갈등의 유형화(classification)는 갈등의 속성을 이해하고 해결방안을 마련하는 데 매우 유용하다. 갈등의 3대 구성요소 중 주체와 쟁점을 기준으로 유형을 구분하면 다음과 같다.

| 주체 \ 쟁점 | 이해관계 〈--- 쟁점 ---〉 | 가치관(이념) |
|---|---|---|
| 민간분야 ↑ | 집단 간 이해갈등<br>- 노사갈등(임금)<br>- 소지역주의 갈등 | 집단 간 가치갈등<br>- 영호남 지역갈등<br>- 계층갈등<br>- 이념갈등 |
| ↓ 공공분야 | 정부 대 시민 간 이해갈등<br>- 노사갈등(제도개선 등) | 정부 대 시민 간 가치갈등<br>- 공공정책을 둘러싼 갈등<br>- 원자력발전소 및 제주도 해군기지 건설 |

**〈그림 9-1〉 갈등의 구성요소를 기준으로 한 사회갈등의 유형**

아래에서 자세히 논의하겠지만, 대부분 갈등은 위의 한 유형에 명확하게 구분되는 것이 아니다. 여러 유형이 혼재하여 갈등의 양상을 전개하는 것이다. 처음에는 이해관계에서 출발하다가도 가치관이 개입하기도 하고 시민들 간의 갈등이 지역 간 갈등이나 정부가 개입하는 양상으로 변하기도 한다. 그러나 이러한 사회갈등의 유형화는 갈등을 체계적으로 이해하고 해결방안을 모색하는 데 중요한 통찰력을 제공한다.

* 오영석(동국대학교 행정학과 교수 겸 갈등치유연구소 소장).

## 1) 발생의 원인에 따른 유형 구분

Christopher Moor는 갈등의 유형을 5가지로 구분하고 있다.

### (1) 경제갈등

물질적 이해관계에서 발생하는 갈등이다. 한정된 자원이나 재정을 분배하는 과정에서 빚어지는 갈등이다. 이런 유형의 갈등에 대한 접근방법으로는 입장이 아니라 실익에 초점을 맞추거나 재원을 확충하여 해결책을 모색하는 것이 주효하다. 또한 누구나 수용할 수 있는 개관적 배분기준을 마련하거나 분배과정을 투명하게 운영하는 것도 한 방안이라 할 수 있다.

### (2) 가치갈등

신앙, 신념 또는 문화의 차이에서 비롯된 것으로 개인이나 집단의 가치관이 고정 관념화되면서 갈등이 고착화되는 유형이다. 갈등의 여러 유형 중 가장 다루기 힘든 유형에 속한다 할 수 있다. 따라서 이런 유형의 갈등은 해결의 대상이기보다는 이해의 대상으로 파악하여야 한다는 주장도 설득력이 있다 하겠다. 해결 접근법으로는 첫째, 가치관의 관점에서 문제를 정의하는 것을 피하고, 둘째, 당사자들이 동의 및 부동의를 허용하고, 셋째, 모든 구성원이 동의하는 상위의 목표를 찾는 것도 해결의 한 방안이 될 수 있다.

### (3) 사실관계갈등

정보의 부족이나, 잘못된 정보, 하나의 사건이나 자료 및 언행 등에 대해 서로 다르게 해석함으로써 생기는 갈등이다. 주로 갈등의 초기단계에서 관찰되는 유형이다. 이런 유형의 갈등에 대한 이해가 필요한 것은 사실 관계를 확인하지 않고 문제를 방치하게 되면 갈등이 지속적으로 확대된다는데 있다. 이 갈등에 대한 접근방법으로는 어떤 자료가 중요한지에 대하여 사전합의를 도출하거나 자료수집 절차에 대한 공동의 기준을 마련하는 것 등이 있다.

### (4) 인간관계갈등

당사자들 간의 불신이나 오해로 인해 상호 관계가 벌어지는 갈등 유형이다. 일반적으로 의사소통의 부재로 서운한 감정이 들어 발생하는 것으로 분노나 증오 등의 대립적 감정으로 발전하기 쉽다. 해결책으로는 감정을 인정하고 절차를 통해 표현할 수 있도록 한다. 또한 대화의 양과 질을 개선하여 인간관계를 복원하는 것도 한 방편이다. 긍정적 시각을 유지하도록 격려하고 구조의 개선을 통하여 부정적이고 반복적인 행동을 차단하게 하는 것도 효과가 있다.

### (5) 구조적 갈등

사회의 구조적인 요인, 즉 잘못된 제도나 관행 그리고 모순으로 인해 발생되는 갈등이다. 지역갈등이나 세대 간 갈등이 이에 속한다. 해소방안으로는 갈등을 야기하는 제도나 모순적 관행을 개선하는 것을 들 수 있으나 쉽지 않다는 것을 짐작할 수 있다. 공정하고 상생적인 의사결정과정을 마련하거나, 점진적 변화를 통하여 이해당사자들이 새로운 제도와 환경에 적응하도록 유도하는 것이 효과적이라 할 수 있다.

## 2) 갈등 주체별 유형

갈등은 관련 당사자 내지 분쟁 주체에 따라 정부 간 갈등과 정부-주민 간 갈등으로 구분할 수 있다. 정부 간 갈등은 다시 관계의 수직성에 따라 세분할 수 있다. 수직적 정부 간 갈등은 중앙정부-광역자치단체, 중앙정부-기초자치단체, 광역자치단체-기초자치단체 간 갈등이 있다. 수평적 정부 간 갈등은 중앙부서 상호 간의 갈등과 광역자치단체-광역자치단체 혹은 기초자치단체-기초자치단체 등 동급의 지방자치단체 상호 간 갈등을 포함한다.

정부-주민 간 갈등은 공공기관의 업무수행과정에서 이의 영향을 받는 지역주민이나 사회집단 대 관련 자치단체 간의 갈등을 의미한다. 정부-주민 간 갈등은 정부계층에 따라 중앙정부, 광역자치단체, 기초자치단체로, 그리고 주민도 지역주민 시민단체 등으로 구분하여 유형화가 가능하다(국무조정실·국제정책대학원, 2007).

**〈표 9-1〉 갈등 주체별 분류**

| 정부 간 갈등 | | 정부 - 주민 간 갈등 | |
|---|---|---|---|
| 수직적 갈등 | 수평적 갈등 | 정부 - 주민 간 갈등 | 정부 - 시민단체 간 갈등 |
| 중앙정부 - 광역자치단체<br>중앙정부 - 기초자치단체<br>광역 - 기초자치단체 | 중앙정부 부서 간<br>광역 - 광역자치단체<br>기초 - 기초자치단체 | 중앙정부 - 주민<br>광역자치단체 - 주민<br>기초자치단체 - 주민 | 중앙정부 - 시민단체<br>광역자치단체 - 시민단체<br>기초자치단체 - 시민단체 |

## 3) 갈등 내용별 유형

갈등은 내용에 따라 구분할 수 있다. 환경갈등, 에너지갈등, 하천갈등 등 갈등의 영역이나 주제에 따라 갈등을 구분하는 것이다. 사회갈등에서 가장 빈번하게 일어나는 갈등은 지역개발사업 관련 갈등이다. 이를 구체적으로 살펴보면 다음과 같다. 첫째, 하천은 여러 지역에 걸쳐 영향을 미치기 때문에 하천과 주변 지역의 이용·관리에 있어 지역 간 갈등이 발생할 소지가 높다. 하천과 관련된 대표적인 갈등은 댐 건설이나 관리와 관련 갈등, 하천수질 보전을 위한 상수원보호구역의 지정과 해제 등 상류지역의 토지이용규제 관련 갈등, 상류지역의 개발로 인한 하류지역 피해 우려와 하천의 수질오염 방지를 위한 하수·폐수처리장의 건설 및 관리 관련 갈등 등이 있다. 둘째, 도로나 광역 서비스 공급시설의 건설・관리 관련 갈등은 해당 시설이 불특정 다수에게는 편익을 제공하나, 시설 입지 지역의 특정 주민에게 손실이나 비용을 초래하는 경우에 발생한다. 여기에는 환경상 위해를 초래하거나 심리적 불안감과 불쾌감을 유발하는 쓰레기소각장 등 혐오시설과 원자력발전소 등 위험시설, 그리고 상하수도, 지역 간 연계도로 등 광역시설이 포함된다. 셋째, 지역개발사업 관련 갈등에는 공단 개발, 택지 개발, 관광단지 개발, 공유수면매립과 국립공원 지정・운영 관련 갈등이 있다(국무조정실・국제정책대학원, 2007).

〈표 9-2〉 갈등 내용별 분류

| 일반행정분야 갈등 | | 지역개발분야 갈등 | | |
|---|---|---|---|---|
| 지방행정갈등 | 지방재정갈등 | 하천 관련 갈등 | 광역시설 관련 갈등 | 지역개발사업 갈등 |
| 행정구역 조정, 인사 및 조직의 기능 및 권한 배분 | 재정, 과세, 관리 | 댐 건설・관리, 용수이용, 수질보전, 상-하류지역 간 갈등, 상수원보호구역 | 광역상수도, 쓰레기매립장 등의 혐오시설, 사회복지시설, 원자력발전소 등의 위험시설 | 도로개설, 지역개발사업, 민간개발사업 등 |

## 4) 갈등 성격별 유형

갈등은 갈등 성격에 따라 경제갈등과 가치갈등으로 구분할 수 있다. 경제갈등은 갈등에 관련된 이해당사자들이 경제적 이익을 지키거나 추구하기 위하여 대립하는 갈등이다. 경제갈등은 대부분 토지이용, 시설입지・관리에 있어 지역주민, 집단, 지역 간 비용과 편익배분에 대한 이해 대립으로 발생한다. 이에 반하여, 가치갈등 혹은 이념갈등은 당사자들 간의 가치관이나 신념의 차이에서 발생하는 갈등이다. 환경보전이나 원자력발전소의 건설을 두고 환경보전단체와 경제개발단체들이 벌이는 대립이 이에 속한다. 대부분의 갈등은 이 두 가지 유형 중 하나로 확연하게 구분되는 것은 아니고 복합적으로 나타난다. 원자력발전소 건립을 둘러싼 갈등도 많은 경우 이념과 보상이 복합적으로 연계된 갈등이다.

〈표 9-3〉 갈등 성격별 분류

| 경제갈등 | 가치갈등 |
|---|---|
| 기피 갈등, 유치 갈등, 비용과 편익의 불균형적 분담 | 가치관의 충돌, 반핵 혹은 탈핵, 환경보존 대 지역개발 |

## 5) 갈등 단계별 유형

갈등이 공공정책이나 개발사업의 어느 단계에 발생하는가에 따라 대응방법이 달라질 수 있다. 크게 계획단계에서의 갈등, 건설단계에서의 갈등, 그리고 운영단계에서의 갈등으로 구분할 수 있다. 계획단계의 갈등으로는 입지 반대나 의사결정의 내용 변경 등이 이에 속하고, 건설단계는 건설・시공

상의 재해 우려, 합의사항 이행 여부에 대한 갈등이 대부분이다. 그리고 운영단계는 사업의 완료에 따른 부정적 효과에 대한 항의나 운영에 따른 피해의 가시화로 시설 이전 요구 등이 주류를 이룬다. 우리 사회가 민주화되어 가면서 과거와 달리 건설단계가 아닌 계획단계와 운영단계에서도 갈등이 증대하고 있다는 것도 주목할 만하다(국무조정실 · 국제정책대학원, 2007).

**〈표 9-4〉 갈등 단계별 분류**

| 계획단계 | 건설단계 | 운영단계 |
|---|---|---|
| 입지 반대, 의사결정과정에의 참여요구, 자신의 의견 반영 등 | 재해 우려, 합의사항 이행 촉구, 감시활동의 요구 등 | 피해보상 요구, 시설물 이전 요구 등 |

### 6) 갈등 유형의 변화추이

사회의 변천에 따라 시민들이 관심을 가지고 참여하는 갈등의 유형에도 변화가 있다. 사회갈등과 관련하여 이러한 변화의 원인으로는 민주화에 따른 사회 · 정치환경의 변화와 환경 및 '삶의 질'에 대한 관심을 들 수 있다. 첫째, 제도의 정비와 함께 개인이나 집단의 손실에 대한 보상 요구 등 이기주의적인 갈등은 감소하는 데 비하여 환경이나 생태계 보전 등 공익가치 추구와 관련된 갈등이 상대적으로 증대되고 있다. 둘째, 대부분의 갈등은 업무추진 단계상 건설단계에서 발생하였으나 점차 시설의 운영단계의 갈등이 증대하는 추세이다. 즉 시민들이 사업의 운영에까지도 자신들의 의사가 반영될 것을 요구하고 있다는 것을 의미한다. 거버넌스 혹은 협치(協治)라는 개념이 이를 잘 반영하고 있다. 셋째, 지방자치 실시의 초기단계에는 정부 간 갈등유형 가운데 중앙정부-지방자치단체 간의 갈등이 대부분이었으나, 광역적인 행정서비스 제공 등 지방자치단체가 행정을 수행하는 데 있어서 기능적으로 연계된 인접 지역과의 갈등이 증대하는 경향을 보이고 있다.

## 2. 갈등의 대응방식

### 1) 대응과 해결의 유형

Thomas & Kilmann(1976)는 갈등이 발생하게 되면 당사자들이 어떻게 대응하는지에 따라 갈등에 대한 대응방식을 다음과 같이 5가지 유형으로 구분하였다. 회피형은 갈등을 직시하지 않고 갈등상황을 피하려고만 하는 유형으로 갈등대응방식 중 가장 소극적 유형이라 할 수 있다. 순응형은 문제를 수용하고 자신에게 주어진 상황이나 갈등을 운명으로 수용하는 유형이라 할 수 있다. 절충형은 갈등을 두고 대립하되 상대방과 협상과 중재를 통하여 편익과 비용을 조정해 나가는 유형이다. 협동형은 갈등 상대방과 협력하여 문제를 재정의하고 해결방안을 능동적으로 모색하여 가는 적극적 유형이라 할 수 있다. 경쟁형은 문제를 두고 당사자 상호 간에 대립하면서 경쟁하는 유형으로 갈등이 심화되고 감정이 골이 깊어 가는 유형이 이에 속한다.

회피형 --- 순응형 --- 절충형 --- 협동형 --- 경쟁형

약 〈---- 개인이 갈등에 대응하는 강도 ----〉 강

**〈그림 9-2〉 갈등의 대응방식**

갈등의 종료방식도 위와 유사한 기준으로 유형화할 수 있다. 상대방과 자신의 문제 해결에 대한 관심 정도에 따라 다음과 같이 구분할 수 있다(Rubin et al, 1994). 상대방과 자신 모두 결과에 대한 관심이 낮다면 갈등을 회피할 개연성이 그만큼 높고, 상대방과 자신 모두 결과에 대한 관심이 높다면 문제 해결에 대한 욕구가 높다고 할 수 있다.

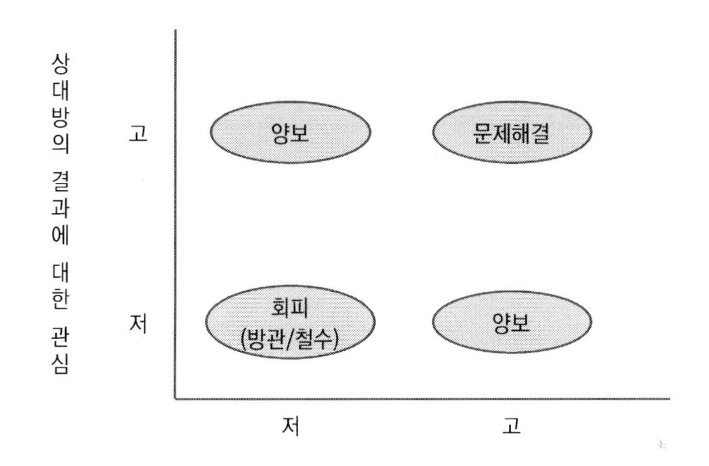


**〈그림 9-3〉 갈등의 해결유형**

## 2) 실증분석사례

아래의 표는 지난 18년간 우리 사회에서 발생한 갈등의 유형과 종료방식에 대한 실증적 사례분석 결과이다. 노사갈등이 가장 높은 빈도를 차지하고 있음을 알 수 있다. 종료방식으로는 행정집행이 가장 높은 빈도를 차지하고 있어 권위주의적 행정문화를 읽을 수 있겠다. 노사문제를 제외하면 계층 간・지역 간 갈등이 많이 발생하고 있다는 것을 알 수 있고, 협상이 해결수단으로 작용한다는 것도 읽을 수 있다.

〈표 9-5〉 사회갈등 유형과 종료방식(1990~2008년)

| 종료방식 | 협상 | 조정 | 중재 | 행정집행 | 주민투표 | 법원판결 | 진압 | 자진철회 | 소멸 | 입법 | 진행 중 | 계 |
|---|---|---|---|---|---|---|---|---|---|---|---|---|
| 환경 | 16 | 2 | 2 | 25 | 3 | 7 | | 12 | 10 | 2 | 10 | 89 |
| 이념 | 3 | | | 8 | | 7 | 1 | 3 | 10 | 10 | 2 | 44 |
| 노동 | 84 | 4 | 7 | 14 | | 4 | 15 | 29 | 10 | 13 | 5 | 185 |
| 지역 | 12 | 1 | 1 | 47 | 5 | 7 | 2 | 11 | 12 | 8 | 13 | 119 |
| 계층 | 17 | 3 | | 29 | | 8 | 3 | 4 | 20 | 26 | 1 | 111 |
| 교육 | 7 | 1 | | 25 | | 10 | 2 | 13 | 9 | 8 | 1 | 76 |
| 계 | 139 | 11 | 10 | 148 | 8 | 43 | 23 | 72 | 71 | 67 | 32 | 624 |

출처: internet, 김학린(단국대학교)

또한 아래의 표는 사회갈등의 주요 요인별로 내용 분석한 결과인데 특이한 점은 갈등이 완전하게 해결되지 않고 미해결이나 준해결로 종결되는 경우가 많다는 것이다. 그리고 갈등발생 초기엔 정책의 결정-통보-방어와 같은 전통적 방식에 의존하다가 종결기에는 경제적 인센티브로 문제를 해결하는 패턴이 나타나고 있다는 것이다. 사회갈등을 돈과 같은 경제적 편익의 제공으로 손쉽게 해결하려는 경향을 나타내는 것이 아닌가 한다(하혜영, 2007).

〈표 9-6〉 사회갈등의 주요 요인별 분석

| 내용 | 설명 | 빈도(%) |
|---|---|---|
| 해결수준 | 불완전해결(하)<br>준해결(중)<br>완전해결(상) | 77(26.2)<br>90(42.3)<br>46(21.6) |
| 갈등발생초기<br>관리방식 | 전통적 관리방식<br>대체적 관리방식 | 134(62.9)<br>79(37.1) |
| 갈등종결기<br>관리방식 | 전통적 관리방식<br>대체적 관리방식 | 45(21.1)<br>168(78.9) |
| 경제적 인센티브 | 없음<br>있음 | 68(31.9)<br>145(68.1) |
| 주민참여수준 | 하(참여 매우 저조)<br>중(참여 소극 제공)<br>상(참여 적극 제공) | 80(37.6)<br>86(40.4)<br>47(22.1) |
| 당사자 유형 | 정부와 갈등<br>정부와 주민 간 갈등 | 81(38.0)<br>132(62.0) |
| 이슈: 가치갈등 여부 | 가치갈등<br>이해관계갈등 | 39(18.3)<br>174(81.7) |
| 이슈: 입지갈등 여부 | 비입지갈등<br>입지갈등 | 62(29.1)<br>151(70.9) |
| 사업규모 | 당해지역사업<br>광역사업<br>국책사업 | 84(39.4)<br>98(46.0)<br>31(14.6) |

| 시민단체참여도 | 발견 안 됨 | 101(47.4) |
| --- | --- | --- |
| | 간접 참여 | 39(18.3) |
| | 직접 참여 | 73(34.3) |
| 경제위기(IMF) | IMF 비영향 | 185(86.9) |
| | IMF 영향 | 28(13.1) |
| 정치(선거) 여부 | 선거 비영향 | 99(46.5) |
| | 선거 영향 | 114(53.5) |

주: 각 변수별 빈도는 213개(100%)임(1995~2006)

## 3. 사회갈등 관리의 특성

공공정책과 관련된 갈등관리는 다음과 같은 특성을 보인다(Kaybill, 2001: 109). 첫째, 갈등관리는 갈등해결을 위한 결과나 구체적 정책을 제시하기보다는 문제가 해결되어 가는 과정을 더 중시한다. 이 과정을 통하여 이해당사자 스스로가 문제 해결의 방법과 구체적 정책을 도출하는 데 중점을 둔다. 둘째, 갈등관리 특히 정책을 둘러싼 갈등은 의사결정과 관련되어 있다. 사회의 귀중한 자원을 어떻게 배분하며 정책의 내용을 어떻게 구성할 것인가 등에 관한 갈등이 많다. 따라서 갈등관리는 이해당사자들의 인정과 이에 따른 권한 배분과 관련된 경우가 많다. 이럴 경우 이해당사자들은 '무엇을' 도출하였느냐보다도 '어떻게' 도출하였느냐에 더 많이 관심을 가지게 된다. 셋째, 이해당사자들이 주체가 되어 갈등과정을 주도하고 이들 간의 교호작용이 활발히 일어날 수 있도록 분위기를 조성하고 교호작용을 저해하는 요인들을 제거하는 것이 관리자의 주된 임무이다. 넷째, 갈등관리자가 권한을 가지고 조정하거나 판단하는 것이 아니고 이해당사자들에게 권한을 주어 스스로 갈등해결과정을 주도하고 문제를 해결하도록 보조하는 데 그 목적이 있다. 따라서 이해당사자 간에 권한이 균형 있게 배분되도록 노력하여야 하며 한쪽이 다른 한쪽에 비하여 불균형적으로 권한이 비대하다면 갈등해결과정에서만이라도 이를 최소화하도록 노력하여야 한다. 따라서 이해당사자들 스스로가 자신의 가치를 인정하고 잠재력을 이끌어 낼 수 있도록 보조하여야 한다.

## 생각발전소 토론주제

1. 사회갈등을 유형화하는 이유는 무엇이라고 생각합니까?

2. 갈등에 대응하는 방식은 다양합니다. 여러분은 어느 대응방식이 가장 바람직하다고 생각합니까? 당연히 그 이유를 밝혀야겠지요.

3. 사회갈등의 실증분석사례 중 '사회갈등의 주요 요인별 분석'을 보고 우리나라 사회갈등은 어떤 특징이 있는지 논의하여 봅시다.

제 10 장

# 사회갈등 사례연구

*인간은 실수로부터 교훈을 얻는 현명한 동물이다. 사례연구는 문제에 대한 통찰력을 키우고 갈등이라는 늪에서 한 송이 연꽃을 피우게 할 수도 있다. 여기에서는 원자력 발전과 관련된 국내외 사례를 하나씩 소개하기로 한다.*

# 제10장 사회갈등 사례연구

사례연구는 간접 경험을 통하여 해당 갈등에 대한 이해를 높일 수 있을 뿐만 아니라 갈등치유에 유용한 원칙과 지식을 도출하는 데도 도움이 된다. 여기에서는 원자력발전소 운영과 관련된 국・내외 두 갈등사례를 소개하기로 한다.

## 1. 경주시 양북면 사례

경상북도 경주시 동해안에 위치한 양북면은 세계 원자력 역사에서 최초로 원자력발전소와 방사성폐기물처분장이 한곳에 유치된 지역이다. 이 사례를 통하여 우리는 사회갈등이 얼마나 복잡한 양상을 보이며 주변지역 주민들에게 심각한 심리적 영향을 미치는지를 가늠할 수 있을 것이다.[1)]

### 1) 개요

양북면의 지역사회갈등은 1983년 월성원자력발전소가 건설되면서부터 시작된다. 원전에서 방사능물질이 유출되어 지역의 농업 및 수산업 기반을 훼손하고 자신들의 건강에 미칠 영향을 우려하여 주민들은 원전과 끊임없이 대립각을 세워 왔다. 정부는 지속적으로 원전의 안전성을 주장하지만 주민들은 이를 곧이곧대로 수용할 수도 그렇다고 반박할 만한 역량도 없어 반목과 갈등만 반복하고 있었던 것이다. 원자력 발전의 특성상 지역 지하수와 해수가 많이 소요되어 이를 두고도 양측 간에 마찰이 끊이지 않고 지속되어 왔다. 심지어 과학적으로 입증되지는 않았지만, 기형송아지 출산 논란으로 주민들이 많은 심리적 스트레스를 받기도 하였다.

이렇게 원전 주변지역에 갈등이 많이 발생하자 정부는 1990년 「발전소주변지역 지원에 관한 법률」을 제정하여 경주시에만 연간 약 90억 원을 지역발전지원금이란 명목으로 지원하고 있다. 그러나 이 지원금도 원전 대 주민 그리고 주민 대 주민 간의 갈등의 불씨로 작용하여 왔다. 보다 많은 지원금을 타내기 위하여 지역단체 간 경쟁과 반목이 끊이지 않았고 지원기관마저도 지원금제도의 개선을 들고 나오게 되는 상황이 되었다(동국대학교 지역정책연구소, 2010).

양북 지역의 갈등이 극에 달하게 된 것은 정부가 2005년 주민투표를 통하여 방사성폐기물처분장을 양북면에 건설하기로 결정하면서부터이다. 양북면의 현존하는 갈등을 이해하기 위하여 방폐장 건설을 중심으로 크게 3기로 나눠 갈등전개과정을 서술하면 다음과 같다.

---

* 오영석(동국대학교 행정학과 교수 겸 갈등치유연구소 소장).

1) 이 사례는 지역신문(경주신문, 서라벌신문, 경주포커스)과 기존의 사례연구[김영종(2006), 양정호(2007), 강민아・장지호(2008), 동국대학교 지역정책연구소(2007)], 그리고 여러 차례 지역주민과의 인터뷰(2011년 5월, 6월)를 통하여 본 연구의 취지에 맞게 재구성한 것이다.

### 제1기: 2005년 11월 2일 방폐장 유치 주민투표 이전까지

1979년 원자력발전소가 고리에 처음 건설되면서 원전은 우리나라 발전의 30% 이상을 차지하는 주요한 발전원이 되었다. 그러나 정부는 원전 운영의 부산물인 방사성폐기물을 안전하게 처리할 방폐장의 건설을 고심하게 된다. 정부는 2004년 방폐장 부지 선정을 위하여 주민투표제를 도입하고 유치지역을 지원하기 위하여 「중・저준위방사성 폐기물처분시설의 유치지역 지원에 관한 특별법」을 발표한다. 이 특별법에 근거하여 유치지역엔 양성자가속기와 한국수력・원자력주식회사의 이전 그리고 3,000억 원의 특별지원금을 비롯한 각종 국책사업을 지원할 수 있게 되었다. 경주를 포함한 여러 지방자체단체에서는 이 특별법을 지역발전의 계기로 인식하였다.

경주지역에서도 경주시와 중앙정부의 지원을 받은 지역사회단체들이 '국책사업유치추진단'을 구성하고 방폐장 유치에 나섰다. 그러나 양북면을 중심으로 한 발전소주변지역 주민들과 지역 환경운동단체들이 '경주 핵폐기장 반대 범시민대책위원회'를 구성하고 반대운동을 펼치면서 지역갈등이 첨예화되게 되었다. 연일 시위와 성명서 발표가 끊이질 않았고 심지어 상대방에 대한 폭행과 욕설이 난무하기도 하였다(동국대학교 지역정책연구소, 2007).

### 제2기: 2005년 11월 주민투표~2009년 3월 공기지연 발표

2005년 11월 2일 실시된 주민투표 결과 경주시는 89.5%라는 압도적 찬성률로 방폐장을 유치하게 된다.[2] 이렇게 양북면이 방폐장 건설부지로 선정되면서 지역사회갈등은 다른 양상을 보이는데, 먼저, 한수원 본사의 위치 선정이 지역갈등의 핵심으로 등장하였다. 양북면을 비롯한 원전 주변지역에서는 안전성과 지역발전의 담보로 본사가 당연히 주변지역으로 와야 한다는 입장이고 시내지역은 경주시 전체의 발전을 위하여 시내에 위치하여야 한다고 주장하였다. 한수원의 요청으로 경주시는 2006년 7월 한수원 본사를 양북면 장항리로 결정하였다. 본사 위치가 양북면으로 결정되었지만 이번에는 주변지역 내부갈등이 시작되었다. 주변지역이라 할 수 있는 감포읍과 양남읍에서도 자기 지역에 본사를 위치하여야 한다는 주장을 끊임없이 제기하여 주민 간 갈등이 촉발되었다.

특별지원금 3,000억 원의 사용처 결정도 갈등의 원인이 되고 있다. 방폐장 주변지역 3개 읍면 주민들은 특별지원금을 자신들의 지역에 선배정할 것을 요구하고 있고 도심권에서는 정부의 문화재보호구역 정책으로 공동화되고 있는 도심권 발전의 종자돈으로 사용하여야 한다고 불만을 토로하였다.

### 제3기: 2009년 6월 방폐공단 공기지연 발표 이후

지역갈등은 2009년 6월 1일 방폐물관리공단이 2년의 공기 지연을 발표하면서 새로운 국면을 맞이한다. 원래 계획대로라면 방폐장은 2009년 12월 준공 예정이었으나 운영 허가 등 이유로 2년이 지연되어 2012년 12월 준공될 것으로 발표되었다. 이 발표는 방폐장 부지의 안전성에 대한 의구심과 사업 전반에 대한 신뢰도 추락으로 이어졌다. 관리공단이 "굴착과정에서 발견된 연약지반대를 지하수

2) 참고로 주변지역의 찬성률은 평균 65%로 시내권보다 낮았다.

를 차단하면서 동시에 자연암벽수준으로 보강작업을 해야 하기 때문에 당초 공기보다 2배 정도 더 걸리는 실정"이라고 발표하였지만, 지역주민들은 '정밀 지질조사 선행 후 공사 재개 결정'을 요구하고 나섰다(서라벌신문, 2009.6.7).

방폐장 인근 3개 읍면 주민들로 구성된 '동경주대책위'는 2009년 7월 31일 경주시청에서 기자회견을 열고 공사 중단과 공동조사위 구성을 촉구하였다. 2010년 8월 조승수 의원이 방폐장의 설계용역 내부문건을 공개하면서 "현재의 방폐장 부지는 안정성 확보가 불가능해…… 방폐장 건설을 백지에서 다시 추진해야 한다"고 주장했다(서라벌신문, 2010.8.28). 이를 근거로 지역주민들은 방폐장 건설 중단과 안정성 확보를 주장하면서 지속적으로 시위를 전개하였다.

설상가상으로 2011년 3월에 경주시장이[3] 지역 전체의 발전을 앞세워 한수원 본사를 시내지역으로 재배치하고 양북면에는 산업공단 등의 발전계획을 따로 수립하고 지원하겠다고 일방적으로 발표하고 나섰다. 시내권 주민들은 시장의 계획에 찬성하는 환영집회를 수차례 열고 양북면 주민들에게 본사 양보를 종용하게 된다. 그러나 양북면 주민들은 이를 수용하지 않고 '월성반핵비상대책위원회'를 구성하고 시장을 성토하고 시내권 주민들과 대립하게 된다. 양북면 주민들 사이에서도 "시장이 저렇게 강력하게 한수원 본사를 옮기려고 한다면 우리가 이길 수 없으니 차라리 본사를 내어 주고 산업공단을 받자"라는 의견이 대두하게 되어 주변지역 주민들 사이에서도 첨예한 갈등이 발생하였다. 시장을 지지하는 일부 양북 주민들은 '산업단지유치위원회'를 구성하여 '본사사수비상대책위원회'[4]와 대립하고 있다. 시장이 순수한 정책적 의지로 한수원 본사를 시내권으로 이전할 것을 계획하였는지는 알 수 없지만, 한 가지 분명한 것은 시장의 발언으로 경주시가 동경주[5]와 시내권으로 구분되어 지역갈등이 심화되었다는 것이다.

이런 와중에 2011년 3월 11일 후쿠시마 원전 폭발사고가 나자 지역갈등은 새로운 국면으로 접어든다. 양북면 주민들을 중심으로 방폐장을 반납하자는 시위가 급속히 확산되고 조직화되고 있다. 주민갈등이 후쿠시마 사태 이전까지의 한수원 본사를 지키자는 자존심과 경제적 성격에서 급격히 반핵운동으로까지 확산하게 된 것이다. 지역운동이 전국적 환경보호단체인 환경운동연합과 연대하여 반핵이라는 가치충돌로 변질되고 있는 것이다.

요약하면, 양북면의 지역사회갈등은 원전이 들어서면서 안전성과 주변지역지원금으로 시작되었고 이런 갈등들이 하나도 해결되지 않은 상태에서 관련 갈등들이 누적되어 가는 매우 복잡한 양상을 보이고 있다. 우리나라 공공갈등의 평균 지속기간이 497일이라는 조사도 있는데(김학린, 2010), 양북면의 갈등은 길게는 28년 짧게는 7년 동안 지속되고 있어 지역사회와 지역주민에게 정신적으로 상당한 피해를 미친 것으로 짐작할 수 있다.

---

3) 본사 위치를 양북면으로 추천한 시장은 2010년 지방선거에서 탈락하고 새로운 시장이 취임하였다.
4) 2011년 5월 '월성반핵비상대책위원회'의 명칭이 '본사사수비상대책위원회'로 바뀌게 된다.
5) 원전이 위치해 있는 주변지역을 몇 년 전부터 동경주라 부르면서 나머지 지역과 차별화하는 현상이 나타나기 시작하였다.

## 2) 갈등의 심리적 영향

사회갈등은 지역주민들에게 심각한 심리적 영향을 끼친다. 심리학에서 사용하는 '외상후스트레스 증후군(post traumatic stress disorder: PTSD)'이라는 개념을 원용하여 '갈등후스트레스현상(post conflict stress syndrome: PCSS'을 측정한 결과는 다음과 같다.[6)]

〈표 10-1〉 갈등지역 대 비갈등지역 주민들의 '갈등후스트레스현상' 비교

| 검증변수 | | 지역구분 | 5점 척도<br>평균(표준편차) | t-검증(α=0.05 )<br>t-값(유의확률) |
|---|---|---|---|---|
| 갈등 후 스트레스 현상(PCSS) | 재체험현상 | 비교집단(n=37) | 3.31(0.93) | -3.52(0.01) |
| | | 실험집단(n=37) | 3.95(0.59) | |
| | 회피현상 | 비교집단(n=37) | 2.59(0.82) | -8.16(0.00) |
| | | 실험집단(n=37) | 4.06(0.66) | |
| | 예민현상 | 비교집단(n=37) | 3.01(0.91) | -3.36(0.01) |
| | | 실험집단(n=37) | 3.60(0.50) | |

출처: 오영석 · 문일수(2011)

사례연구 지역인 경주시 양북면 봉길리의 경우 주민들이 원전과 방폐장 관련 갈등을 겪고 있어 '갈등후스트레스현상'이 비교집단인 포항시 장기면 양포리 주민들에 비하여 상대적으로 매우 높은 것으로 나타났다. 특히 회피현상에서 실험집단(4.06점)과 비교집단(2.59점) 간의 차이가 커 공공갈등이 지역사회의 대인관계에 부정적 영향을 미치고 이로 인한 불신과 신뢰 저하를 예견할 수 있다.

지역사회갈등이 장기화되면서 분노나 걱정과 같은 갈등의 부정적 증후군들이 개인적으로 내재화되어 주민들이 겪는 정신적 스트레스가 심하다는 것이다. 이러한 상태에서 정부나 지자체가 관련 정책을 효율적으로 추진하기란 매우 어려울 것이다. 주민들의 정부에 대한 불신만 가중시켜 다른 정책을 추진하는 데도 걸림돌로 작용할 가능성이 매우 높다. '갈등후스트레스현상'을 과학적이고 체계적으로 치유할 수 있다면 갈등관리는 보다 효과적으로 이뤄질 수 있을 것이다.

6) 재체험현상은 "관련 사건이나 장면이 갑자기 떠오르곤 한다" 등의 문항으로, 회피현상은 "이웃 간의 교제가 귀찮아졌다" 등의 문항으로, 예민현상은 "긴장하고 신경질이 늘었다" 등의 문항으로 측정한 것이다. 자세한 내용은 오영석 · 문일수(2011)를 참조하기 바란다.

## 2. 스리마일아일랜드 원전사고 사례: 밝힐 것인가 밝히지 말 것인가?[7)]

### 1) 갈등 개요

1979년 3월에 발생한 미국 스리마일아일랜드 원전사고는 실제 피해는 미미했지만 원자로 노심 붕괴와 핵 재난에 대한 두려움이 크게 확산되면서 원자력산업에 결코 회복할 수 없는 치명타를 날린 사건으로 기록된다. 이후 1986년 소련에서 발생한 체르노빌 원전 폭발사고, 2011년 3월 일본의 후쿠시마 원전 폭발사고와 함께 원전의 안전성과 신뢰성에 의문을 던져 준 3대 원전사고라 할 수 있다.

(1) 1979년 3월 28일 오전 4시. 펜실베이니아 주의 전력회사인 메트로폴리탄 에디슨사의 원전에서 밸브고장으로 인해 냉각수 시스템에 문제 발생.
(2) 발전소 관리인과 기술지원감독관이 협의 후 발전부사장에게 보고하고 전화회의 후 긴급상황 발령.
(3) 원자력규제위원회와 주지사 및 관련 기관에 통보.
(4) 경찰서 출입기자가 사고 발생을 알고 이를 보도하기 시작. AP 통신 등 뉴스 타전. 그러나 전력회사나 관계 기관에서 사고 발생을 확인하거나 자세한 내용을 밝히지 않아 뉴스들의 대부분은 미확인 추측성 내용들이었음.
(5) 동일 오전 7시. 에디슨사의 홍보책임자와 발전소관리인은 급수시설의 오작동으로 원자로에 문제가 있고 일주일 정도의 수리기간이 필요하다고 발표하고 원자력규제위원회의 규정대로 비상사태 선언(후에 알려진 바로는 이 지역을 청소하는 데만 약 10년이 걸리는 것으로 조사).
(6) 동일 오전 9시 정부와 기업과 정보 격차. 펜실베이니아 방사능방호국은 에디슨 사의 정보를 믿고 모든 상황이 통제하에 있는 것으로 알게 됨. 원자로 코어의 온도가 571도라고 이야기하였으나 실제로는 약 750도 정도로 밝혀짐. 열 측정기구가 오작동을 하였기 때문에 회사 전문가들은 코어가 노출되었는지를 확신할 수 없었고 안전하다는 방향으로 주 정부에 통보한 것으로 판단됨.
(7) 동일 오전 10시. 다음의 내용으로 두 번째 공식성명 발표: 만일의 사태에 대비 방사능측정팀을 급파하였지만 아직 아무런 문제도 발생하지 않았음. 주민들에게 피해를 주지 않도록 냉각 정지 상태로 발전소 가동을 중단하겠다.
(8) 부지사가 방사능보호국의 보고를 받고 "안전상의 아무런 문제는 없으니 걱정하지 말라"고 발표.
(9) 그러나 방사능보호국이 기자와의 일문일답에서 주변지역에서 방사능요오드가 약간 검출되었다고 시인함. 부지사의 기자회견 바로 직전 이 보고를 받았기 때문에 미처 부지사에게 통보하지 못한 것으로 해명함.

---

7) 이 사례는 Susskind & Field(2010)에 실린 것을 수정 보완한 것이다. 원문은 매우 자세하게 신문기사 형식으로 서술되어 있으나 여기에서는 시계열기법에 입각하여 주요 사건별로 재정리하였다.

(10) 동일 12시. 에디슨사는 유의할 만한 방사능 유출은 없다고 다시 발표함.

(11) 그러나 이 시간에 현장에서는 발전기를 냉각시키기 위해 증기를 대기로 방출하고 있었음.

(12) 부지사실에서 회사를 비롯한 관계기관과의 회의에서도 증기 방출에 대하여 언급하지 않고 있다가 질문이 나오자 시인하게 됨.

(13) 동일 오후 2시 30분. 증기방출에 대하여 집중 논의가 이뤄짐. 주정부가 더 이상 회사를 믿지 못하게 됨. 왜 증기 방출을 알리지 않았냐고 묻자 회사는 "자신이 그런 질문을 받았거나 그런 질문이 제기된 적이 없어 답하지 않았다"고 해명함.

(14) 방사능보호국의 자체 조사결과 주변지역에서 높은 수치의 방사능을 측정하게 됨.

(15) 발전회사인 에디슨사의 태도 문제: 솔직하게 사고를 인정하고 열린 마음으로 정황을 상세히 설명하기보다는 논쟁을 벌여 상대방을 이기려 하거나 안심만 시키려고 듦.

(16) 에디슨사 외 모든 관련 기관들이 에디슨사를 신뢰할 수 없다고 여기게 됨.

(17) 동일 오후 4시 30분. 에디슨사는 자체적으로 설명회를 개최하기로 하고 원자력규제위원회에게 참여할 것을 통보함. 그러나 위원회는 자체 조사 중이라는 이유로 이를 거부함. 이렇게 됨으로써 회사는 완전 고립된 상태가 되어 다른 관련 기관과의 관계가 최악의 상태로 빠지게 됨.

(18) 동일 저녁. 원전사고가 저녁뉴스를 타게 되면서 전국적 이슈로 확대됨.

(19) 둘째 날(1979.3.29). 회사는 기자회견장에서 "모든 것은 통제 가능하고, 증기방출도 일반적인 것 이상의 것은 아니라고" 안전성을 강조함. 그러나 심각한 상황을 은폐하려는 인상을 남김. 주민들의 의료 진단 여부에 대해서도 그럴 필요가 없다고 답함. 그리고 너무 전문적 기술용어를 사용한 것도 문제를 은폐하려 든다는 인상을 줌.

(20) 동일 밤 11시 50분. 펜실베이니아 환경자원부에서 소량의 크세논을 함유한 산업폐수와 방사능폐기물이 강으로 방출되었다고 발표. 동일 정오쯤 메디슨사가 오염 가능성이 있는 물 150만 리터를 저장하고 있고 이 양이 규제위원회의 제한 범위를 넘지 않기 때문에 방출하려 한다고 문의하자 위원회에서 방출하지 말 것을 지시함. 그러나 이 결정이 실무자에게 전달되지 못하고 실무자들이 물을 방출하게 됨. 이로 인하여 규제위원회까지도 통제 능력이 없다고 의심받게 됨.

(21) 셋째 날(1979.3.30). 미국 전역, 유럽, 심지어 뉴욕 컬럼비아 대학교 총장까지 나서 캠퍼스 내 연구용 원자로의 가동 중단을 요구.

(22) 동일 오전 7시 10분. 원전 2구역 감독관 혼자서 가스 압력을 낮추기 위해 냉각수시스템의 일부인 보충탱크에서 폐가스처리탱크로 방사능 가스를 이동시킴. 이 과정에서 방사능 물질이 유출됨. 시간당 1,200밀리렘 방사능물질이 측정됨. 이 수치가 실제 유출에 대한 공지 없이 위원회에 통보됨.

(23) 원자력규제위원회가 주 비상대책위원회에 연락하고 주지사와 상의 후 반경 5마일 이내 학교에 휴교령을 내리고 주민들에게 실내에 머물 것을 경고하게 됨.

(24) 동일 오전 11시. 에디슨사는 기자회견을 갖고 대피령이 불필요하고 '계획적으로' 방출된 방사능이라고 설명함.

(25) 주 정부는 증기 방출이 일종의 사고이며 1,200밀리렘으로 추정된다고 발표하였고, 에디슨사는 계획된 것으로 350밀리렘이라고 설명하여 혼란을 가중시킴.
(26) 에디슨사 대변인의 기자회견장 발표: "저는 우리가 하는 모든 것을 당신들 각자에게 말해야 하는 이유를 모르겠어요." 바로 그 발언이 문제였다. 기자들은 에디슨사가 정보를 감추고 있을 것이라고 확신하는 분위기였음.
(27) 주정부도 기자회견을 열어 정확한 정보가 없다고 하면서 에디슨사가 무책임하다고 비난함.
(28) 주지사는 카터 대통령 그리고 원자력규제위원회와 상의하여 위원회의 한 위원을 대통령 대리인으로 현장에 급파하기로 결정함.
(29) 원자력규제위원회도 대중과의 커뮤니케이션에 문제를 노출시킴. 위원회는 스리마일아일랜드에서 노심의 완전 붕괴 가능성을 내비치면서 상황을 공황 상태로 만듦. 위원회의 고위 관리인 더들리 톰슨이 금요일 오후에 붕괴 가능성에 대해 진술하면서 혼란이 시작됨.
(30) UPI 통신이 노심 붕괴 가능성을 타전하게 됨.
(31) 의사소통의 왜곡을 줄이기 위해 백악관과 원자력규제위원회 본부 등 여러 기관에 설치된 정보센터를 폐쇄하고 대통령 대리인을 하나의 창구로 통일하게 됨.
(32) 마지막 날(1979.3.31.~4.1). 에디슨사가 원자력규제위원회에 합동기자회견에 참석할 것을 요구하였으나 거절당함.
(33) 에디슨사는 더 이상 기자회견을 하지 않기로 하고 대통령 대리인과 일하는 원자력규제위원회로 공식 정보창구를 단일화하기로 함.
(34) 카터 대통령의 통제실 시찰. "우리의 최대 관심사는 주민의 건강과 안전"이라고 발표함. 에디슨사는 더 이상 뉴스의 초점이 되지 못함. 이로써 스리마일아일랜드 원전사고는 진정국면으로 접어들게 됨.

## 2) 상호이익접근법

Susskind & Field(2010)는 원자력발전소와 같이 위험이 내재된 갈등은 전통적인 방법으로 해결하기보다는 새로운 방식으로 접근할 것을 권고하고 있다. 저자들이 스리마일아일랜드 원전사고를 비롯한 여러 갈등을 사례분석한 후 상호이익접근법(mutual gains approach)을 제시하였다.

전통적으로 권력이 강한 쪽은 정보를 통제하고 보상으로 문제를 해결하려고 한다. 사업의 거대한 가치와 공익을 앞세워 양보와 희생을 요구하는 경향이 강하다. 상대적으로 약한 집단의 이해관계에 대해서는 무시하거나 외면하면서 공동 의사결정에 참여하려는 약한 자들의 모든 의견을 반대한다. 또한 상대방의 우려를 근거 없는 것으로 매도하고 고도의 기술적 용어를 사용하면서 상대방의 몰이해를 교육하려 든다. 그러나 이러한 전통적 방식은 갈등을 해소하기보다는 악화시킬 뿐이다. 서로가 상생하는 상호이익접근법의 원칙을 다음과 같이 제시할 수 있다.

원칙 1: 신뢰와 신용을 쌓기 위해 정보를 공유한다.
원칙 2: 진실만을 말하고 말한 대로 행동한다.

원칙 3: 다른 사람의 우려를 인정한다.

원칙 4: 대내외적으로 신뢰성을 보이며 대중을 경시하지 않는 대변인을 구한다.

원칙 5: 정부에 의해 강요된 순응보다는 자발적인 준수를 추구하라.

일반대중은 무언가 배우게 되는 것에는 관심이 없고 행동에 관심이 있다. 구체적이고 의미 있는 행동을 전달하는 것이 갈등해소에 더 성공적이기 때문에 기술적 정보를 제공하여 대중을 교화하려고 하기보다는 대중의 분노를 가라앉힐 수 있는 '문제의 인정', '피해에 대한 사과', '정보의 제공', '통제의 공유' 등을 제시하는 것이 훨씬 효과적이라 할 수 있다.

## 생각발전소 토론주제

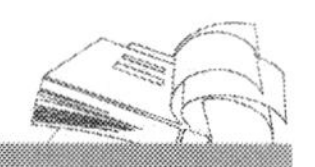

1. 첫 번째 사례를 보면서 갈등이 지역주민의 심리에 어떤 영향을 어떤 과정을 거치면서 끼친다고 생각합니까?

2. 두 번째 사례를 보면서 여러분이 발전소 책임자라면 문제 해결을 위하여 어떤 조치를 취하겠는지 논의하여 봅시다.

3. 두 사례를 읽고 갈등치유를 위한 나름대로의 원칙을 몇 가지 개발하여 봅시다. 당연히 왜 이 원칙이 중요한지도 밝혀야 합니다. 전통방식과 비교하는 것도 재미있을 것 같습니다.

# 제 2 부 갈등치유의 방법

제 11 장

# 갈등치유와 공감

*공감은 상대방이 말하고 행동하는 것만을 이해하는 것이 아니라,*
*상대방이 현재 느끼고 있는 감정도 그대로 느끼는 능력이다.*

1. 사회갈등과 공감의 중요성
2. 공감의 개념
3. 공감 연구의 현황과 활용
4. 공감을 통한 갈등해소 방안

# 제11장 갈등치유와 공감

갈등을 치유하는 데 공감은 매우 중요하다. 영어 공감(empathy)의 다른 번역인 감정이입이 시사하는 것처럼 공감은 상대방을 이해하고 이를 통하여 갈등을 치유하는 전제조건이 될 수 있다. 여기에서는 공감의 중요성과 개념 그리고 공감을 통한 갈등해소 방안 등에 대하여 논의하기로 한다.

## 1. 사회갈등과 공감의 중요성

1차 세계대전이 시작한 지 5개월이 지난 1914년 12월 24일 저녁 프랑스 플랑드르 지방에서는 영국군들과 독일군들이 서로 총부리를 겨누고 대치하고 있었다. 아직도 죽은 병사들이 양 진영 사이에 버려져 있었고 시체는 매장할 수 없어 아직 살아 있는 동료들이 빤히 지켜보는 가운데 썩어 갔다. 병사들은 살을 에는 겨울 추위 속에서 쥐와 해충이 우글거리고 변 냄새가 진동하는 오물로 가득 찬 진영에서 선 채로 잠을 잤다.

바로 그때 독일군 병사들이 크리스마스트리 수천 개에 촛불을 붙이기 시작하자 전장에는 놀라운 일이 벌어지고 있었다. 트리를 밝힌 독일병사들은 <고요한 밤>을 시작으로 크리스마스 캐럴을 부르기 시작했고 영국군들은 넋을 잃고 바라보다가 영국 병사 몇몇이 박수를 치기 시작했고, 그리고 환호성을 지르며 영국 병사들도 캐럴을 부르며 적에게 화답했고 독일병사들로부터 똑같이 열렬한 박수를 받았다.

양측의 병사들이 참호로부터 나와 서로를 향해 걷기 시작했다. 곧이어 수천 명의 병사가 참호 밖으로 쏟아져 나와 그들은 악수를 나누고 담배와 비스킷을 건네고 가족사진을 꺼내 보여 주었다. 서로 고향 이야기를 나누며 지나간 크리스마스 추억을 나누었고, 이 터무니없는 전쟁을 키득거리며 비웃었다.

짧은 시간이었지만, 수만 명의 인간들은 장교, 사병 할 것 없이 계급을 가리지 않고 상부와 국가에 대한 충성심도 접어 둔 채 오직 보편적인 인간성만 보여 주었다. 전장에 버려진 채 죽고 부상당하는 상황에서도 그들은 용기 있게 제도적 의무에서 벗어나 서로를 불쌍히 여기고 서로 살아 있음을 축하했다.

위의 이야기는 『노동의 종말』과 『소유의 종말』을 쓴 세계적인 미래학자 제러미 리프킨이 최근에 쓴 그의 저서 『공감의 시대』 첫 장에서 나오는 내용이다. 전쟁의 참혹한 상황에서도 인간은 상대방의 곤경과 고통에 대하여 불쌍한 마음을 느끼고 인간으로서의 유대감 때문에 서로를 위로할 수 있는 힘이 생겼다고 그는 주장한다. 즉 총부리를 서로 겨누고 있던 양측의 병사들이 이러한 화해의 모습을 보인 것은 인간 능력의 한복판에 자리 잡고 있었던 서로에 대한 공감이었다고 말한다.

제러미 리프킨은 역사가, 철학자, 인류학자, 사회학자들은 인류사를 연구하면서 인류사의 발전에

* 박종희(동국대학교 호텔관광경영학부 교수).

추진 역할을 해 온 인간의 공감 능력에 별다른 관심을 보이지 않았다고 말한다. 오히려 시인, 만담가, 음유시인, 미술가, 소설가 등이 인간의 역사에서 공감이 어떠한 역할을 하고 있었는지에 대하여 관심을 가졌다고 말한다.

사회갈등의 해결 방안으로서 공감에 관심을 가지고 있는 이유는 많은 연구에서 공감은 대인관계를 발달시키고 갈등해결에 긍정적인 영향력을 행사할 뿐만 아니라, 공감은 인간의 친사회적 행동을 증가시키고, 나아가 지역, 종교, 혈통, 이념 등 집단 간 갈등과 적대감을 해소하는 데 중요한 역할을 할 수 있다고 보기 때문이다. 또한 공감은 남을 돕는 이타행위를 하도록 유도하는 주요한 기제이며 사람들의 공격성을 감소시키고 협력을 증진한다는 많은 연구 결과가 나와 있다. 왜냐하면 공감은 모든 사람들 간에 일종의 우애를 제공하여 우리의 주변을 인간화하고 인격화하는 성향이 있기 때문이다. 따라서 효과적인 갈등해결을 위하여 가장 본질적으로 필요한 것은 갈등당사자들이 갖는 상호 공감이라고 말할 수 있다. 공감이야말로 의식을 가진 책임 있는 인간을 만드는 핵심요소라고 말할 수 있다.

## 2. 공감의 개념

공감이란 개념은 1872년 로베르트 피셔(Robert Vischer)가 미학분야에서 독일어의 Einfuhlen이라는 용어로 처음 사용하였다. 'Ein'은 '안에'라는 뜻이고 'fuhlen'은 '느끼다'라는 뜻으로 '들어가서 느낀다'라는 의미를 함축하고 있다(Rifkin, 2009). 피셔는 이 공감이라는 개념을 예술작품을 감상하고 즐기는 원리를 밝히기 위해 만들었다. 심리학에서 Einfuhlen이라는 용어를 사용한 것은 립스(Lipps, 1903, 1905)인데, 미학심리학을 탐구하면서 공감이라는 개념을 체계화하였고, 공감이란 "지각자가 지각의 대상 속으로 투사하는 경향성"을 의미한다고 주장하였다.

티치너(Titchner, 1909)는 립스에게서 Einfuhlen을 빌려 오면서 이를 희랍어의 empatheia로 번역하였고, 결국은 empathy라는 '공감'이라는 용어를 탄생시켰다. empatheia는 '안'을 뜻하는 'en'과 고통 또는 열정을 뜻하는 'pathos'의 합성어로 '안에서 느끼는 고통이나 열정'을 의미한다. 여기서 공감이란 '어떤 주체가 상상 속에서 다른 사람의 정서에 대해 인식하는 것'을 의미한다. 즉 공감은 다른 사람의 입장이 되어 그들이 어떻게 느끼고 생각하는지 이해하는 것을 의미한다.

공감의 사전적 정의는 "남의 감정, 의견, 주장 따위에 대하여 자기도 그렇게 느끼는 기분"이며, 상식적인 정의로서 '아 그럴 수 있겠다', '이해가 된다'는 식의 마음상태를 공감으로 정의하였다(남승규, 2010). 자신이 직접 경험하지 않고도 타인의 감정을 거의 같은 수준으로 이해하는 것으로 공감을 지각, 추론, 판단, 이해 등 인지기능으로 정의하였다(이진우, 2000; 하정희, 1997).

또한 공감은 상대방의 감정, 사고, 느낌 등을 있는 그대로 정확하게 이해하고 이해된 바를 정확하게 상대방에게 의사소통하는 능력(이희경, 2002)으로 정의하기도 하며, 이심전심, 역지사지 또는 주객일체와 같이 동양적 사고와 연관 지어 공감을 정의하기도 한다(남승규, 2010). 한편 공감을 자신과 타인이 분리된 개체라는 분명한 인식을 바탕으로, 타인의 경험과 느낌을 체험하고 수용하는 인지적 과정과 그때의 정서를 마치 자신의 것처럼 느끼는 정서적 과정을 거친 후 다시 상대방에게 표현하는 복합적인 과정으로서 정의하기도 한다(김광수, 김해연, 2009).

## 3. 공감 연구의 현황과 활용

여기에서는 공감 연구의 국내 현황과 활용에 대하여 언급하기로 한다.

### 1) 공감이 친사회적 행동에 미치는 영향에 관한 연구

공감이 타인에게 관심을 가지고 서로 돌봄으로써 좀 더 바람직한 친사회적 행동의 발달을 위한 주요 변인으로 알려지게 됨으로써 공감에 대한 많은 관심을 갖게 되었다. 조한익과 이미화(2010)의 대학생 183명을 대상으로 공감능력이 친사회적 행동에 영향을 미치는지에 대한 조사에서, 공감능력이 친사회적 행동과 상관관계가 있는 것으로 나타났다. 이 연구에서 친사회적 행동을 행위자가 외적 보상을 기대하지 않고서 다른 사람이나 집단에 이익을 주거나 도와주는 행동으로 이타행동과 같은 개념으로 사용하였다. 공감능력이 큰 학생들은 협력하기, 나누기, 위로하기, 돕기, 양보하기 등 친사회적 행동과 상관관계가 큰 것으로 나타났다. 특히 공감적 요소 가운데서 관점 취하기와 공감적 관심이 친사회적인 행동과 상관관계가 높은 것으로 나타났다.

장성희 외 4인(2008)이 연구한 공감적 배려가 이타행동에 영향을 미치는지에 대한 연구에서도, 타인의 감정에 혹은 타인의 안녕감에 관심이 많은 즉 공감적 배려가 높은 사람들이 이타행동을 많이 하는 것으로 나타났다. 특히 사회적 지지가 함께 있을 때 공감이 이타적 행동에 더 크게 영향을 미치는 것으로 나타났다.

김기범과 임효진(2006)은 성인 150명과 대학생 150명을 대상으로 공감과 사과가 용서에 미치는지에 대한 연구에서, 용서한 집단은 용서하지 않은 집단에 비해 가해자에 대하여 공감이 높게 나타났고, 용서한 후에 마음이 풀어지고 친밀감을 회복한 것으로 나타났다. 공감이 회피 및 보복 동기를 감소시킴으로써 용서 과정에서 역동적인 역할을 하는 것으로 나타났다. 용서를 통해 달라진 점과 좋아진 점은 신체적·심리적 건강뿐만 아니라 삶의 지혜를 얻고 인간적으로 성숙하였으며 관계를 개선할 수 있었다고 응답하였다.

김은아와 이승연(2011)이 중학생 630명을 대상으로 연구한 또래괴롭힘 방어행동에 대한 연구에서 공감이 또래괴롭힘 행동과 어떠한 상관관계가 있는지를 연구하였다. 또래괴롭힘이란(bullying) 청소년기에 흔히 나타나는 문제행동으로 남을 괴롭히거나 해를 끼치기 위한 의도하에서 대개 힘이 센 개인이나 집단이 상대적으로 약한 개인이나 집단을 향해 반복적으로 행사하는 공격행동으로 설명되는데, 신체적 공격(폭행, 구타 등)과 관계적 공격행동(소문 퍼뜨리기, 소외시키기 등)을 포함한다(김은하·이승연, 2011). 또래괴롭힘은 피해자나 가해자뿐만 아니라 괴롭힘 상황의 목격자들에게도 우울, 무기력, 불안, 두려움, 죄책감을 야기하는 매우 부정적인 영향을 미치는 것으로 나타났다. 여기에서 또래괴롭힘 방어자가 있는데 이들은 피해자를 지지하고 위로해 주며 또래괴롭힘 행동을 중단시키려는 노력을 하는 사람들을 말한다. 이러한 또래괴롭힘 방어행동에 참여하는 사람들의 특성이 공감이 높은 것으로 나타났다. 즉 정서적 공감이 높을수록 어려움에 처한 사람들을 돕는 성향이 높은 것으로 나타났다.

위의 연구결과에서 볼 수 있듯이, 공감은 상대방을 이해하고, 상대방의 어려움에 도움을 주고, 협력하고, 양보하는, 즉 갈등을 해결하는 데 있어서 중요한 역할을 할 수 있는 변수로 설명되고 있다. 따라서 사회적 갈등을 해결하는 데 있어서 사람들의 공감을 이끌어 내고 공감능력을 향상시키는 것이 매우 중요하다는 것을 이들 연구에서 보여 주고 있다.

〈표 11-1〉 공감이 친사회적 행동에 미치는 영향과 관련된 선행연구

| 저자 | 연도 | 연구주제 | 선행변수 | 결과변수 | 주요발견 |
|---|---|---|---|---|---|
| 조한익<br>이미화 | 2010 | 공감능력과 친사회적 행동이 심리적 안녕감에 미치는 영향 | 공감능력 | 친사회적 행동<br>심리적 안녕감 | · 공감능력은 친사회적 행동과 심리적 안녕감과 정적인 관계<br>· 친사회적 행동은 공감과 심리적 안녕감을 매개함 |
| 장성희<br>외 4명 | 2008 | 공감적 배려가 이타행동에 영향을 미치는 데 있어서 사회적 지지의 조절효과를 검증함 | 공감적 배려<br>사회적 지지 | 이타행동 | · 정서적 배려가 높을수록 이타행동이 증가하였음<br>· 사회적 지지가 있을수록 이타행동이 증가하였음 |
| 김기범<br>임효진 | 2006 | 공감과 사과가 용서에 미치는 영향 | 공감<br>사과 | 용서 | · 용서한 집단은 용서하지 않은 집단에 비해 부정적인 정서, 인지, 동기가 높게 나타남<br>· 용서한 집단이 가해자에 대하여 공감이 높게 나타남<br>· 가해 이전의 친밀함과 알고 지낸 기간이 공감을 증가시킴<br>· 가해 상대방의 사과와 뉘우침이 공감을 증가시키고, 회피 및 보복 동기를 감소시킴 |
| 김은아<br>이승연 | 2011 | 또래괴롭힘 방어행동과 공감, 자기효능감, 학급규범의 상관관계 | 공감,<br>자기효능감,<br>학급규범 | 또래괴롭힘<br>방어행동 | · 공감과 자기효능감이 높을수록 또래괴롭힘 방어행동이 증가함<br>· 또래괴롭힘에 대한 학급규범이 부정적이라고 생각할수록 또래괴롭힘 방어행동이 증가함 |

## 2) 공감 향상 프로그램에 관한 연구

앞의 연구에서 볼 수 있듯이, 공감은 원만한 인간의 삶에서 인간관계 형성을 위해서 혹은 갈등해결에 있어서 중요한 역할을 할 수 있다는 것을 주목할 수 있다. 따라서 공감 능력의 함양을 위한 방

법 및 교육도 매우 중요하다. 효과적인 공감 능력 향상을 위한 프로그램을 소개한 연구를 소개하기로 한다.

〈표 11-2〉 공감 향상을 위한 프로그램에 관한 선행연구

| 저자 | 연도 | 연구주제 | 선행변수 | 결과변수 | 주요발견 |
|---|---|---|---|---|---|
| 백지은<br>이정숙 | 2009 | 부모자녀놀이치료 프로그램이 공감 및 문제행동에 미치는 영향 | 부모-자녀 놀이치료 | 분리불안장애,<br>공감, 문제행동 | · 놀이치료는 문제아동들의 분리불안장애를 감소시켰고, 부모의 아이들에 대한 공감수준이 증가하였음. |
| 장미경<br>손금옥<br>김성은 | 2007 | 놀이치료가 부모의 공감능력 및 자녀의 행동문제에 미치는 영향 | 놀이치료 | 부모의 공감능력,<br>자녀의<br>정서행동문제 | · 놀이치료가 참여한 어머니들의 공감능력을 증진시킴.<br>· 어머니의 놀이치료 프로그램의 참여는 아동들의 정서행동문제 개선에 긍정적인 영향을 미침. |
| 박상규 | 2008 | 마음챙김이 공감능력과 자기조절에 미치는 영향 | 마음챙김 | · 자기의 감정이나 충동 관찰<br>· 공감능력<br>· 자기 조절 | · 마음챙김이 자기의 감정이나 충동조절에 도움이 되며, 공감능력을 향상시키는 데도 도움이 되고 자기조절력에도 도움이 됨. |
| 김정모 | 2011 | 마음챙김에 기초한 인지치료가 공감 능력에 미치는 영향 | 마음챙김,<br>인지치료 | 공감,<br>정서평가,<br>사회기술 | · 마음챙김에 기초한 인지 치료가 타인의 인지적 관점과 정서경험을 이해하고, 대인관계에서 사회적인 상호 작용의 능력을 향상시켜 공감능력에 긍정적인 영향을 미침. |
| 김광수<br>김해연 | 2009 | 공감교육프로그램이 공감능력과 정서지능에 미치는 영향 | 공감교육<br>프로그램 | 공감능력,<br>정서지능 | · 공감교육프로그램은 공감능력 전체와 특히 인지적 공감과 의사소통적 공감 능력 향상에 영향을 미침.<br>· 공감교육프로그램은 정서지능 전체와 특히 정서인식 및 표현, 정서의 사고촉진, 정서지식의 활용능력 향상에 영향을 미침. |

먼저 놀이치료가 공감에 어떻게 영향을 미치는지를 살펴보고자 한다. 부모-자녀 놀이치료를 적용한 많은 연구에서는 놀이치료가 아동의 문제행동의 감소에 영향을 미치고, 부모의 공감능력을 증진시키고, 부모의 아동수용 증가에 영향을 미치고, 부모의 양육스트레스 감소에 효과가 있는 것으로 나타났다(백지은·이정숙, 2009 논문에서 재인용). 백지은과 이정숙(2009)에서는 부모-자녀 놀이치료 프로그램이 어머니의 공감능력 향상에 긍정적인 영향을 미치는 것으로 나타났다. 놀이치료는 다양한 놀이와 함께 반영적 경청 향상을 위한 프로그램 등으로 부모가 자식에 대한 공감능력을 향상하기 위한 세션으로 구성되어 있다. 어머니의 공감능력 향상은 프로그램 과정에서 공감적 경청, 감정의 수용, 행동추적, 반영적 의사소통, 촉진적 반응 등 아동중심 놀이치료 기술을 배우고 역할놀이를 통해 기술을 익힌 결과이며, 피드백 과정을 통하여 지속적으로 기술을 훈련한 결과라고 밝혔다.

〈부모-자녀 놀이치료 프로그램의 사례〉

백지은과 이정숙(2009)의 프로그램은 총 10단계로 구성되어 있다. 여기에서는 제1단계와 제10단계만 소개하기로 한다.

| 단계 | 내용 |
|---|---|
| 1 | 1. 자신과 가족소개. 대상자녀(부모-자녀 놀이치료 세션을 하기 위해 선택하게 된 아동)에 대해 특별히 강조하고 싶은 내용 소개<br>2. 교육자료: 인터넷 중독에 영향을 미치는 요인과 부모-자녀 놀이치료<br>3. 과제: 반영적 경청의 개념을 설명, 시범을 보이고 한 주 동안 반영적 경청하기 과제 |
| ·<br>·<br>· | ·<br>·<br>· |
| 10 | 1. 가정에서의 특별한 놀이세션에 대해 보고하기<br>2. 비디오를 녹화해 온 부모의 비디오테이프 관찰 및 피드백<br>3. 지금까지 배운 내용을 복습<br>4. 부모, 자녀의 변화와 전반적인 평가 시간 갖기<br>5. 사후 평가 스케줄 정하기<br>6. 특별한 놀이시간을 지속하도록 중요성 강조 |

장미경·손금옥·김성은(2009)은 42명의 어머니들을 대상으로 놀이치료를 활용한 부모교육 프로그램이 부모의 공감능력 및 자녀의 정서행동에 어떻게 영향을 미치고 있는지에 대하여 연구하였다. 연구결과는 놀이치료를 활용한 부모교육 프로그램이 공감의 하위변인인 수용적 의사소통, 아동의 자기 안내허용, 개입에 영향을 미치는 것으로 나타났다. 즉 놀이치료교육은 부모들이 아동의 감정과 행동을 더욱 수용하는 데 효과가 있었으며, 부모가 자녀의 행동을 통제하기보다는 자녀의 주도를 적극적으로 따르려는 행동, 즉 아동의 자기 안내 허용 성향이 높았다. 그리고 놀이치료 교육은 지시적이고 설명적이던 어머니의 역할에서 자녀의 주도성을 인정하는 부모의 개입과 관심을 높게 하는 데 영향을 미치는 것으로 나타났다.

김정모(2011)는 마음챙김이 공감 능력 향상에 미치는 영향을 22명의 대학생을 대상으로 조사하였다. 마음챙김(mindfulness)은 한 대상에 주의를 집중하여, 지금 이 순간의 경험을 판단하지 않고 있는 그대로 관찰하는 특별한 주의집중의 한 방식으로 알려져 있다. 마음챙김을 통하여 개인은 자신이 경험하는 내적 의식(신체, 감정, 생각)을 개념적 지식을 통하지 않고 있는 그대로 이해할 수 있게 된다. 따라서 실제 현실과 직접적으로 만나게 되기 때문에 순간의 경험에 대한 분명한 자각을 촉진하게 된다. 일반적으로 마음챙김 훈련 프로그램은 신체적 건강과 심리적 적응행동, 자아개념 그리고 공감능력을 향상시켜 주는 데 효과가 있는 것으로 알려져 있다. 마음챙김이 자신의 내적 세계를 이해하는 데 도움을 줄 뿐 아니라, 타인의 세계를 공감적으로 이해하는 데도 도움이 되는 것으로 나타났다. 또한 마음챙김 명상을 통하여 자신이 타인과 독립적인 개체라고 잘못 지각하는 태도가 감소하게 되고, 또 타인과의 일체감이 증진되기 때문에, 마음챙김이 타인의 내적 세계에 쉽게 다가갈 수 있는 기회를 제공한다고 주장한다.

마음챙김은 타인에 대하여 개방적 그리고 수용적 태도를 갖게 하는 데 도움을 주기 때문에 결국 공감 능력에 긍정적 영향을 준다고 말한다. 김정모의 연구결과 마음챙김에 기초한 인지 치료의 참여 집단은 통제집단에 비하여 사후에 공감과 정서지능의 정서평가와 사회기술에서 유의한 차이를 나타냈다. 따라서 마음챙김에 기초한 인지 치료가 타인의 내적 세계와 정서적인 경험 및 반응을 이해하고 자각하는 공감능력을 향상시키는 데 효과가 있는 것으로 나타났다.

〈마음챙김 프로그램의 사례〉

김정모(2011)의 프로그램은 총 8단계로 구성되어 있다. 여기에서는 일부만 소개하기로 한다.

| 회기 | 내용 |
|---|---|
| 1 | 주제: 마음챙김의 이해<br>- 건포도 명상<br>- 마음챙김의 주의집중 방식의 이해 등 |
| 2 | 주제: 마음챙김의 어려움 극복하기<br>- 신체 감각에 대한 마음챙김<br>- Body Scan |
| ·<br>· | ·<br>· |
| 8 | 주제: 새로운 출발<br>- 회기의 종합 평가<br>- 새로운 출발: 일상생활의 마음챙김을 계획하기 등 |

박상규(2008)는 불교 전통 수행법의 하나인 마음챙김이 자신에 대한 이해와 해탈을 통하여 진정한 행복감을 가질 수 있다고 말한다. 마음챙김은 좋아하거나 싫어함이 없이 대상을 있는 그대로 관찰하는 것으로서 마음챙김은 자기를 조절하게 도울 뿐 아니라 자기의 분노, 불안, 충동 등을 볼 수 있게 하며, 타인의 감정을 정확하게 이해하고 공감하게 하여 타인과 상황에 맞는 행동으로 자기의 감정과 행동을 조절할 수 있도록 도움을 준다고 말한다. 마음챙김의 결과는 이웃이나 사회, 인류에 대한 자비와 실천으로 자연스레 나타나게 된다고 주장한다. 불교에서 오랫동안 수행의 방법으로서 사용되어 온 마음챙김은 어떠한 편견 없이 사물을 있는 그대로 보고, 또한 자신과 남을 다르게 보지 않고 하나의 연결체로 보는 훈련을 하기 때문에 자신의 내면을 볼 수 있고, 남을 있는 그대로 보고 이해할 수 있도록 도움을 주기 때문에 갈등해소에 큰 도움을 줄 가능성이 큰 것으로 보인다.

김광수와 김해연(2009)이 초등학교 3학년 60명(실험집단 30명, 통제 집단 30명)을 대상으로 실시한 공감교육프로그램도 학생들의 공감능력과 정서지능 향상에 도움이 되는 것으로 밝혀졌다.

〈공감교육 프로그램의 개요〉

김정모(2011)의 프로그램은 총 8단계로 구성되어 있다. 여기에서는 일부만 소개하기로 한다.

| 단 계 | 목 표 | 주요 활동 |
|---|---|---|
| ·<br>·<br>· | ·<br>·<br>· | ·<br>·<br>· |
| 정서적 공감 | 영화 속 주인공의 마음을 느껴 봄으로써 공감적 각성을 높인다. | · 영화 속 주인공 감정 상상해 보기<br>· 주인공의 감정과 관련하여 자신의 감정 이야기하기 |
| | 동영상을 보고 주인공의 처지와 상황에 대해 느껴 봄으로써 공감적 관심을 높인다. | · 동영상 속 주인공의 처지와 상황 알기<br>· 주인공에 대한 자신의 감정과 도울 수 있는 방법 생각해 보기 |
| 의사소통적 공감 | 타인이 말한 내용에 대해 이해하고 표현함으로써 공감능력을 높인다. | · 역할극 대본 제시<br>· 공감 골든벨 |
| | 자기 개방을 통해 생각과 느낌을 표현하고 공감적 반응을 한다. | · 인생 그래프 그리기<br>· 사건 속 친구 마음 추측 게임 |
| ·<br>·<br>· | ·<br>·<br>· | ·<br>·<br>· |

## 4. 공감을 통한 갈등해소 방안

### 1) 감정 커뮤니케이션을 통한 갈등해소 방안

감정 커뮤니케이션 방식(가트맨·최성애·조벽, 2011)은 인간관계 갈등해결 방안으로서 가트맨인간관계연구소에서 수십 년간 연구하여 임상적 효과를 검증받은 과학적·체계적·효과적이라는 점이 가장 큰 특징이다. 다른 심리치료는 개인의 이론이나 철학에 기초하여 효과가 불확실하다. 즉 임상적 데이터가 부족하지만 현재 가트맨이 개발한 감정 커뮤니케이션 방식은 신뢰성, 타당성, 정확성에서 전 세계적으로 가장 인정을 받고 있다.

이 방식은 사람의 행동 변화뿐만 아니라 심장박동 수, 뇌파변화, 스트레스 지수, 면역체계 변화 등 생체의학적 효과까지 검증되고 있으며, 이제까지 알려진 다른 어떤 방법보다 인간관계의 상처를 치료하고 예방하는 데 효과가 높음이 증명되었다. 관계가 성공적이기 위해서는 갈등 중에라도 긍정성과 부정성의 비율이 5:1은 유지되어야 하는데 감정 커뮤니케이션은 바로 인간관계에서 긍정성을 높여 친밀하고 상호 이해하는 관계를 만드는 데 그 목적이 있다고 말할 수 있다.

감정 커뮤니케이션이란, 사람들은 긍정적인 감정 상태와 긍정적인 의사소통이 이루어질 때 원만한 인간관계가 이루어지며 많은 것을 이루어 낼 수 있음을 가정한 대화법으로서, 대화 시 상대방의 감정을 이해하여 주고, 공감하여 주고, 받아들여 주어, 상대방이 존중받고, 사랑받고, 가치를 인정받는 느낌이 들도록 하는 대화법이라고 할 수 있다.

가트맨이 연구한 감정 커뮤니케이션에서는 사람들이 관계가 나빠지고 갈등이 생기는 원인이 갈등의 내용이 아니라, 갈등을 다루는 대화의 방법을 모르기 때문이라고 가정하고 대화하는 방법을 가르친다. 이 대화법에서는 대화 시 피해야 할 4가지 독과 해독제를 제시하는데, 그것은 비난, 경멸, 방어, 담 쌓기이다. 비난은 "당신은 인격적으로나 성격적으로 문제가 있는 사람이다"라는 뉘앙스를 주기 때문에 듣는 사람은 자신에 대한 공격으로 받아들이며, 주어를 '당신'으로 시작하면 거의 비난이라고 할 수 있다. 또한 '왜, 항상, 결코'와 같은 용어를 써도 비난이라고 할 수 있다. 이 비난의 해독제는 '나' 전달법으로 부드럽게 요청하면 된다고 한다.

경멸은 대화에서 가장 나쁜 방법으로 상대를 깔보고 무시하고 비웃고 조롱하는 의미로 전달된다. 지적으로, 도덕적으로, 인격적으로 자신이 우월하고 상대는 열등하다고 생각하는 것이라고 말할 수 있다. 일반적으로 상대는 비난받는 것보다 경멸받는다고 생각할 때 훨씬 기분이 나쁘다고 한다. 가트맨에 의하면 경멸을 당하는 사람은 면역세포가 파괴되어 4년 안에 감염성 질병에 걸릴 확률이 크다고 한다. 경멸의 해독제는 경멸 대신 호감과 존중을 표시하는 것인데, 평소의 언어 습관에서 경멸 대신 호감과 존중을 표시하는 훈련을 시키는 것이 갈등해결에 중요하다고 말할 수 있다.

다음으로 대화에서 피해야 할 것은 방어라고 한다. 방어는 나는 잘못이 없고 결백하다고 주장하는 것이며, 잘못은 상대방에게 있다고 주장하는 것이다. 즉 상대를 역으로 공격하는 의미를 가지고 있다. 이 방어의 해독제는 방어 대신 상대방의 주장을 약간만 인정하면 된다.

마지막으로, 대화에서 피해야 할 것은 담 쌓기인데, "보통 신물 나고 지겹다", "얼씨구 너나 잘해봐라", "너 혼자 잘 떠들어라"와 같이 표현한다. 담 쌓기의 의미는 상대방이 비판하고 경멸하면 방어를 하게 되는데 이 방어는 상대방을 더 심한 비판과 경멸로 이끌게 되고, 대화당사자는 대화에서 물러나게 되는 상황이라고 할 수 있다. 즉 상대와의 사이에 담을 쌓는 행위라고 할 수 있다. 담 쌓기의 해독제는 진정 후 대화라고 권유한다.

감정 커뮤니케이션은 인간관계에서 친밀감과 신뢰감을 형성하여 주고, 사람 사이 효과적인 커뮤니케이션이 되도록 도와주며, 사람 사이의 갈등조정 기술 향상에도 효과가 있고, 인간의 정서적・사회적・지적・신체적 건강에 절대적인 도움을 준다고 말할 수 있다.

### 2) AI(Appreciative Inquiry)를 통한 갈등해소 방안

1980년대 초 미국의 Case Western Reserve University 조직행동 박사과정에 있었던 David Cooperrider는 흥미로운 사실을 발견하게 되는데, 문제점 중심 해결 방법은 오히려 문제를 해결하는 것보다 사람들을 실망하게 만들고 결국은 상호 비난으로 이끈다는 것을 발견하게 된다. 그래서 David Cooperrider는 문제 중심 접근보다는 탐색과 질문을 통하여 사람들의 잠재력과 가능성을 발견하는 데 초점을 맞추게 되는데 이러한 접근 방식이 바로 AI(Appreciative Inquiry)의 기본 철학이라고 말할 수 있다. 인간이 도달할 수 있는 최상의 조건이 무엇인지를 알고 어떻게 그런 조건에 접근해야 하는지를 파악하는 긍정심리학과 긍정조직학의 관점에서 문제를 해결하려는 방법이라고 말할 수 있다.

AI는 사람이나 조직에 대한 결점을 지적하거나 잘못에 대한 책임전가에서 탈피하여, 사람과 조직에 대한 강점을 발견하고 이상적인 조직의 미래를 꿈꾸고 조직의 강점에 기반을 두어 미래를 실현하기 위한 단계별 행동을 통하여 조직의 잠재력을 최대한 발휘할 수 있도록 하는 방법이다. 가능한 한 조직원들의 높은 참여를 통하여 변화를 끌어내며 조직과 인간에 대한 포용적·평화적·협력적 접근 방식으로 많은 갈등 문제를 해결한 효과적인 방법으로 알려져 있다.

AI 방법은 종교적 갈등을 해결하는 데도 매우 탁월한 효과가 입증되고 있으며, 노조와 경영진 사이의 갈등관계 해결에도 효과가 있으며, 지역주민 간의 갈등해결에도 효과가 있는 것으로 알려져 있다.

전통적인 갈등해결 방법은 먼저 문제를 발견하고 원인을 분석하며 해결책을 찾기 위한 브레인스토밍을 하고 그리고 갈등해결을 위한 계획을 수립하게 되는데, 이러한 방법은 갈등을 줄이는 것이 아니라 과거 문제의 원인들을 파헤치느라 많은 시간이 소요되고 조직과 인간의 결함에 대한 용어만 생산해 내며 에너지와 사기 저하 그리고 피로 누적으로 팀워크만 약화되는 결과를 낳을 가능성이 높다는 것이다.

AI는 문제 발견 대신에 과거와 현재의 가치를 발견하고 무엇이 문제인지를 발견하는 대신에 무엇이 가능한가를 상상하게 하며, 무엇이 필요하며, 무엇을 하고 싶은지를 발견하고 설계하는 프로세스라고 할 수 있다. 즉 이곳에서 가장 큰 문제는 "무엇인가?"라는 질문 대신에 "우리가 아직 생각해 보지 못한 가능성은 무엇인가?"라는 질문을 하고 "우리는 왜 이런 문제투성이 지역에서 살아야 하는가?"라는 질문보다는 "가장 큰 영향을 미칠 수 있는 가장 작은 변화는 무엇인가?"라는 질문을 하며 "당신은 왜 그렇게 자주 화를 내는가?"라고 질문하기보다는 "우리 모두를 승자로 만드는 해결책이 무엇인가?"로 질문하는 것이다.

### 3) 치료놀이를 통한 공감 향상 방안

치료놀이는 1960년대 단기간에 많은 수의 아이들에게 질 높은 서비스를 줄 수 있는 방법을 모색하던 중 Jernberg 박사에 의해 창안된 새로운 아동상담 치료기법으로 시작하였다. 치료놀이는 초기 건강한 엄마와 아기 간에 자연스럽게 일어나는 애착을 기본이념으로 개발된 쉽고도 재미나는 프로그램으로 그 효과성이 매우 높은 것으로 확인되고 있다(Munns, 2005).

치료놀이의 효과성은 애착과 신체접촉의 중요성에 관한 연구에서뿐 아니라 정신생물학자, 정신신경학자들의 연구에서도 그 효과성이 입증되고 있다. 치료놀이는 상호 작용 방법을 활용하여 건강한 애착과 자아존중감 그리고 신뢰감을 증진시키는 하나의 치료방법이다. 이 치료놀이의 장점은 어떠한 연령층에도 적용 가능하다는 것이고 또한 간단하고 활동 중심적이며 시각적이므로 어떤 교육수준의 사람이라도 쉽게 이해할 수 있다는 것이다. 갈등해결을 위해서는 가장 중요한 것이 상호 간의 신뢰인데 이 신뢰는 친밀감을 통해서 이루어진다. 이 친밀감은 바로 치료놀이를 통해서 형성될 수 있다.

개인의 자존감과 자신감 형성을 강조하면서 그것들이 포함된 내용들을 재미있는 놀이활동이라는 형태로 적용시키려 하기 때문에 참여자들은 곧 긴장을 풀고 이를 즐기게 된다. 이 놀이를 통하여 사람들은 돌봐지고 있다는 감정을 느끼며 존재 그 자체의 가치성을 배우게 됨에 따라 상대방에 대한 이해와 공감이 증진될 수 있다.

다양한 치료놀이뿐만 아니라 한국전통의 놀이문화를 치료놀이로 개선하여 사회갈등 당사자들에게 적용한다면 친밀감 형성은 물론 상호 신뢰감이 형성되어 갈등해소에 큰 도움이 될 수 있을 것으로 판단된다.

## 생각발전소 토론주제

1. 공감을 구성하는 요소는 무엇입니까?

2. 공감이 왜 갈등치유에 중요하다고 생각합니까?

3. 공감을 통한 갈등해소 방법에는 어떠한 것들이 있습니까?

제 12 장

# 관계치유를 통한 갈등해소

*갈등해소에 가장 필요한 요소는 신뢰 구축이며,*
*신뢰가 구축되기 위해서는 관계치유가 선행되어야 한다.*

1. 갈등의 이해
2. 신뢰와 갈등해소
3. 관계치유와 신뢰 그리고 갈등해소

# 제12장 관계치유를 통한 갈등해소

갈등을 해소하는 데 있어서 가장 중요한 요소가 신뢰이며, 이 신뢰는 갈등당사자 간의 관계치유에서 구축될 수 있다. 본 장에서는 갈등해소에 있어 신뢰의 중요성을 강조하고, 신뢰 구축을 위해 어떠한 관계치유가 필요한지에 대하여 알아보고자 한다. 또한 이러한 주장이 타당한지를 검증하기 위하여 갈등관계에 있는 갈등당사자들에게 설문조사를 실시한 결과를 제시하고자 한다.

## 1. 갈등의 이해

삼성경제연구소의 연구(2009)에 의하면 한국은 1987년 민주화 이후 각종 사회갈등이 관리되지 못하고 막대한 사회적 비용을 유발하고 있다고 한다. 삼성경제연구소가 제시한 사회갈등지수를 살펴보면 한국은 27개 OECD 국가들 중 네 번째로 갈등이 심한 국가로 나타났다. 가장 갈등이 심한 국가는 터키이며, 다음으로는 폴란드, 슬로바키아, 그리고 한국 순으로 나타났다. 가장 갈등이 적은 나라는 덴마크, 스웨덴, 핀란드, 그리고 스위스 순으로 나타났다. 한국의 갈등지수는 0.71로 OECD 평균 0.44를 훨씬 상회하고 있다. 사회갈등은 사회적 합의를 이끌어 내는 것을 어렵게 만들며, 이익집단 간 지나친 경쟁을 초래하기 때문에 경제성장에 부정적 영향을 미친다. 사회갈등지수가 10% 상승하면, 1인당 국내총생산(GDP)은 7.1% 하락하는 것으로 나타났으며, 한국의 갈등지수가 OECD 평균인 0.44로 완화되면 1인당 GDP는 27.0% 증가한다고 한다(삼성경제연구소, 2009). 이처럼 사회갈등은 사회통합을 약화시킬 뿐 아니라 이해관계가 다른 구성원들 간의 지나친 불신을 초래해 경제성장에도 부정적인 영향을 끼칠 뿐 아니라, 그 비용은 결국 사회 구성원들이 지불해야 하는 악순환을 초래하게 된다. 또한 갈등이 심각해져 상호 파괴적이고 폭력적인 수단까지 동원되는 경우에(4대강 사업, 용산참사, 부안 방폐장 건설, 쓰레기 매립장 건설 등), 갈등당사자 간 경제적 손실은 물론 서로가 쉽게 치유될 수 없는 감정적 상처를 받게 된다(김재신, 2011).

제1장에도 갈등의 정의가 규정되어 있지만, 갈등이란 두 당사자들 가운데 어느 한쪽이 상대방에 의해 부정적인 영향을 받는다고 인식되는 과정 혹은 한쪽의 존재가 다른 쪽의 목표에 방해가 될 때 발생될 수 있는 상황으로 정의되고 있다(Wall and Callister, 1995; Vaske, Donnelly, Wittmann and Laidlaw, 1995). 또한 갈등을 상호 작용으로 보며, 상호 의존적인 두 당사자 서로가 추구하는 바가 다름으로써, 인식하는 피해에 대한 투쟁의 표현으로 보고 있다(임유진, 2010). 여기에서 주목해야 할 점은 갈등은 결국 인간관계의 상호 작용으로 볼 수 있으며, 인간관계의 상호 작용으로 나타나는 갈등을 이해하기 위해서는 인간관계를 먼저 잘 이해하는 것이 중요하다. 이해당사자들이 인간관계가 좋으면 갈등을 긍정적으로 해결할 수 있을 것이며, 인간관계가 좋지 않다면 갈등이 해결되지 않고 정체되거나 증폭될 가능성이 높을 것이다. 또한 갈등을 부정적으로 인식하는 과정이라고 본다는 뜻은,

---

* 박종희(동국대학교 호텔관광경영학부 교수).

갈등이 객관적 사실에 의하여 영향을 받기보다는 갈등당사자들이 느끼는 심리, 감정, 주관적 인식에 의하여 영향을 받는다고 말할 수 있다. 그리고 관계가 좋다는 것은 상대방이 나를 배신하지 않고, 자신만의 이익만을 추구하지 않으며 공동의 이익을 추구할 것이라는 믿음, 결국 신뢰가 형성되며, 이렇게 구축된 상호 신뢰는 갈등과 위험의 인식 축소, 나아가 갈등해소에 도움이 될 것이다. 따라서 본 장에서는 <그림 12-1>에서 볼 수 있는 것처럼 갈등해소를 위해서는 신뢰 구축이 필요하고, 신뢰를 구축하기 위해서는 관계치유가 필요하다는 것을 설명하고자 한다.

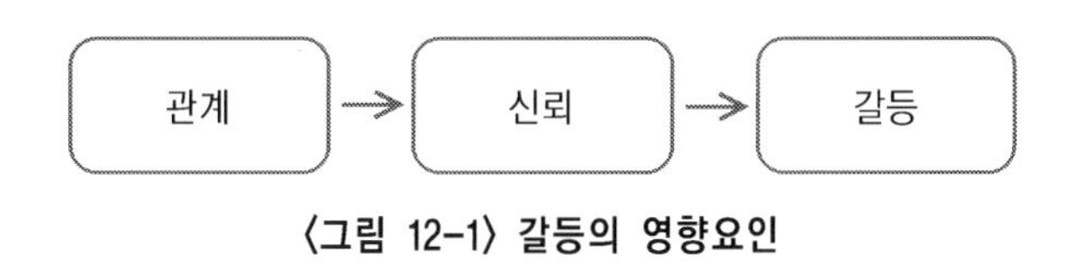


〈그림 12-1〉 갈등의 영향요인

## 2. 신뢰와 갈등해소

갈등의 합리적인 해결을 위해서는 신뢰가 중요하다는 것은 이미 심리학·사회학·정치학 등에서 많은 연구가 이루어져 왔다. 신뢰는 모든 공동체 구성원에 대해 배타적이지 않고, 개방적으로 접근하는 데 도움을 주며, 공동의 이익과 가치에 중점을 두어 서로 협력하여 공동체의 발전을 가능케 하며, 갈등을 사전에 예방하고 갈등이 발생했을 때 원만한 해결을 이끄는 데 도움이 되는 것으로 알려졌다(Fukuyama, 1995; Putnam, 1993).

신뢰란 한 개인이 다른 사람 혹은 대상에 대해 갖는 긍정적인 기대나 믿음으로 정의한다(Kramer and Carnevale, 2001). Fukuyama(1995)는 신뢰를 어떤 공동체 내에서 그 공동체의 다른 구성원들이 보편적인 규범에 기초하여 규칙적이고 정직하며 협동적인 행동을 할 것이라는 기대로 정의하였다. 많은 학자들은 갈등해결에 있어서 신뢰의 중요성을 지적하였다. 특히 한 사회에서 발생하는 공공갈등을 관리하고 해결하는 데도 신뢰가 중요한 역할을 한다고 주장하고 있다(박상필, 2000). 사회 전반에 걸친 신뢰의 구축은 집단이기주의를 극복하고 사회 전체의 이익을 추구하는 데 도움이 큰 것으로 알려졌다. 신뢰는 또한 갈등을 예방하고, 갈등 발생 시에도 구성원들이 합리적으로 의사결정을 하며, 상호 이해를 통한 원만한 해결을 이끄는 데 중요한 역할을 하는 것으로 나타났다. 따라서 사회 구성원들의 신뢰가 사회 전체 혹은 지역사회 전체의 발전을 위해 협력하고 지역사회의 문제와 갈등을 해결하는 데 지대한 역할을 할 수 있는 것으로 볼 수 있다. 또한 사회가 전보다 투명해지고 글로벌 경제 환경이 더욱 상호 의존적으로 바뀜에 따라 신뢰는 더욱 중요한 요소로 자리매김하고 있으며, 이러한 상황에서 낮은 신뢰는 개인 간 갈등, 이해당사자 간 경쟁, 극단적인 승-패 사고, 자기 보호적인 의사소통을 낳게 할 뿐만 아니라 결정과 소통 그리고 관계를 지체시키게 된다. 반면에 높은 신뢰는 의사결정을 촉진시키며, 팀워크, 협력, 삶의 질을 향상시킨다(Covey, 2006). 신뢰의 다른 긍정적 기능은 신뢰가 있으면 불완전한 정보를 가지고 상호 교류를 할 수 있으며, 상대방을 신뢰함으로써 신뢰를 하지 않는 것보다 나은 이득을 얻을 수 있으며, 신뢰를 함으로써 장기적인 관계를 유지할 수 있다(Gottman, 2011).

그러나 신뢰에 대한 많은 연구가 진행되어 왔지만 신뢰가 어떻게 형성되고 형성된 신뢰가 갈등해소에 어떻게 영향을 미치는지에 대해서는 충분한 연구가 되어 있지 못한 실정이다. 따라서 다음은 신뢰 구축에 필요한 요인이 무엇이며, 그러한 요인들이 어떻게 신뢰를 구축하고, 갈등해소에 도움이 되는지를 설명하고자 한다.

## 3. 관계치유와 신뢰 그리고 갈등해소

관계를 다룬 심리학에서는 관계가 성숙해질수록 신뢰는 깊어지며, 파트너에 대하여 믿을 수 있고 의존할 수 있으며, 파트너가 자신이 원하는 것을 제공할 것이라고 믿는 성향이 있으며, 상대방에게 위험하더라도 기꺼이 자신을 있는 그대로 노출하고, 상대방이 약속을 지킬 것이라고 믿으며, 미래의 이득을 위하여 현재에 기꺼이 양보하고 손해를 보는 경향이 있는 것으로 나타났다(Rampel, Holmes and Zanna, 1985). 상호의존이론(Interdependence theory)에서는, 신뢰는 상호 간 헌신(commitment)의 발전에 깊은 영향을 미치며, 관계에 투자를 할 것인지 안 할 것인지에 영향을 미칠 뿐만 아니라, 관계의 안정성에도 중요한 영향을 미치는 것으로 나타났다(Gottman, 2011). 따라서 좋은 관계 구축은 신뢰를 형성하고, 형성된 신뢰는 갈등해소에 영향을 주는 것을 가정할 수 있다.

세계적인 관계 치유자 Gottman 박사는 30년 동안 3,000쌍의 부부관계를 연구한 결과, 관계의 '달인'과 관계의 '폭탄'(관계를 잘하지 못하는 부부들)을 구별하고 예측할 수 있는 건강한 관계 모델(Sound Relationship House) 이론을 구축하였다. 이 이론은 망가지고 병들어 있는 관계를 하나씩 보수하여 갈등을 해결하는 데 매우 탁월한 효과가 있는 것으로 알려져 있다. 국내에서는 최성애 박사가 최초로 이 방법을 임상적으로 부부관계치료에 적용하여 이혼 직전에 있는 국내의 많은 부부들을 돕는 데 큰 효과를 보았다. 주로 부부관계치유에 활용되어 왔던 이 방법은 인간의 모든 관계치유에도 효과가 있는 것으로 보고되고 있다(Gottman, 1999).

지금까지 가트맨 방식인 건강한 관계 모델은 부부관계치유에 주로 적용되어 왔지만, 직장에서 조직에서의 갈등을 해결하는 데 큰 도움이 될 뿐만 아니라, 지역사회에서 발생하는 공공갈등의 해결에도 많은 도움이 될 것으로 예견된다. 왜냐하면 부부간이나, 조직 간이나, 지역사회 간이나 갈등은 모두 인간에 의해서 발생하기 때문이다. 또한 갈등을 일으키거나 해소하는 메커니즘도 매우 비슷하기 때문이다.

### 1) Gottman의 건강한 관계모델

Gottman의 건강한 관계모델이란 건전하고 탄탄한 관계를 통하여 갈등을 미연에 방지하고 해결할 수 있는 7가지 기본원칙을 말한다. 서로를 알기, 호감과 존중, 서로 다가가는 대화, 긍정적인 관점, 갈등관리, 꿈 이루기, 공유된 의미 만들기이다. 이 원칙은 이해관계 당사자들 간 관계를 건강하고 행복하게 만들어 갈등을 해결하는 방법이다. 그러나 이 관계모델은 부부간의 관계를 향상시키기 위하여 개발된 것이기 때문에 사회갈등 상황에서 사용하기에 적합하지 않다고 판단되어 몇 가지 용어는 바꾸었으며, 7가지 기본원칙 가운데 갈등관리는 종속변수로 다루었다.

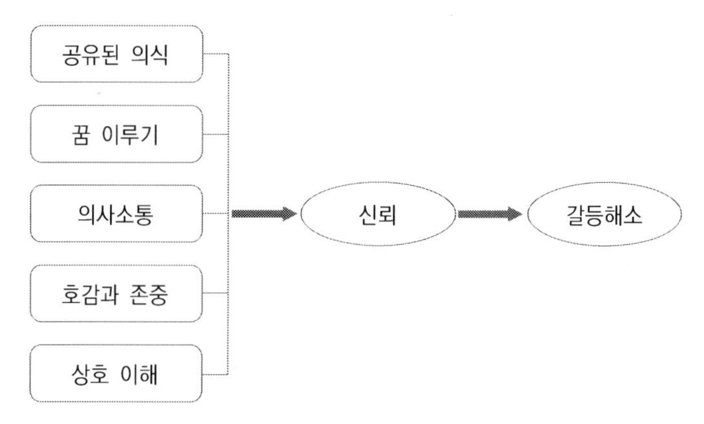


출처: Gottman(1999)을 원용하여 사회갈등에 맞게 재구성한 것임.

**〈그림 12-2〉 갈등치유를 위한 건강한 관계 모형**

## 2) 관계치유의 5가지 요인

### (1) 상호 이해

상대가 어떤 사람인지를 알고 이해하는 것이 관계의 시작이고 관계의 기초라고 볼 수 있다. 서로를 알려고 노력한다는 것은 이미 형성되어 있는 관계 속에서도 끊임없이 상대에 대해 관심을 가지고 있다는 메시지를 보내는 것이라고 볼 수 있다. 더구나 서로의 내면세계를 안다는 것은 행복한 관계를 형성하는 기초가 되며, 상대가 어떤 사람인지를 안다는 것은 그만큼 상대방에 대하여 이해의 폭이 커질 수 있고, 상대방에 대하여 공감할 수 있게 된다. 이러한 상대방에 대한 이해와 공감은 상호 간의 신뢰를 향상시키며, 갈등을 해소하는 데 큰 도움이 된다고 볼 수 있다. 상대방의 전통과 문화 그리고 가치관이 무엇인지, 상대방이 무엇을 가장 두려워하고, 무서워하는 것이 무엇인지, 상대방이 가장 수치스럽게 생각하는 것이 무엇인지, 상대방이 최근 받고 있는 스트레스는 무엇인지, 상대방이 이루고자 하는 꿈이 무엇인지를 알게 되면, 상대방을 이해하게 되고, 서로 신뢰할 수 있게 되며, 이러한 신뢰는 갈등을 해소하는 데 도움이 될 수 있을 것이다.

### (2) 호감과 존중

Gottman 박사에 의하면 관계의 달인들은 평소에 상호 간에 호감과 존중을 많이 느끼며 서로 간에 감사와 배려를 많이 한다고 한다(최성애, 2010). 반대로 평소에 서로가 비난하고 경멸하고 서로를 무시한다면 서로 간에 감정의 찌꺼기가 쌓이게 되고, 이렇게 쌓이게 된 감정의 찌꺼기는 관계를 힘들게 한다. 평소에 이러한 감정은 상호 간에 불신을 낳게 하며, 갈등이 발생했을 때, 이 갈등을 해소하기보다는 더욱 증폭시킬 수 있다. 그러나 평소에 호감과 존중의 문화가 만들어져 있다면, 이러한 호감과 존중은 신뢰를 구축하는 데 도움이 되고, 갈등을 해소하는 데도 큰 도움을 줄 수 있을 것이다. 만약에 이러한 호감과 존중의 문화가 없다면, 서로의 장점이 무엇인지를 알고, 서로가 존중받고 소중하게 여길 수 있는 문화를 구축하는 것이 중요하다. 또한 서로가 서로에게 무엇을 감사할 수 있는지를 생각하고, 서로를 긍정적으로 바라볼 수 있는 노력을 해야 할 필요가 있다.

### (3) 의사소통

대화는 관계를 이어 주기도 하고 끊어 버리기도 하며, 관계를 건강하게 유지해 주기도 하고 반대로 병들게도 한다. 또한 스트레스를 일으키기도 하고, 스트레스를 줄여 주기도 한다. Gottman 박사에 의하면 대화에는 3가지 종류가 있는데 그들은 원수 되는 대화, 멀어지는 대화, 다가가는 대화이다(최성애, 2010). 원수 되는 대화는 상대의 말을 반박하거나 비웃는 대화이며, 멀어지는 대화는 상대의 말과 상관없이 다른 화제로 돌리는 대화이고, 다가가는 대화는 상대의 입장을 수용하고 공감하는 대화라고 한다. 다가가는 대화를 하기 위해서는 먼저, 서로를 비방하거나, 경멸해서는 안 되며, 상대방에게 무관심하지 않고 관심을 가지고 대화에 나서야 한다. 또한 평소에 서로 자주 의논하여야 하며, 일상생활에서도 함께 즐기는 일을 많이 만들어야 다가가는 대화를 할 수 있다. 또한 공통의 관심사가 무엇인지를 파악하여 공통의 관심사에 대하여 많은 대화를 나눌 필요가 있다. 그리고 평소에 대화를 나눌 때, 상대방에 대한 공감, 배려, 관심, 지지를 할 수 있어야 한다. 그리고 대화를 할 때는 거칠게 시작하지 않고, 항상 부드럽게 시작하며, 문제가 항상 상대방에게 있다고 생각하지 말아야 한다. 이러한 다가가는 대화는 서로 간에 신뢰를 쌓고, 또한 갈등이 생겼을 때, 갈등을 해결하고자 하는 의지가 높을 것이다.

### (4) 꿈 이루기

인간은 누구나 꿈을 가지고 있고, 그 꿈을 이루고 싶어 한다. Gottman 박사는 원만한 관계를 유지하고 행복하기 위해서는 서로의 꿈이 존중되어야 한다고 말한다(최성애, 2010). 자신의 꿈이 상대로부터 수용되지 못하고 이해받지 못할 때, 무시당하고, 조롱받는 느낌이 들고, 진정한 자아의 핵심이 거부당한다는 느낌을 갖게 된다(최성애, 2010). 만약에 새롭게 시작하는 관계 속에서 한쪽의 꿈이 짓밟힌다면 어떻게 될까? 그 관계는 지속되기가 어려울 것이다. Gottman 박사는 두 집단 사이에 갈등이 있을 때, 그 갈등의 원인이 한 집단에서 갖고 있는 가장 소중한 꿈으로 인한 것일 때, 그것을 '갈등 속의 꿈'이라고 말한다.

갈등의 원인이 공동체가 가지고 있는 꿈과 가치관의 차이로 인하여 발생할 수 있다. 상대방이 어떠한 꿈과 가치를 가지고 있으며, 그 꿈과 가치를 실현할 수 있도록 도와준다면 갈등을 해소할 수도 있고 관계가 회복될 수 있다. 갈등 속의 꿈을 해결하기 위해서는 먼저 상대방의 갈등 속에 숨어 있는 꿈이 무엇인지를 파악하는 것이 중요하다. 상대방의 진정한 꿈이 무엇인지, 그 꿈이 왜 그렇게 큰 의미를 지니고 있는지를 알고 이해하는 것이 중요하다. 서로가 서로의 꿈을 이해할 때는 훨씬 상대방을 공감할 수 있고, 수용할 수 있는 가능성이 커진다. 이러한 이해와 공감 그리고 수용은 더욱 신뢰를 쌓게 하고 이렇게 쌓인 신뢰는 갈등을 해소하는 데 큰 도움을 줄 수 있다.

### (5) 공유된 의식

서로를 잘 알고, 서로를 존중과 우호감으로 대하고, 서로 간에 관심과 공감 그리고 수용과 지지가 있는 대화를 하고, 서로의 꿈을 알고 그 꿈이 이루어질 수 있도록 도와준다면, 그 관계는 매우 안정적이 되고 행복할 것이다. 그러나 서로 간에 삶에 대한 깊은 의미를 함께 공유하지 못한다면 어떠한 느낌을 갖게 될까? 서로가 정서적으로 연결되지 않는 허전하고 공허하며 심지어 외롭게 느껴질 수도 있다. 따라서 구성원들 간에 깊은 정서적 연결을 위하여 공유된 의미를 만드는 노력이 중요하다. 공유된 의미를 만든다는 것은 결국 공유된 공동체 문화를 만드는 것이다. 공동체란 의미가 무엇인지, 공동체의 일원이 되기 위해서는 무엇이 필요한지, 어떠한 공동체를 만들어 가기를 원하는지, 어떠한 전통과 관습을 만들길 원하는지, 서로가 삶에서 무엇을 추구하는지, 공동체에서 각자에게 주어진 역할이 무엇인지를 알고 함께 만들어 나가는 것이다. 공동체의 삶에서 서로가 공유할 수 있는 의미가 많을수록 관계는 더욱 풍성해지고 깊어지며, 공동체 안에서 존재감은 물론 깊은 의미를 느낄 수 있다(Gottman, 1999). 공유된 의식과 의미는 구성원들 간에 지속적으로 어떻게 왕래하고 대화를 나눌 것인지, 공동체가 꿈꾸는 미래의 청사진을 어떻게 함께 그려 나갈 것인지, 구성원들의 슬픔에는 어떻게 동참하여 위로를 할 것인지, 반대로 좋은 일에는 어떻게 축하하여 줄 것인지에 대한 문화를 만들어 나갈 때 형성된다. 공동체에서 공유된 의미와 의식을 가질 때, 상호 간의 신뢰는 더욱 형성될 수 있고, 이렇게 형성된 신뢰는 갈등을 해소하는 데 도움이 될 것이다.

## 생각발전소 토론주제

1. Gottman의 건전한 관계모델이 왜 갈등해소에 도움이 된다고 생각합니까?

2. 갈등치유에서 신뢰가 왜 중요하다고 생각합니까?

3. '갈등 속'의 꿈이란 무엇을 의미합니까?

# 제 13 장

# 갈등치유와 통합사고

*"탱고를 추려면 두 사람이 있어야 한다."* – 미국 속담

*"인간은 자신의 참된 욕구로 되돌아감으로써 내면의 혼돈에 질서를 부여해야 한다."* – 니체(Nietzsche)

1. 통합사고의 이해
2. 통합사고의 전제:
   형식논리에서 비형식논리로
3. 통합사고의 개념:
   사고의 틀 바꿈과 질 전환
4. 통합사고의 실제 활용:
   '행복'에 대하여
5. 통합사고의 지식체계

# 제13장 갈등치유와 통합사고

갈등치유를 위해선 갈등당사자들의 통합사고가 필요하다. 통합적 사고를 수행하기 위한 기본 전제로는 어떤 것이 있으며, 그 핵심 내용이 무엇인지를 논리적 차원에서 살펴본다. 모든 사람의 관심사라 할 수 있는 '행복'이라는 개념을 통합사고로 접근한 다음 통합사고의 지식체계를 간명하게 구축하려고 한다.

## 1. 통합사고의 이해

통합사고는 단편적 사고와 달리 자신의 사고를 유보할 수 있고 다른 사고를 수용할 수 있는 공동체 중심의 사고이며 논증보다는 대화를 중시하는 개념이다. Bohm(2004)은 이러한 사고를 참여적 사고로 표현하였고, Argyris(1993)와 Senge(1990)는 이러한 사고를 collective thinking이라 표현하였고, Martin(2009)은 이를 integrative thinking이라고 표현하였다. 대화론자이자 경영컨설턴트인 MIT 대학의 William Isaacs도 Bohm의 영향을 받아 조직 갈등의 해결을 위하여 holistic thinking에 기반을 둔 대화를 주장한다(Isaacs, 1999).

Martin(2009)은 통합사고를 "서로 반대되는 발상을 건설적으로 대면하고 한 아이디어를 훼손시키면서 다른 아이디어를 보존하는 방식이 아닌 새롭고 창조적이며 두 가지 아이디어 요소들을 결합한 동시에 각각의 아이디어보다 뛰어난 해결책을 만들어 내는 능력"이라고 정의하고 있다. 통합사고란 특정 사안에 대하여 관련자들이 각자의 생각을 자유롭게 표출하고 이 표출과정을 통하여 상호 이해를 높이고 공동의 목표를 창의적으로 형성 및 달성하여 가는 협력적 사고를 의미한다. 따라서 통합사고에서는 여러 대안 중 하나를 선택하거나 협상하는 것이 아니라 새롭게 문제를 정의하고 목표를 형성해 가는 과정 중심적 사고라 할 수 있다.

통합사고의 다른 측면은 사람 간의 관계에서 찾을 수 있다. 즉 개별화된 주관적 주체가 아닌 간(間)주관적 관계를 형성하여 가는 인간관계에 초점을 두고 있다. 앞의 여러 장에서 언급하였지만, 갈등은 표면적으로는 문제를 둘러싼 이해당사자 간의 분쟁으로 야기되지만 내면적으로 사람의 감정이 상처받거나 관계가 훼손되면서 악화되는 것이다. 따라서 통합사고는 문제 혹은 아이디어의 통합과 함께 관계의 통합이 이뤄질 때 완성된다고 할 수 있다. 이를 그림으로 표시하면 아래와 같다.

**〈그림 13-1〉 통합사고의 구성요소**

* 고창택(동국대 인문학부 문화예술철학전공 교수 겸 철학치유연구소 소장).

관계통합은 이 책의 '공감'과 '관계치유'에서 자세하게 다루고 있기 때문에 여기에서는 철학적 관점에서 생각의 통합, 즉 주어진 문제나 목표를 통합화하는 논리에 초점을 두어 설명하기로 한다.

## 2. 통합사고의 전제: 형식논리에서 비형식논리로

통합사고를 하기 위해서는 먼저 형식논리에 대한 집착을 버려야 한다. 형식논리에만 의존하게 되면 사고의 틀을 너무 좁게 한정시키는 결함이 나타난다. 논리의 엄밀성과 명료함은 얻을지 몰라도 의미 있게 소통되는 일상적 대화나 평범한 담론을 대부분 배제하고 만다. 또한 형식논리는 논리의 결과에만 주목할 뿐 논리를 수행하는 과정이나 행위에는 도대체 무관심하다. 따라서 논리가 함축하는 중대한 사회적 맥락과 문화적 의미를 놓치고 마는 것이다.

그리하여 비형식논리를 대변하는 변증법은 형식논리가 정태적 관점에서 세계를 바라보기 때문에 운동과 변화를 제대로 설명할 수 없으며, 사물들, 현상들 사이에 통과 불가능한 장벽을 세우고는 매개적 요소를 도입하지 않는다고 비판한다. 즉 형식논리의 뿌리에 해당하는 세 가지 근본원리인 'A는 A이다'로 공식화되는 동일률, 'A는 non-A가 아니다'로 공식화되는 모순율, 'A는 B이든가 non-B이든가다'로 공식화되는 배중률 등에 본질적인 의문을 제기한다.

변증법(dialectic)은 'dialektikē technē'라는 어원에서 알 수 있듯이 '문답에서의 대화의 기술'을 뜻하는데, 더 쉽게 간추리면 '논쟁을 풀어 나가는 대화적 사유'를 의미한다. 그런데 대화적 논쟁과정에서 가장 중요한 논리적 핵심은 '대립되는 상대방을 논파함으로써 자신의 입장을 증명하는 방법'을 뜻하는 귀류법에 있기 때문에 흔히 '모순에 의한 역전의 과정'이라 해명되기도 한다.

요컨대, 통합사고의 전제가 되는 비형식논리는 동일률, 모순율, 배중률에 근거한 참/거짓의 형식적 이치논리를 넘어서면서 동시에 독자적인 귀류법을 내놓을 수 있어야 한다.

## 3. 통합사고의 개념: 사고의 틀 바꿈과 질 전환

### 1) 사고의 틀(형식) 넓히기: 사고의 구조변화

#### (1) 대화의 논리

대화란 토론과정에서 대립되는 논자들이 동일한 주제를 놓고 각자의 관점에서 의견을 개진하는 활동을 말한다. 이때 논의가 진행되는 형식적 구조를 두 갈래로 개괄해 볼 수 있다. 첫째, 정태적 차원으로 논자들의 의견이 완전히 일치되거나 혹은 완전히 배치되는 경우가 있는데, 이 두 가지 유형은 현실적으로 일어나기 어려우며 설령 발생한다 해도 전자의 경우는 대화할 필요가 아예 없으며 후자는 대화의 실마리를 찾기가 무척 난감한 경우일 것이다. 언제나 일정 부분은 의견이 일치되고 나머지 다른 부분은 의견이 엇갈리는 경우가 일반적 형태이다. 둘째, 동태적 차원으로 논의가 흐르는 방향성을 규정하는 주체, 즉 매개적 관점을 견지하는 자가 누구인가가 매우 중요하다. 논의의 흐름을 만드는 한 주체는 토론을 매개하는 사람으로서의 사회자이며, 다른 주체는 사회자가 없을 경우의 대화당사자들이 된다. 사회자의 마음속 의도나 대화당사자가 생각하는 의향에 따라 논의의 흐름이 결정될 것이다.

요점을 간추려 본다면, 첫째, 대화 혹은 토론은 일정한 시간적 추이에 따라 전개되며, 둘째, 그런 전개는 어떤 일정한 방향을 지향하며, 셋째, 대화 혹은 토론은 당사자 상호 간의 '견해의 모순'을 출발점으로 해서 전개된다. 따라서 통합사고를 제대로 하기 위해서는 정태의 논리가 아니라 동태의 논리에 입각해야 함을 충분히 알 수 있다.

### (2) 발견의 논리

헤겔(Hegel)이 주장했듯이, '지금은 낮이다'/'지금은 밤이다'는 두 주장은 매개적 관점이 전혀 없기 때문에 '감각적 확신의 천박함'을 그대로 잘 보여 준다. 전자는 낮에는 참이지만 밤에는 명백한 거짓이 되며, 정반대로 후자는 밤에만 참이고 낮에는 새빨간 거짓일 뿐이기 때문이다. 말하자면 형식논리는 지극히 직접적 관점에 서 있으며, 그에 반해 변증법은 대립하는 것들을 매개하는 관점에 입각한다는 차이가 있다.

통합사고란 모순(contradiction)을 새롭게 발견하는 틀이다. 환언하면, 보다 큰 틀 속에서 새삼스럽게 진리기준을 다시 찾아내는 사고실험이다. 물론 형식논리의 진리기준으로도 외관상의, 즉 소극적 의미의 모순을 충분히 해소할 수 있다. 그러나 진정한, 즉 적극적 의미의 모순은 근본적으로 해소 불가능하다. 왜냐하면 의견이 대립되는 상황에서 진위판단의 공통적 기준이 실질적으로 없거나, 모순되는 양자의 주장이 모두 타당성을 갖는다고 판단되는 경우가 발생하기 때문이다. 그러므로 그런 모순은 해소하여 없애 버릴 대상이 아니라 오히려 보듬어 안아 살려내야 할 대상이다. 통합사고란 그런 모순들을 자신의 틀 안에서 없어서는 안 될 구성적 계기들로 삼는다.

### (3) 전체화의 논리

대화 혹은 토론의 의의란 서로 끌어안아야 할 문제의 전체상에 대해 인식을 심화시켜 나가는 데 있다. 말하자면 대화란 대화자들이 문제의 전체성을 깨닫기 위해 목적론적으로 지향해 나가는 활동에 다름 아니다. 통합사고가 갖춰야 할 전체성(totality)의 원리를 세 가지로 축약하면 아래와 같다.

(가) 기능분석: 분석적 기능(모순율을 공리로 한 분석의 이론) + 종합적 기능(모순・대립을 종합하는 논리).

(나) 운동분석: 변증법적 전체화 → 원환적 결합의 형태, 전체적 원환 운동, 동일률적 전체화와 모순율적 전체화의 종합운동.

(다) 개념 분석: ㉠ 구체적 전체성: 경험적 구체성 → 추상화 → 사유적 구체성: 추상적 전체성, ㉡ 내적(변증법적) 관계: ① 양자는 전체를 이룬다. ② 서로 다르고 분리된다. ③ 공통적 성질을 가진다. ④ 상호 의존적이다. ⑤ 상호 대립적이다. ㉢ 과정: 역사적 과정 및 발전 연관 해명, ㉣ 관계들의 관계: 체계적 분석 및 구조 연관 규명.

### 2) 사고의 질(내용) 바꾸기: 사고의 논리 전환

#### (1) 관계의 논리

대립물의 통일로서의 모순이나 대립물의 전환으로서의 부정은 관계규정을 설정하는 양축이다. 특히 관계규정에서 모순은 모든 것을 풀어 나가는 열쇠개념에 해당한다. 모순 개념은 “모든 사물은 그 자체로 모순적이다”는 Hegel 주장으로 대변된다(고창택, 2008).

〈‘모순’의 분석 사례〉

(명제 a) 사과는 붉은색이면서 동시에 붉은색이 아니다.
(명제 b) 사과는 붉은색이면서 동시에 달콤한 맛을 지니고 있다.
(명제 c) 물질은 입자이면서 동시에 파동이다.

위의 세 명제는 모두 ‘A는 B이면서 non-B이다’의 형식을 갖지만 명제 a만 논리적 모순에 빠지며 명제 b와 c는 논리적 모순이 아니다. 왜냐하면 사물의 다른 측면을 언급하기 때문이다. 여기서 초점은 명제 b(붉은색과 달콤한 맛의 비본질적 · 외적 · 우연적 관계)와 명제 c(입자성과 파동성의 본질적 · 내적 · 필연적 관계)의 차이에 있다.

부정이란 변증법적인 의미에서 ‘동일한 사물의 계기적 연관을 표현하는 관계’로 규정된다. 이는 계기적 대립물로의 전환 혹은 이행을 설명해 주며 또한 연속적으로 진행되므로 ‘하나의 전체 체계’를 형성한다.

〈‘부정’의 분석 사례〉

장미 꽃봉오리 -- 부정 --> 꽃 -- 부정의 부정 --> 열매
p: 장미는 꽃봉오리이다. q: 장미는 꽃이다.

여기서 형식논리에서의 부정은 p가 참이면 그 부정명제 -p(즉 q)는 거짓이며, (p · -p)는 논리적 모순이다. 그러나 변증법적 부정은 ‘꽃봉오리’와 ‘꽃’이라는 식물(장미)의 일정한 계기를 말하며 자립적인 질적 규정성을 갖는다. 즉 그것들은 필연적 · 내적 관계를 맺는다.

### (2) 내용의 논리

실재적 대립 속에서 운동, 변화, 발전을 포착하는 논리를 이른다. 변증법적 모순(대립물 간의 상호 연관, 상호 작용, 상호 이행, 상호 침투이면서 또한 상호 전제, 상호 제약, 상호 의존의 관계)은 논리적 모순을 돌파하면서 운동이라는 실재적 대립(객관적 대상의 양적 가감, 질적 변화, 공간운동 등등)을 담아내는 내용의 논리이다.

### (3) 구체적 전체의 논리

질적 규정성을 표현하는 '구조(체계적) 연관' 혹은 '발전(역사적) 연관'에서 부분과 전체의 내적 관계를 드러낸다. 세계의 모든 사물과 과정은 '보편적 연관(객관적으로 실재하는 대상, 성질, 과정 사이에 성립하는 관계들 중 한편의 변화가 그에 상응하는 다른 편의 변화를 수반하는 관계)'을 맺고 있다고 본다.

결론적으로, 통합사고의 질을 높이고 그 내용을 풍부하게 만들기 위해서는 관계의 논리, 내용의 논리, 구체적 전체의 논리를 적절하게 구현해야 한다.

## 4. 통합사고의 실제 활용: '행복'에 대하여

통합사고란 형식논리보다는 비형식논리에 기초하면서 논증의 결과보다는 논증해 나가는 과정을 더 중시함으로써 문제의 겉에 드러난 이치적 틀보다는 속에 숨겨진 사회적 맥락과 문화적 의미를 포착하려는 활동이다. 진지한 대화를 위해 생각을 문답적으로 진행하며, 새로운 범주를 발견하기 위해 발굴적 태도를 견지하며, 핵심 줄기를 놓치지 않기 위해 총체적 관점에 서는 것이 요청된다.

이제 '행복'이란 개념에 대하여 통합사고를 실제로 적용해 보도록 하자. 행복을 보통 사람들은 무엇이라 생각할까? 아마도 상식적 수준에서 정의를 내린다면 '인간이 추구하는 최상의 궁극적인 어떤 것' 내지는 '모든 사람이 공통적으로 열망하는 어떤 것' 정도가 되지 않을까 한다. 또한 사람마다 제각각의 시각에서 다양한 행복관을 개진할 수 있다. 이를테면 뭐니 뭐니 해도 경제적 재화, 힘이 넘쳐서 거칠 게 없는 정치적 권력, 남다른 의미가 있는 사회적 명예, 불같이 산화하는 이성적 사랑, 변함없이 지속되는 우정, 진지하고도 즐거운 학문적 탐구, 품위 있고도 격조 높은 예술적 성취, 맑으면서도 온전한 명상 등등을 행복의 속 내용이라 여길 수 있겠다. 그러나 이들 중 어떤 것도 다른 것을 자기 안에 포괄할 만큼 넓은 개념은 아니며, 문답을 계속해 나가기엔 너무 고답적이며 새로운 것을 발굴하기엔 다소 구태의연하면서도 그 내용의 깊이가 아주 얕아 보인다.

심리학에서는 통상적으로 행복을 개념 규정하면서 그것을 긍정적인 감정이나 기분으로 설명하려 했기 때문에 주로 심리적 '만족감' 내지 정신적 '몰입상태'를 주요 척도로 제시해 온 경향이 있다.

그런 경향에 대해 최근 학계 안에서 반성이 대두하고 있다. "아이가 없으면 삶이 훨씬 편하고 즐거울 것인데 왜 부부들은 아이를 가지려 하는가?"라는 화두를 조사한 후에 나온 결론은 고단한 육아 과정을 통해 자신의 '행복감(=만족도)'을 얼마나 기꺼이 희생했느냐에 따라 역설적으로 '행복감(=성취감)'이 높아진다는 사실을 발견했다는 것이다. 요컨대 행복을 '긍정적인 감정과 몰입'으로만 파악하는 관점은 통합사고적이지 못한 까닭에 그것의 본질적 속성을 놓치고 만 것이다. 거기에다가 사회적 인간관계가 어떠한지, 삶의 의미 즉 가치를 어디에 두고 있는지, 어떤 성취감을 선호하는지가 부가되어야 비로소 행복의 개념 전모가 드러날 수 있다.

이번에는 철학적 관점에서 행복을 몇 가지로 파악해 보도록 한다. 첫째, 행복은 지배적 목적이나 포괄적 목적이라기보다는 해당 시기 인간의 본질적인 욕구와 소원이 충족된 상태를 총괄적으로 표현하는 개념으로 보는 게 유익해 보인다. 지나치게 목적이나 목표에 휘둘려서도 안 되고 그렇다고 의무나 책임에 얽매여서도 곤란하므로 중용의 미덕을 발휘해야 할 터이다.

둘째, 행복은 인간이 지향하는 직접적 대상(부, 권력, 명예 따위)이 아니라 그 추구가 성공할 경우 수반되는 현상 즉 '의미 있고 훌륭한 삶' 자체이기 때문에 요약컨대 만족스러운 '삶의 질'을 말한다. 그런 '삶의 질'은 잠정적인 만족상태나 특별난 개별행위들을 통해 부분적으로 얻어지는 게 아니라 인간이 그 자신의 생애 전반을 통해 전체적으로 획득하는 성질을 뜻한다.

셋째, 외적인 재화, 권력, 명예에 의존하는 행복은 우연에 내맡겨지기 때문에, 육체적 향유에 기대는 행복은 피상적이고 단기적인 만족만을 주기 때문에 문제가 많다. 인간의 삶 자체가 관계론적이기 때문에 사고도 통합적으로 해야 하며, 행복의 본령 역시 사회적 인간관계에서 찾아야 할 것이다. 그 관계도 기존의 혈연, 학연, 지연을 중시하는 게 아니라 삶의 지혜와 생활가치를 공유하면서 의사소통할 수 있는 새로운 사회관계로 맺어져야 한다. 그것은 수직적이고 개별적인 스펙 쌓기의 연속선상이 아니라 수평적이고 사회적인 어울림의 네트워크 쌓기를 함의한다.

결국 행복을 덕에 따르는 절제적인 생활양식을 통해 찾으며, 통합사고가 주축이 되는 이성적인 삶의 태도에서 발견한다. 나아가서 성격의 내적인 독립성과 영혼의 자유로운 정화를 통해 인격성과 동시에 사회성을 고르게 함양하는 데서 행복은 구성될 수 있다. 행복은 성공한 도덕적 삶을 총체적으로 드러내는 개념으로서 덕의 대가에 불과한 게 아니라 덕 그 자체를 통해서야 비로소 발현되는 어떤 것이다.

## 5. 통합사고의 지식체계

통합사고는 개인으로부터 시작하고 시작되어야 하기 때문에 개인을 초점으로 통합사고에 필요한 지식체계가 어떻게 구성되는지를 이해하여야 한다. 통합사고는 입장-도구-경험의 순서로 형성되어 간다. 개인의 입장이 문제 해결에 요구되는 도구를 결정하게 되고 현장에서 사용해 본 도구가 경험을 통하여 재구성되어 가는 것이다. 아래 그림이 이 3가지 구성요소 간의 관계를 잘 보여 주고 있다.

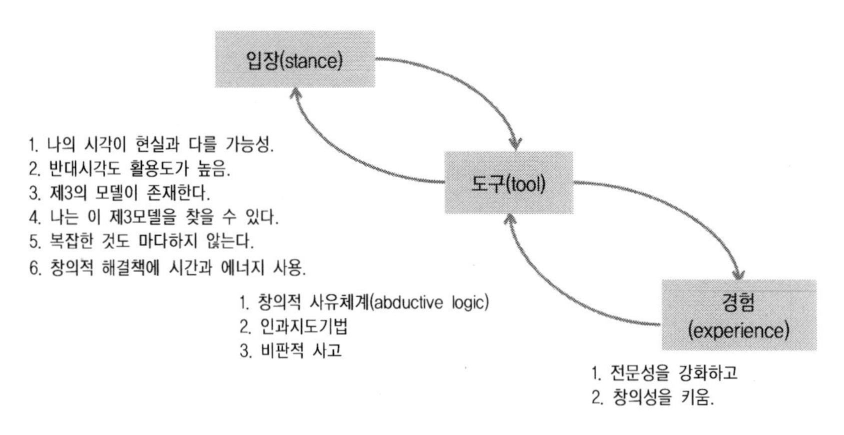


출처: Martin, 2009

**〈그림 13-2〉 통합사고의 지식체계**

실질적으로 갈등상황에서 통합사고를 이용하여 문제 해결을 시도하기 위하여 아래 그림과 같은 과정을 거치게 된다. 주어진 상황에서 가장 중요한 이슈들을 파악한 후 이들 간의 인과관계를 파악하고, 이들을 해결할 수 있는 혹은 진지하게 논의할 수 있는 방향으로 대화를 이끌어야 한다. 즉 통합사고에서는 시스템사고와 집단대화를 기본 축으로 하여 이뤄지는 것이다.

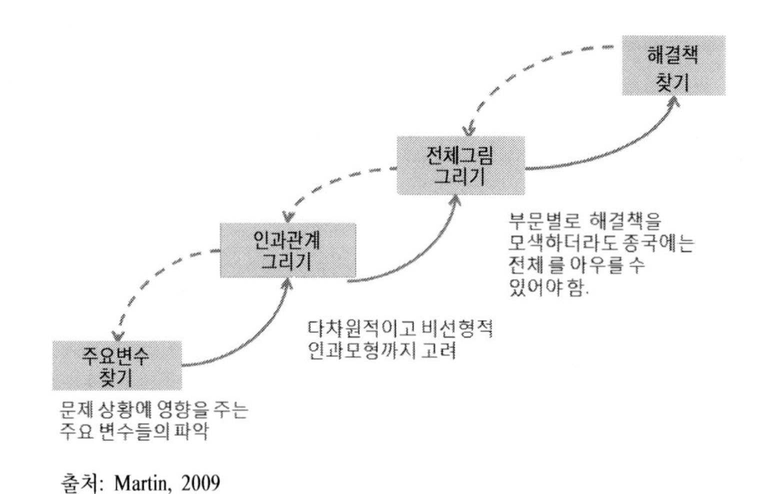


출처: Martin, 2009

**〈그림 13-3〉 통합사고에 기반을 둔 문제 해결 과정**

문제 해결 과정을 구체적으로 서술하면 다음과 같다.

① 주요변수 파악 방법

- 끝까지 경청하기.
- 반복적으로 등장하는 용어 찾기.
- 지렛대 역할을 할 수 있는 개념 찾기.
- 가설적 추론(abductive reasoning)으로 상대방의 핵심 요구사항이나 밝히지 않은 이해관계를 추론하기.
- 핵심 요구가 확실치 않을 경우 문의하기.

② 시스템 다이내믹스를 활용한 인과관계 그리기

- 이슈들 · 사건들 · 개념들 · 요구사항 · 주장들 간의 인과관계를 그려 본다.
- 순환고리를 발견하는 것이 중요하다(선순환고리, 악순환고리, 선순환고리를 약화시키는 저해요인과 악순환고리를 약화시키는 긍정요인을 찾는 것이다).
- 지렛대 지점이나 정책을 모색한다. 이것이 통합사고의 씨앗이 될 개연성이 가장 높다.

③ 전체 그림 그리기

- 갈등상황이 복잡하면 여러 부분으로 나눠 갈등을 이해할 수 있다. 그러나 해결책을 찾는 과정에서 부분을 만족하는 해결책만을 찾는다면 문제가 더 꼬일 수 있다.
- 진정한 통합사고가 되기 위하여 복잡한 갈등상황 전체를 보고 그림을 그리고 문제를 이해할 수 있어야 한다.
- 물론 이 작업이 쉽지는 않다. 그러나 더 많은 데이터를 찾고 심사숙고한다면 전체 그림을 그릴 수 있고 이때야 비로소 통합사고를 통한 문제 해결의 실마리를 찾게 되는 것이다.

## 생각발전소 토론주제

1. 갈등치유를 위해서 왜 통합사고가 필요할까요?

2. 사고의 틀을 넓혔거나 사고의 질을 바꿨던 경험이 있다면 자세히 말해 주십시오.

3. '통합사고에 기반을 둔 문제 해결 과정'을 실제 문제에 구체적으로 적용해 보십시오.

제 14 장

# 불교에서 본 갈등치유 방안

*갈등치유를 위한 팔정도와 명상치유, 멸쟁법과*
*원효의 화쟁사상에 대하여 논의한다.*

1. 팔정도
2. 명상치유
3. 칠멸쟁법
4. 원효의 화쟁사상

# 제14장 불교에서 본 갈등치유 방안

제3장에서 갈등의 원인이 무상(無常)하고 무아(無我)한 대상에 대해 영원불멸하며 실체가 있다고 잘못 인식하여 나와 나의 것에 대한 애착을 갖는 데에 있으며, 애착은 세상 모든 존재에 대한 그릇된 인식에서 비롯한다고 했다. 그러므로 갈등치유는 모든 것은 인연에 의해 생겨나고 사라지는 존재이므로 무상하고 무아임을 깨달으면 된다. 팔정도(八正道)를 갈등치유의 방안으로 살펴보기로 하고, 아울러 정신과 산란한 마음을 가라앉히고 마음을 집중하여 대상을 관찰하는 불교의 명상을 통한 갈등치유를 알아보기로 한다. 그리고 직접적인 갈등치유 방안으로는 초기 불교교단에서 분쟁이 생겼을 때 이를 해결하는 방안으로 제시된 멸쟁법(滅諍法)과 소통과 화합으로 논쟁을 해결했던 원효의 화쟁(和諍)사상을 알아보기로 한다.

## 1. 팔정도

모든 갈등은 반드시 그 원인이 있으므로 생겨난다. 갈등은 여러 가지 원인이 갖가지 발생 조건과 만나 일어나며, 갈등이 원인이 되어 다른 갈등을 낳고 갈등과 갈등들이 서로 복잡하게 연관된다. 마치 실타래가 서로 꼬여 얽히고설키는 것과 같다.

서로 연결된 공통의 갈등은 모두 하나에서 비롯된 것이며, 갈등의 다른 면을 보기 때문에 서로 다르게 느껴질 뿐 사실은 하나이다. 왼쪽에서 보면 오른쪽에 있고, 오른쪽에서 보면 왼쪽에 있을 뿐이므로 어느 쪽이라 주장하는 것은 옳지 못하다. 그러나 각자의 입장에서 보면 그렇게 보이는 게 사실이다.

그렇기 때문에 모두 옳기도 하지만[皆是] 모두 틀리기도 한 것이다[皆非]. 자신의 입장만을 주장하지 말고 상대의 입장도 고려하는 자세가 필요하다. 서로 다르다고 해서 반드시 대립하고 다투어야 하는 것은 아니다. 불교에서 갈등치유란 발생한 갈등을 해결하면서, 갈등을 일으키는 무지와 애착을 완전히 치유하여 다시는 어떠한 갈등도 일어나지 않도록 하는 일이다. 이는 감기에 걸릴 때마다 감기약을 먹는 게 아니라 몸에 내성을 길러 감기에 걸리지 않도록 하는 것과 같다. 갈등을 치유하기 위해서는 팔정도를 나아가야 한다.

### 1) 갈등의 현실을 최대한 객관적이고 정확하게 인식해야 한다[正見]

갈등의 문제점을 잘못 이해하면 옳은 해답을 구할 수 없다. 자신의 무지와 애착에서 갈등은 비롯된다는 사실을 알아야 하며, 모든 존재를 있는 그대로 진실하게 바라볼 수 있어야만 한다. 갈등이

---

* 이철헌(동국대학교 불교문화대학 겸임교수 겸 갈등치유연구소 연구위원).

가치관의 차이에서 오는지, 경쟁적 관계에서 오는지를 잘 판단하는 지혜를 가져야 한다. 지혜[般若, prajñā]란 'pra(수승한, 나아가)+jñā(앎)'의 의미로 체험을 통해 아는 앎을 말하며, 지(智)는 서로 다름을 아는 것이고, 혜(慧)란 서로 같음을 아는 것이다. 그리고 모든 갈등은 해결될 수 있으며 갈등이 있으므로 발전할 수 있다는 확신을 가져야 한다.

### 2) 갈등의 원인 등을 냉철하게 이성적으로 생각해 보아야 한다[正思惟]

올바르게 판단함으로써 갈등의 대상에 대해 개인적 욕망이나 성내고 미워하는 마음을 갖지 않고, 상대방의 입장을 이해하려는 생각을 가져야 한다. 감정으로는 결코 갈등을 풀어 갈 수 없다는 생각을 가지고 합리적이고 이성적인 사고로 접근하겠다는 생각을 가져야 한다.

### 3) 상대에 대한 나쁜 감정을 담은 비방이나 거짓말과 거친 말 그리고 위협하는 말을 하지 말아야 한다[正語]

상대의 감정을 상하게 하거나 자존심을 건드리는 말 한마디로 갈등의 골이 깊어지는 경우가 의외로 많다. 그러므로 긍정적인 대화의 기법은 매우 중요하다. 상대의 목소리에 귀를 기울이고 상대의 말을 끝까지 들어 주려는 자세가 필요하다. 대화는 내 세계를 드러내고, 타인의 세계를 받아들이는 통로이다. 나와 다른 생각과 문화를 가진 자와의 소통을 통해, 같음과 다름을 인식해야 한다.

### 4) 상대를 배려하며 언제나 자신의 행동을 절제하고 신중해야 한다[正業]

개인갈등을 해소하기 위해 스스로 포기하거나 약물이나 타인의 힘에 의지해서는 안 되며 긍정적인 사고와 강한 의지력으로 갈등을 직시하고 자신의 행동을 절제해야 한다. 그리고 사회갈등에 있어서도 물리적인 힘이나 강압적인 위협으로 해결하려거나 지위나 권한을 사용해서는 안 된다. 갈등치유라는 목적을 위해 수단과 방법을 가리지 않는 행위는 갈등을 증폭시킬 뿐 결코 치유할 수 없기 때문이다.

### 5) 자신만의 이익이나 행복 등을 생각하지 말고 모든 이의 이익과 행복을 위해 결정해야 한다[正命]

모든 사람은 각자의 이익과 행복을 추구하려 한다. 상대의 이익과 행복을 고려하지 않고 자신만의 이익과 행복을 위한다면 갈등은 결코 치유할 수 없다. 모든 것은 서로 의지하고 관련을 맺고 있다는 연기론에서 배웠듯 모두의 이익과 행복을 위하는 일이 곧 자신의 이익과 행복을 위하는 일이라는 사실을 깨달아야 한다. 갈등치유는 자신뿐만 아니라 상대에게도 이익과 행복을 주기 위해 노력할 때에 이루어진다.

### 6) 갈등이 완전히 해결되는 그날까지 만남과 소통을 끊임없이 이어 가야 한다[正精進]

갈등과 분쟁은 대립과 다툼에 있는 것이 아니라 단절에서 시작한다. 각자가 자신의 입장에 서서 서로 다른 것으로 자기들의 정체성을 삼는 까닭에, 그 다름을 끝까지 고수하고 더욱 공고히 하고 외부와의 소통을 철저히 차단한다. 갈등을 치유하려는 자발적인 자세와 근본 문제로 기꺼이 다가가려는 적극적인 자세가 필요하다. 갈등의 뿌리가 완전히 뽑혀 다시는 갈등이 생겨나지 않을 때까지 만남과 대화를 이어 가야만 한다.

### 7) 현재 자신의 마음을 관찰하면서 언제나 깨어 있어야 한다[正念]

자신의 순간순간 감정을 조절하면서 현재의 갈등을 원만히 해결하겠다는 마음을 항상 유지해야 한다. 그리고 지금 갈등치유를 위해 무엇을 하고 있는지 집중력을 잃지 않고 매순간 잘 관찰해야 한다. 자신이 말하고 행동할 때는 물론 상대방이 말하고 행동할 때에도 집중력을 가지고 잘 관찰해야 한다.

### 8) 명상을 통해 정신을 집중하여 흔들리지 않는 평온한 마음상태를 유지해야 한다[正定]

감각적인 욕망이 일어나거나, 성내고 미워하는 마음이 생기거나, 혼침(昏沈)과 무기력에 빠져들거나, 들뜸과 불안정한 마음이 생기거나, 회의하고 의심하는 마음이 일어나지 않도록 갈등해결에 집중해야 한다.

이 여덟 가지 올바른 방안은 반드시 순서대로 실행할 필요는 없으며 전체를 하나로 보아 모든 항목에서 진전을 이루어야 한다. 이 여덟 가지 올바른 길[八正道]을 나아감에 있어 가장 중요한 비중을 갖는 것은 갈등의 현실을 최대한 객관적이고 정확하게 인식해야 하는 일[正見]과 명상을 통해 정신을 집중하여 흔들리지 않는 평온한 마음상태를 유지하는 일[正定]이라고 말할 수 있다. 마음을 고요히 안정시켜 갈등현실을 그대로 바라보면 진실하게 보는 지혜를 얻을 수 있으며, 사실대로 바라볼 때 비로소 갈등치유는 가능하기 때문이다.

## 2. 명상치유

### 1) 명상치유의 원리

명상(meditation)이 치유로 활용되는 것은 전혀 새로운 일이 아니다. 몸과 마음을 치료하는 의학(medicine)과 명상(meditation)과 어원이 mederi로 같고, mederi는 '측정하다, 알아차리다'는 의미이다. 몸과 마음에 이상이 있음을 측정하여 원래의 온전한 상태로 되돌려 놓으려 하는 것이 바로 명상이자 의학이다.

명상의 요지는 어떤 현상이든 우리 의식에 떠오르는 것에 대해 분별심 없이 바라보며, 또한 모든 것이 우리 의식작용의 결과임을 알고, 이런 의식을 일으키는 마음을 바라보는 수행법이다. 신체적인 고통이든 정신적인 고통이든 그것을 지금 이 순간 있는 그대로 지켜보면 고통이라는 현상을 있는 그대로 받아들이게 되어 올바른 판단과 평온한 마음을 유지할 수 있다.

의식을 우리의 몸과 마음에 두고 집중함으로써 우리는 많은 것을 체득할 수 있다. 첫째, 명상을 통해 관찰적 자아가 강해진다. 즉 자기를 지켜보는 힘이 강해진다. 마음에 동요나 힘든 일이 있어도 불안으로 반응하지 않고 외부현상이나 자기 자신 내부를 있는 그대로 관찰하여 적절한 반응을 하게 된다. 과거에 해 오던 방식대로 자동적이고 무의식적인 반응을 보이는 것이 아니라 현재에서 최선의 길을 모색한다.

둘째, 몸과 마음을 있는 그대로 관찰해 보면 생각에 끌려가지 않고 집중이 되어 있을 때 몸과 마음이 편안하게 이완되는 것을 느낀다. 이럴 때 우리는 온전한 휴식을 취할 수 있으며, 삶의 에너지가 충전되는 것을 느낄 수 있다.

셋째, 자기 자신을 관찰하는 것이 생활화되면 어떤 반응이나 감정이 일어날 때 초기에 그것을 알아차리고 다스릴 수 있다. 또한 화가 났을 때 호흡에 집중함으로써 화가 가라앉는 것을 경험할 수 있고 스스로 부정적인 감정을 통제할 수 있다는 자신감이 생긴다.

### 2) 의학계에서의 명상치유

불교의 이론을 바탕으로 개인의 갈등을 치유하기 위한 각종 노력이 서양의 의학계에서 있었고, 갈등치유의 한 방법으로 이완명상법과 위빠사나명상을 활용했다. 미국 하바드대학병원의 벤슨(Benson) 박사는 TM에서 유래한 Relexation Response를 도입하였으며, 매사추세츠 의료원 행동의학과의 존 카밧진 교수는 '마음챙김 명상에 기반을 둔 스트레스 완화(Mindfulness-Based Stress Reduction: MBSR)' 프로그램을 개발하였다.

MBSR는 2000년 이후 미국의 주요 의료기관 200곳 이상에 관련 클리닉이 개설되었을 정도로 스트레스와 통증치료에서 널리 사용되고 있으며, 최근 MBSR 프로그램의 효과를 검증한 논문이 많이 쏟아져 나오고 있다. 특히 만성 통증, 불안, 건선, 근섬유통, 암에 이르기까지 다양한 질병군에서 MBSR

의 효과가 검증되고 있다. 저명한 인지행동 치료자인 티즈데일이라는 사람은 우울증 재발에 대한 마음챙김 명상의 효과성을 연구했다.

국내에서는 영남대학교 심리학과 장현갑 교수를 중심으로 MBSR 프로그램이 보급되고 있고, 성신여대 김정규 교수는 2001년도에 불안장애 치료를 위해 미국의 명상가 그레고리 크레머(Gregory Kremer)와 함께 마음챙김 명상을 기반으로 심리치료 이론을 적용하여 PRO 명상을 개발했다. 이 PRO 명상은 '멈추고, 풀고, 열기(Pause-Relax-Open)' 3단계로 이루어지는데, 기존의 명상법과는 달리 대화 중에, 남들 앞에서 발표할 때 등 어떤 상황에서도 사용될 수 있다는 장점 때문에 불안장애 치료에 획기적인 전환점을 가져오게 되었다.

최근 협상과 갈등해소 연구의 중심지 역할을 하고 있는 미국 하버드대 협상프로그램(Program on Negotiation)의 세미나를 보면 초월적 사고와 조정, 심지어 불교의 참선을 조정과 연결하는 논의들도 등장하고 있는 실정이다(김영욱, 2008년도). 이 외에도 많은 심리학자들이 갈등치유에 명상을 앞다투어 도입하고 있는 실정이다.

### 3) 남방불교의 지관법

초기 불교의 선정수행법은 사마타(śamatha, 止)와 위빠사나(vipaśyanā, 觀)로 나누어진다. 사마타는 마음을 하나의 대상에 고정시키고 고요하게 하는 삼매를 개발하는 수행이요, 위빠사나는 모든 것이 무상하고 괴로움이며 실체가 없다고 통찰하는 수행이다. 곧 사마타는 근본 집중을 수행하며 위빠사나는 찰나 집중을 수행하는 것으로 선정과 지혜는 상호 보완적으로 작용한다.

갈등으로 상처받은 마음에서는 분노가 일어난다. 분노가 마음에 파동을 일으키면 정상적인 사고작용을 교란하고 몸을 상하게 된다. 갈등이 일어날 때 명상을 하면 침착해지고 이해력이 향상되고 현명한 판단력을 가지게 된다. 명상은 갈등을 치유하는 데에 가장 효과적인 방법이라 할 수 있다.

#### (1) 사마타

사마타(śamatha)는 '고요', '평온'이라고 번역되는데, 하나의 대상에 마음을 집중함으로써 정신적 오염원이나 장애를 가라앉히는 정신적인 상태를 의미한다. 마음이 대상에 집중하면 산란한 마음이 가라앉고 고요하고 평온해지기 때문이다.

이러한 사마타는 세 가지 정신집중(samādhi, 三昧) 단계로 구분한다.

첫째, 준비적 삼매로 정신적 활동을 시작할 때 집중하려고 시도하는 처음의 노력이다. 일상생활에서 어떤 특정한 대상에 주의를 기울일 때 일어나는 집중력과 유사하다.

둘째, 접근적 삼매로 집중 대상에 견실하고 강한 응집력을 유지한 상태이다. 수행자 주위에 일어나는 것들을 충분히 인식하지만 수행자를 산만하게 하지는 않는다.

셋째, 집중된 삼매로 수행자의 마음이 명상 대상에 완전히 집중된 상태이다. 산만한 마음이 순수한 의식으로 정화됨에 따라 점점 더 조화로워지고 성스러워진다.

사마타는 마음과 대상이 온전히 하나가 된, 밝고 맑고 고요함에 억눌려 탐욕과 성냄과 어리석음이 잠복되어 있는 상태이기 때문에 사마타에서 벗어나면 다시 탐욕과 성냄과 어리석음의 영향을 받는다. 그래서 사마타의 상태를 일시적인 해탈이라고 한다.

### (2) 위빠사나

위빠사나(vipaśyanā)는 'vi(분리하다) + paśyanā(통찰한다, 꿰뚫어 본다)'라는 뜻으로, '꿰뚫어 봄'이라 번역되는데, 정신적·육체적 현상의 세 가지 특성인 무상과 괴로움과 실체가 없음을 알아차리는 수행으로 붓다께서 깨달음을 얻은 수행방법이다. 위빠사나 수행은 자유로이 이 대상에서 저 대상으로 마음이 움직이되, 모든 대상에 공통되는 무상(無常)과 고(苦)와 무아(無我)의 특질에 초점을 둔 네 가지 마음챙김을 수행한다. 이는 자신의 몸에 대한 마음챙김[身念處], 괴롭고 즐겁고 괴롭지도 즐겁지도 않는 느낌에 대한 마음챙김[受念處], 마음상태에 대한 마음챙김[心念處], 정신적·육체적 현상에 대한 마음챙김[法念處]을 한다.

선정을 이루기 위해서는 정신집중의 대상을 향하는 마음[尋, vitakka]과 대상에서 벗어나지 않도록 계속 집중하여 머무는 마음[伺, vicāra]과 수행이 깊어 감에 따른 기쁨[喜, pīti]과 수행에 대한 즐거움[樂, sukha] 그리고 마음이 고요하고 평화로우며 흐트러짐이 없이 일어나는 것에 대한 정신집중[三昧, samādhi] 다섯 가지 요소가 필요하다.

선정을 함에 있어 감각적인 욕망[貪], 성내고 미워함[瞋], 혼침과 무기력[睡眠], 들뜸과 불안정[掉擧], 회의나 의심[疑]과 같은 다섯 가지 장애[五蓋]를 극복해야만 한다. 감각적인 욕망은 정신집중으로 극복해야 하고, 성내고 미워함은 기쁨과 환희로 극복하고, 혼침과 무기력은 정신집중의 대상으로 향하는 마음으로 극복하고, 들뜸과 불안함은 즐거움과 편안함으로 극복하고, 회의나 의심함은 정신집중의 대상에 머무는 마음으로 극복해야 한다.

<다섯 가지 장애> <다섯 가지 선정 요소>
감각적인 욕망[貪] ← 정신집중[三昧]
성내고 미워함[瞋] ← 기쁨[喜]
혼침과 무기력[睡眠] ← 향하는 마음[尋]
들뜸과 불안정[掉擧] ← 즐거움[樂]
회의나 의심함[疑] ← 머무는 마음[伺]

살아가면서 불안·초조·근심·걱정·탐욕·성냄·의심 등 어떠한 상황이 일어나면 감정에 치우쳐 순간적 판단을 하기 쉽다. 이러한 상황에서 우리는 가장 먼저 지금 내 몸과 마음을 안정시키고 분명하게 바깥 대상을 인식해야 한다.

분명하게 나 자신을 바라볼 수 있는 힘이 없을 때는 나를 잊어버리든지 관심을 돌리든지 집중의 힘으로 그것을 눌러 놓아야만 한다. 이렇듯 '나'를 잠시 잊을 수 있는 이 수행방법을 사마타 수행이라 할 수 있다. 하지만 이 사마타 수행방법으로는 지혜가 생겨나지 않으므로 근본 문제를 해결할 수 없다.

이와 달리 고난과 장애와 갈등이 있을 때 상황을 피하거나 누르지 않고 맞닥뜨려서 그대로 보고 아는 수행이 위빠싸나 수행이라 할 수 있다. 위빠싸나 수행은 대상을 내 주관적 입장에서 보지 않고 대상이 가진 속성을 그대로 보는 수행이므로 문제를 근본적으로 해결할 수 있다. 문제는 덮어 두고 잊는다고 해결되는 게 아니라 문제를 바로 보아 뿌리째 뽑아내어야만 하기 때문이다.

### 4) 중국불교에서의 지관

사마타(śamatha, 止)와 위빠사나(vipaśyanā, 觀)를 중국에서는 각각 지(止)와 관(觀)으로 번역했다. 이때 지(止)는 마음이 산란하고 동요하는 것을 멈추는 것이고, 관(觀)은 그곳으로부터 모든 현상을 전체적・객관적으로 관찰하고, 정확하게 판단을 내려 대처해 가는 것이다. 그리하여 지와 관을 함께 닦는다[止觀兼修]고 했으며, 선종에서는 선정과 지혜를 함께 닦는다[定慧雙修]고 했다.

지(止)는 세 가지로 구분할 수 있는데 마음을 코끝이나 배꼽 사이 등에 집중해 마음이 흐트러지지 않도록 하는 계연수경지(繫緣守境止), 마음이 일어나면 곧 제압해 마음이 흐트러지지 않게 하는 제심지(制心止), 인식의 대상이 되는 모든 대상이 인연에 의해 생긴 것이어서 자성(自性)이 없는 줄 알아서 마음속에 집착하지 않는 체진지(體眞止)가 있다.

관(觀)은 두 가지로 구분할 수 있는데 탐욕과 성냄과 어리석음 등을 다스리기 위한 대치관(對治觀)과 보는 주체나 보는 대상이 모두 인연으로 생긴 존재로 공(空)임을 깨닫는 정관(正觀)이 있다. 대치관에는 다시 세 가지가 있는데 탐욕이 많은 사람에게는 모든 존재는 결국 부서지고 사라지며 더러운 것이라는 부정관(不淨觀)을 닦도록 하고, 성냄이 많은 사람에게는 자비로운 마음을 갖게 하는 자심관(慈心觀)을 닦도록 하고, 자아에 대한 집착이 많은 사람에게는 모든 것은 지수화풍으로 이루어졌을 뿐이라는 계분별관(界分別觀)을 닦도록 한다.

불교명상의 목적은 모든 것은 무상하고 괴로우며 그러므로 무아라는 사실을 깨닫는 일이다. 무상과 무아를 깨달으면 애착을 버리게 되고 애착을 버리면 갈등은 사라진다.

## 3. 칠멸쟁법(七滅諍法)

불교교단[僧伽]은 어떤 지도자가 이끌어 가는 것이 아니라 교단이 계율을 통해 스스로 정화하면서 화합으로 유지되었다. 승가는 산스끄리뜨인 상가(saṇgha)를 소리대로 번역한 것으로 승(僧)이라고도 한다. 승가란 집단을 뜻하고, 화합하는 무리라 하여 화합중(和合衆)이라고도 하며 중(衆)이라고도 한다.

그러므로 붓다는 승가의 화합을 매우 강조했으며 승가의 화합을 깨뜨리는 자는 무간지옥(無間地獄)에 떨어진다고 했다. 출가수행자가 공동생활을 하면서 나쁜 행위를 하지 못하도록 제정한 행위규범을 율(律, vinaya)이라고 하며, 그 내용을 모은 것이 율장이다. 율장의 뒷부분에는 승가의 분쟁이 일어날 경우 이를 없애는 내용이 기록되어 있는데 이를 칠멸쟁법(七滅諍法)이라고 한다. 화합을 중요시하는 승가였으나 서로 다른 문화와 환경에서 성장한 사람들이 모여 생활하므로 승가에서도 갈등이 일어나게 되고, 이러한 갈등을 해결하기 위한 방안이 생겨나게 되었다.

율장에서는 사쟁(四諍)이라 하여 분쟁이 일어나는 경우를 법에 대해 옳고 그름을 논의하면서 일어나는 쟁론[言諍], 출가수행자가 지은 범죄를 추구하면서 일어나는 쟁론[覓諍], 출가수행자가 범한 죄에 대한 허실(虛實)과 경중(輕重)으로 말미암아 일어나는 쟁론[犯諍], 대중이 어떤 사건을 처리한 내용이 적법한가 아닌가 하는 데서 일어나는 쟁론[事諍]으로 나누었다.

그리고 이 네 가지 병(病)을 없애는 일곱 가지 약(藥)으로 칠멸쟁법을 들고 있다. 칠멸쟁법이란 본인이 있는 데서 시비를 판단하고[現前毘奈耶], 본인으로 하여금 자신의 허물에 대해 기억하여 인증한 다음 이를 판단하게 하고[憶念毘奈耶], 정신착란을 일으켜 지은 죄는 정상으로 회복되고 난 뒤에 계를 설할 때 참석하게 하고[不痴毘奈耶], 위력으로 억압하지 아니하고 스스로 죄를 고백하게 하고[自言治毘奈耶], 횡설수설하며 실토하지 않고 진술이 앞뒤로 모순이 생길 경우 증거를 들어 죄를 묻고[覓罪相毘奈耶], 대중적으로 분규가 일어나 오랫동안 계속되어 수습하기 어려운 경우에는 다수결에 의해 결정하고[多人覓罪相毘奈耶], 분쟁이 오래되었으나 수습할 실마리를 찾지 못할 경우 풀로 진흙땅을 덮는 것과 같이 쌍방이 이유 불문하고 무조건 쟁론을 그만두는[如草覆地毘奈耶] 일곱 가지를 말한다.

이 사쟁(四諍)의 내용은 곧 가치관과 이념으로 인한 갈등, 이익으로 인한 갈등, 시비로 인한 갈등, 합법성으로 인한 갈등으로 해석할 수 있다. 칠멸쟁법은 사회갈등 치유의 원칙을 보여 주고 있는데 당사자가 모두 참석한 가운데, 자신들의 입장을 분명하게 밝히고 상대방은 이를 경청하며, 서로 이성적인 판단력을 가지고서, 위협이나 회유나 강압에 의해서가 아니라 상호 합의를 이끌며, 서로의 잘잘못은 명확하게 하면서 갈등을 치유하고자 노력한다. 오랫동안 노력에도 불구하고 갈등이 해결되지 않으면 다수결에 의해 결정하고, 끝내 합의의 실마리를 찾지 못할 경우에는 쌍방이 모두 물러서야만 한다.

## 4. 원효의 화쟁(和諍)사상

갈등과 분쟁은 각기 다른 현실 인식에서 비롯된다. 다시 말하자면 이는 '하나'를 강요하는 데에 따른 문제이기도 하다. 세상은 다양한 인종과 문화로 이루어져 있고, 모든 사람이 동의할 수 있는 보편적인 척도나 기준을 마련한다는 것은 가능하지 않으며, '하나'를 강요할 경우 이는 가진 자의 폭력이라 할 수 있다.

이러한 다원성의 현실사회에서 우리에게 갈등과 분쟁의 해결책으로 다가오는 것은 원효(617~686)의 화쟁(和諍)사상이다. 화쟁이란 '갖가지 다른 견해로 다투는 것을 화해한다[和百家之諍]'는 의미이다. 화쟁사상은 7세기 당시 통일신라에서 다양한 불교 해석을 둘러싼 해결책이었지만, 화쟁의 정신과 사상을 오늘날 다원성을 가진 현실 상황에도 적용할 수 있다.

원효는 「십문화쟁론」의 서문에서 다음과 같이 적고 있다. "공허하기 짝이 없는 주장들이 구름처럼 몰려와서, '나는 옳고 다른 사람은 옳지 않다'고 하기도 하고, '나는 적절하지만 남들은 적절하지 않다'고도 하면서 드디어 황하(黃河)와 한수(漢水)를 이루었구나."

여기에서 먼저 주의를 요하는 부분은, '나는 옳고 다른 사람은 옳지 않다'는 구절과 '나는 적절하지만 남들은 적절하지 않다'는 두 구절이다. '나는 옳고 적절하다'는 생각은 자기중심의 생각이다. 옳고 적절하다는 판단은 자신이 내린 판단이며, 옳고 적절함은 절대적이 아니라 상대적인 개념이다. 나는 옳고 적절하다고 생각하지만 다른 사람은 그릇되고 적절하지 않다고 생각할 수 있다. 돌이켜 보면 내가 언제나 옳고 적절했던 것만은 아님을 알 수 있듯, 그 순간 그렇게 생각할 뿐 언제나 그렇게 생각하는 것은 아니다. 모든 것은 원인과 조건에 의해 이루어지며 원인과 조건이 달라지면 결과도 달라지기 때문이다. 원효는 극단을 버리고 긍정과 부정을 통해 집착을 떠나 자유자재로 하며, 서로 다른 견해에 대한 폭넓은 이해를 통해 구체적인 화쟁을 전개했다.

### 1) 화쟁의 원리

원효가 화쟁의 근거로 삼은 것은 모든 것은 한마음[一心]으로 돌아간다는 사상이다. 모든 것이 한 마음으로 돌아가지만 사람들이 잘못된 생각에 따라 차별을 일으키고 다툼이 있다는 것이다. 『대승기신론』에서는 이를 중생의 마음[衆生心]에는 참되고 한결같은 마음[心眞如]과 인연 따라 생겨나고 사라지는 마음[心生滅]이 있다고 하여 일심이문(一心二門)이라고 한다.

> *참되고 한결같은 마음은 곧 하나의 진리세계이고 전체 큰 모습으로 진리에 들어가는 본체이니, 이른바 마음의 본성은 나지도 않고 사라지지도 않는다. 모든 것은 오직 헛된 생각으로 말미암아 차별이 있을 뿐이니, 만약 헛된 생각을 떠나면 대상의 모든 모습은 없다.*
> *그러므로 모든 것은 본래부터 말의 모습[言說相]을 떠나고, 이름의 모습[名字相]을 떠나고, 마음이 반연하는 모습[心緣相]을 떠나 마침내 평등하여 변하지도 달라지지도 않고 파괴할 수 없다. 오직 이 한마음이므로 참되고 한결같다[眞如]고 한다.* -『대승기신론』

붓다가 깨달음을 얻은 후 사람들의 이해능력에 따라 모든 가르침을 주었으나 이는 모두 한 가지 도를 보여 주기 위함이었으니 둘도 없고 차별이 없다. 바닷물이 바람에 의해 일어나면 파도가 되나 바람이 잦아들면 파도는 사라진다. 현상으로는 바닷물과 파도가 다르게 보이나 본질적으로 바닷물과 파도는 다르지 않은 것과 같다.

원효는 모든 개성과 독특성을 인정하면서도 하나의 체계로 그 다양성들을 통합하고자 했다. 원효에게서 화쟁은 그 자체가 진리이거나 진리에 대한 주장이 아니라 진리에 이르는 절차와 방법에 관한 것이었다. '모두 옳다'고 크게 긍정함으로써 차이를 다양성으로 이해하고, '모두 그르다'고 크게 부정함으로써 개별적 차이의 다름을 얻어 더 큰 진리에 이르고자 하는 실천적 노력이었다.

앞서 연기론에서 살펴보았듯 모든 존재의 차이가 모순투쟁을 초래하지 않고 상관적 관계를 가지고 있다. 오른쪽은 왼쪽과 다르지만 왼쪽이 없으면 오른쪽이 존립하지 못하고 오른쪽이 없으면 왼쪽도 성립하지 못한다.

모순과 대립을 한 체계 속에 하나로 묶어 담은 화쟁은 정(正)과 반(反)의 사이에서 타협함으로써 이루어지는 합(合)이 아니라, 정과 반이 대립할 때에 오히려 정과 반이 가지고 있는 근원을 꿰뚫어 보아 이 둘이 다르지 않다는 것을 체득함으로써 분쟁을 화합으로 동화(同和)시켜 나간다.

### 2) 화쟁의 방법

원효는 분쟁과 갈등이 다름이 아닌 '단절'에 있으며, 그 해결은 화해가 아닌 '소통'에 있다고 했다. 갈등의 근본 치유 없이 화해하는 것이 아니라, 소통을 통해 갈등은 근본적으로 없는 것임을 깨닫게 하고자 하는 것이다. 원효는 『금강삼매경론』에서 화쟁의 방법에 대해 다음과 같이 설명하고 있다.

> *의견들이 서로 달라 다툼이 일어날 때 두 가지 의견이 다 옳다고 하면 스스로 모순되어 다투게 되고, 둘 다 아니라면 둘과 더불어 다투기 때문이다. 화쟁의 방법이란 두 가지 대립되는 의견이 있을 때 같지도 않고 다르지도 않다고 말해 주는 것이다. 같지 않다 함은 말대로 취하면 모두 허용하지 못하기 때문이고, 다르지 않다 함은 뜻을 얻어 말하면 허용하지 못할 바가 없기 때문이다. 다르지 않으므로 정(情)을 어기지 않고 같지 않으므로 도리(道理)를 어기지 않는다. 정(情)과 도리(道理)가 서로 바라보며 어기지 않으므로 서로 거두고 진실하게 말한다고 한다.* –『금강삼매경론』

불교에서의 갈등치유는 모든 존재에 대한 올바른 인식을 가짐으로써 시작한다. 무상하고 무아임을 깨달을 때에 애착은 사라지며 애착이 사라지면 갈등은 치유된다. 겉으로 드러난 현상만을 바라보지 않고 내면의 실상을 살펴 깨달은 자만이 같지도 다르지도 않다고 말할 수 있다.

## 생각발전소 토론주제

1. 팔정도(八正道)를 갈등의 현장에서 적용할 방안을 생각해 보십시오.

2. 현실적으로 명상을 통한 갈등치유를 어떻게 실현할 수 있다고 생각합니까?

3. 칠멸쟁법에서 끝내 합의의 실마리를 찾지 못할 경우에는 쌍방이 모두 물러서야만 하는 경우로 어떤 것이 있을까요?

4. 다민족, 다문화, 다종교 사회에서 원효의 화쟁사상이론을 어떻게 적용할 수 있다고 생각합니까?

제 15 장

# 갈등치유와 긍정대화

*진정한 대화란 무엇이며 어떻게 전개되는지*
*그리고 갈등을 치유할 수 있는*
*긍정대화란 무엇인지에 대하여 논의한다.*

1. 대화의 어려움
2. 대화의 개념
3. 대화현장의 이해
4. 대화의 전개과정
5. 갈등치유와 긍정대화
6. 다양한 대화기법

# 제15장 갈등치유와 긍정대화

갈등의 치유는 기본적으로 대화를 매개로 이뤄진다. 대화는 의사소통의 근간인 언어로 이뤄지기 때문이다. 대화기법도 다양한 유형이 있지만 여기에서는 긍정대화(appreciative dialogue)를 갈등치유의 기본기법으로 제시한다. 긍정대화를 통하여 갈등의 원인을 찾고 해결책을 모색해 가는 것이다.

## 1. 대화의 어려움

여러 명이 모여 대화를 하는 경우 자신의 의도와 실제 발언 간에 차이가 발생하는 경우가 많다. 전략적으로 자신의 이해를 숨기려는 경우도 있지만, 많은 경우 자신의 진정한 이해 혹은 의도가 무엇인지 모르고 감정에 호소하여 행동을 앞세우기 때문이다. 이 경우 자신의 주장과 의문에 대하여 균형을 유지하는 것이 필요하다. 의문은 자신에 대한 것뿐만 아니라 상대방의 주장에 대해서도 마찬가지이다. 내가 무엇을 말하려고 하고 왜 이것을 말하려고 하는지에 대한 성찰이 필요하다는 것이다. 효율적인 의문은 경청과 유보에서 길러진다(Isaacs, 1999).

대화가 쉬운 것 같지만 결코 그렇지 않다. 부부갈등을 예로 들어 보자. 사람들은 왜 이혼에까지 이르게 되었냐고 물으면 '성격의 차이'나 '가치관의 차이' 등을 꼽는 경우가 많다. 그러나 전문가들의 상담 결과에 의하면 대부분 의사소통의 부재와 잘못된 대화기법에서 단초가 만들어져 부부갈등으로 심화된다는 것이다. 남편의 자존심을 건드리는 말을 한다든지 부인의 서운한 감정을 포착하지 못하고 논리적으로 따지기만 하는 남편은 이혼에 이를 가능성이 매우 높다는 것이다.

그렇다면 올바른 대화는 무엇이고 갈등을 치유할 수 있는 대화란 어려운가? 결코 그렇지 않다. 간단한 대화의 원리와 기법만 이해하면 대화란 어려운 것이 아니라 쉽게 습득할 수 있는 생활의 지혜라는 것을 인지하게 될 것이다. 누구나 조금만 연습하면 상생과 치유의 대화를 할 수 있다.

## 2. 대화의 개념

### 1) 필요성

대화는 보편적 사회현상으로 사람과 사람을 잇는 언어로 구성된 끈이다(Maturana & Varela, 1998). 예를 들면, 정책결정과정에서의 대화 즉, 정책대화는 정책결정과정의 언어적 근간이다. 민주주의 사회에서 정책결정은 논증을 통한 설득으로 이뤄지기 때문에 말 혹은 언어를 중시하는 것은 매우 자

* 오영석(동국대학교 행정학과 교수 겸 갈등치유연구소 소장).

명한 일이다(Majone, 1989).

## 2) 개념

대화(對話, dialogue)란 어원적으로 through를 의미하는 dia와 word 혹은 meaning을 의미하는 logos에서 유래한 것이다. 따라서 대화란 'flow of meanings'로 여러 사람의 말 혹은 전달하고자 하는 내용들이 막힘없이 흐르는 현상을 의미한다(Bohm, 1996).

아래 그림에서 보듯이, 대화는 논증과는 다르다. 물론 대화나 논증이나 모두 대담의 한 유형이지만 유보라는 판단기준에서 보았을 때 그 차이점이 부각된다. 논증은 상대방을 논리적으로 제압하여 문제를 종결지으려는 것을 의미한다면, 대화란 상호 이야기를 주고받으면서 기대하지 않았던 가능성을 모색하고 새로운 통찰력을 찾아 나가는 의미들의 통합적 흐름이라 할 수 있다. 대화는 대담(conversation)과도 다르다. 대담은 아무런 형식이나 숙고 없이 주고받은 이야기를 통칭하는 것이다.

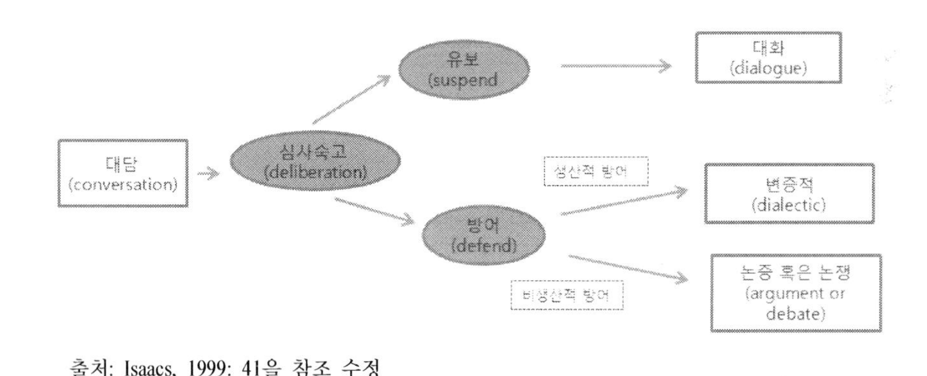


출처: Isaacs, 1999: 41을 참조 수정

**〈그림 15-1〉 대화의 개념적 위치**

## 3) 대화와 유보

대화를 다른 유형의 대담과 구별 짓는 것은 유보(suspending)이다. 상대방과 대담을 주고받으면서 자기가 할 말을 심사숙고하게 되는데 자신의 입장이나 주장을 방어하기 위한 심사숙고라면 이 대담은 논쟁으로 이어질 개연성이 그만큼 높아진다. 그러나 심사숙고가 자신의 주장을 유보하기 위한 것이거나 상대방의 주장을 더 잘 이해하기 위한 것이라면 이 대담은 대화로 이어지게 된다.

유보란 자기주장의 전제가 어디에서 연유하였고 내가 왜 이런 말을 하는지를 생각하는 행위이다. 따라서 유보는 다른 사람의 말을 끝까지 경청하는 것과 함께한다. 대화 도중 화를 내거나 자신의 주장만을 반복적으로 되풀이하는 것은 유보가 되지 않은 것이다.

생물학적으로 감정폭발의 한 유형인 화(anger)는 대뇌변연계의 중심인 편도체가 활성화되면서 이성적 사고를 담당하는 전두엽의 대뇌신피질 활동을 억제하기 때문에 나타나는 현상이다. 인간은 화가 나게 되면 이성적 사고보다는 즉각적 감성에 더 의지하게 되어 자신의 생각을 심사숙고하거나 유보하지 못하게 된다. 이러한 감정적 반응이 진정한 대화를 가로막게 되는 것이다(Goleman, 1996).

〈유보의 뇌과학〉

유보는 이성(전두연합령)을 활성화시키고 감정(편도체)을 통제할 수 있는 시간적 여유를 준다. 호흡 조절이나 명상 그리고 흥분한 사람으로 하여금 상대방의 눈을 바라보게 하는 것도(Look at me!) 유보의 한 방편이 된다.

**대뇌변연계가 손상되면 자신 및 타인의 감정을 읽지 못하는 '우르바흐-비테증후군'이 나타난다.**

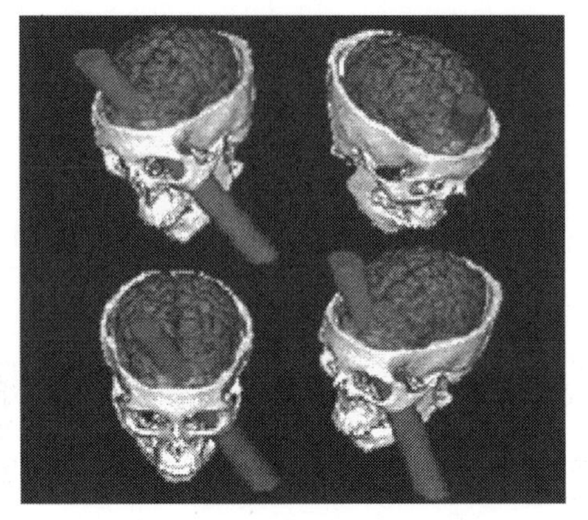

**대뇌신피질(전두엽 앞쪽의 전두연합령)이 손상되면 이성과 사회성에 문제가 발생한다.**

한마디로 대화 시 유보가 필요한 이유는 자신의 감정을 통제하고 이성을 활성화하기 위해서이다. 유보는 첫째, 상대방의 얘기를 경청하기 위하여, 둘째, 자기 생각을 다시 한 번 점검하기 위하여, 셋째, '욱' 하고 나오는 말을 다시 한 번 점검하기 위하여, 그리고 확인해야 할 사실관계가 있는지 생각하기 위하여 필요한 것이다.

## 3. 대화현장의 이해

대화가 성공적으로 이뤄지기 위해서는 대화현장에 대한 이해가 필요하다. 대화현장에 대한 통찰력은 크게 참여자, 언어 사용, 그리고 대화문화에 대한 이해에서 시작된다.

### 1) 대화 참여자의 유형

심리학자 David Kantor는 대화과정에서 참여자들이 취하는 역할을 기준으로 참여자를 선동자, 동조자, 반대자, 그리고 방관자로 구분하였다(Isaacs, 1999). 선동자(move)란 특정한 정책을 제안하거나 주장을 펼치는 참여자, 동조자(following)는 선동자가 제안하는 주장을 수동적으로 따르는 참여자, 반대자(opposes)는 제안된 정책에 반대하거나 상반된 주장을 제시하는 참여자, 마지막으로, 방관자(bystander)란 대화 중 주로 조용히 듣는 편으로 자신의 입장을 확실하게 정하지 않고 추이를 지켜보는 참여자가 이에 속한다. 현안에 대한 여러 주장 중 하나를 택하기보다는 현안에 대한 자신의 견해만을 밝히는 참여자도 방관자에 속한다. 정책 결정에서 선동자 혹은 반대자의 역할을 주도적으로 담당하는 핵심 참여자가 존재하는데, 예를 들면, 원자력발전소의 건설과 관련한 정책대화에서 원전사업자와 정부는 선동자의 역할을, 해당 지역주민들은 반대자의 역할을 담당하는 경우가 일반적이다.

### 2) 언어사용의 유형

갈등해결은 상대방에게 자신을 이해시키고 상대방을 이해하는 것에서부터 출발하기 때문에 참여자들의 언어에 대한 이해가 매우 중요하다. 여기에서 언어란 낱말 하나하나를 의미하기보다는 참여자들이 자신의 입장이나 주장을 전달하는 과정에서 사용하는 표현의 유형 혹은 표출의 방식을 의미한다.

참여자들이 사용하는 언어는 다양한 기준에 의하여 구분할 수 있는데, 가장 기본적인 분류로 감정적 언어와 이성적 언어로 구분하는 것이다. 논리학에서는 일정한 논증구조에 맞춰 참여자의 언어가 '주장'에 해당하는지 '근거'에 해당하는지 분석하기도 한다(오영석 · 고창택, 2009). Isaacs(1999)은 Kanton & Lehr(1975)의 분류를 인용하면서 대화언어를 감정(feeling), 의미(meaning), 그리고 권한(power)으로 구분하고 있다. 여기에서는 Isaacs의 구분을 원용하여 감정적 언어, 분석적 언어, 그리고 행동 지향적 언어로 구분하여 설명하기로 한다.

#### (1) 감정적 언어

감정적 언어(language of feeling)란 사건이나 현상에 대하여 자신이 느낀 바를 토로하는 유형으로 대화의 주제가 되는 문제가 자신 혹은 자신이 대변하고 있는 집단에 끼친 영향을 강조한다. 갈등을 야기한 정부정책으로 입은 피해나 정책의 부작용을 지속적으로 피력하는 유형이기 때문에 정책을 현장에서 직접 집행하는 담당자나 피해주민들이 많이 구사한다. 현장 경험을 바탕으로 정책의 부작용이나 주민들의 의견을 전달하는 경우가 많다. 감정언어를 사용하는 참여자들은 자신의 감정을 여과 없이 피력하는 것 그 자체로 대화 참여의 목적을 달성하였다고 여기거나 이를 기반으로 자신의 주장을 개진한다.

### (2) 분석적 언어

분석적 언어(language of analysis)란 대화의 대상이 되고 있는 문제의 구조적 측면에 초점을 맞춰 이야기하는 형태이다. 이 문제가 가지고 있는 정치적 맥락이나 사회적 의미를 이론적으로 분석하고 찾아내는 것이다. 종합적 판단과 장기적 측면까지 고려하여 문제를 분석하고 해결책을 제시하는 유형이기 때문에 상대방에 의하여 매우 이론적 혹은 이상적으로 여겨질 수 있다. 이 유형의 언어는 주로 종합적 사고훈련이 되어 있는 전문가들에 의해 많이 구사되는데, 사건 현장에 대한 직접적 경험이 부족하여 왜곡된 상황인식에서 대화를 이끌어 나가기도 하지만 주어진 문제의 종합적 접근과 통찰력을 제시한다는 측면에서 장점을 찾을 수 있다.

### (3) 행동 지향적 언어

행동 지향적 언어(language of action)란 행동의 필요성만 강조하는 유형으로 자신이 생각하고 있는 해결책과 정책방향만을 반복적으로 제시하는 혹은 요구하는 유형이다. 이 유형은 감정을 과거의 것으로 치부하거나 분석을 비현실적인 것으로 여기고 주어진 문제를 어떻게 해결할 것인가 하는 미래 지향적 혹은 효율성만을 모색한다. 이 유형의 언어는 정책을 담당하는 관리책임자들이 주로 사용하는데 효율성과 합법성만을 따지기 때문에 상대방에 의하여 현실 안주 혹은 보수적인 것으로 여겨지기 쉽다.

대화의 참석자들은 일반적으로 이 세 가지 유형의 언어를 혼합적으로 사용한다. 그러나 각 참여자의 개인적 특성이나 입장에 따라 세 가지 유형 중 하나에 크게 의존하는 경향이 강하다. 참여자들이 다양한 유형의 언어를 조합하여 사용하지만 세 유형 중 하나로 쉽게 구분할 수 있을 정도로 일관성이 유지된다는 것이다. 한 유형의 언어만을 반복적으로 사용하는 것은 자신의 주장을 강조하기 위한 것으로 보이나 이로 인하여 대화가 고착상태에 이를 수 있다는 점을 유의하여야 한다.

대화가 문제 해결을 위하여 전개되기 위해서는 각 참여자들이 사용하고 있는 언어에 대한 이해가 요구된다. 감정적 언어에 의존하는 참여자는 자신들이 처한 입장의 어려움이나 억울함을 호소하는 것이기 때문에 다른 참여자들에게 이에 대한 경청과 이해를 요구하고 있는 것이다. 이런 요구에 대하여 자신들에게 맞지 않는 정책을 제시하거나 이론적 설명만 늘어놓는 것은 원천적으로 대화 자체를 가로막는 것으로 인식되기 쉬울 것이다. 감정적 언어에 의존하거나 행동 지향적 언어를 반복적으로 사용하고 있는 참여자에게 분석적 언어만으로 대응하게 되면 대화가 고착 상태에 빠지게 될 개연성이 높다. 따라서 상대방이 사용하고 있는 언어 유형을 잘 파악하여 이들의 '눈높이'에 맞춘 대화언어로 상대방을 이해할 때 진정한 대화로 이어질 수 있다.

### 3) 대화문화

대화문화란 한 사회나 조직이 역사적 경험을 통하여 축적한 대화 분위기와 무언의 규칙을 의미한다. 글로 정해진 규칙은 아니지만 구성원이면 누구나 무의식적으로 따르거나 존중하는 습관과 같은 것이다. 따라서 대화문화에 대한 이해 없이 대화를 성공적으로 유도하기란 매우 어렵다. 첫째, 개방문화, 개인의 의견을 존중하고 참여를 중시하는 유형으로 서구사회에서 주로 관찰된다. 둘째, 전체우선 문화, 전체의 질서를 우선시하고 개인의 이해보다는 다수의 이해가 일치하면 개인의 이해를 희생하려는 경향이 강하다. 동양사회에서 흔히 관찰된다. 셋째, 무작위문화, 즉흥적이고 전체의 틀에서 개인을 중시한다.

대화가 꼭 개방문화에서 일어나는 것은 아니며, 이 세 가지 문화 어느 유형에서도 가능할 수 있다. 단, 이 세 유형에 따라 대화의 양식이나 전개과정이 달라진다. 이 세 유형에 대한 파악이 이뤄지면 내가 참여하고 있는 대화가 어떻게 흘러갈 것인지에 대한 통찰력을 가질 수 있다.

## 4. 대화의 전개과정

대화의 전개과정도 다양한 기준에 의하여 설명할 수 있다. 최성애(1997)는 대화를 개인 간의 의미공유를 기준으로 1단계에서부터 5단계까지 인사단계, 사실얘기단계, 생각과 판단을 얘기하는 단계, 느낌을 꺼내 보이는 단계, 그리고 감정이입단계로 구분하고 있다. 즉 개인 간의 커뮤니케이션에서 상대방을 얼마나 신뢰하느냐에 따라 대화가 보다 깊은 사적 의미의 공유단계로까지 진전된다는 것이다.

김미성(1991)은 집단의 의사결정을 적응(orientation) → 갈등(conflict) → 출현(emergence) → 보강(reinforcement)으로 구분한다. 적응단계란 특정 안건에 대하여 설명과 동의의 말들이 오고 가는 단계를 의미하며, 갈등단계는 여러 대안들에 대한 호의와 비호의 반응들이 충돌하는 과정을 지칭한다. 출현단계란 갈등과정을 거치면서 하나의 최종안으로 의견들이 모아지는 단계를 의미하는데 제시된 최종안의 구체적 내용에 반대하는 사람이 많을 경우 이 안은 보강단계를 거치게 된다. 김미성의 단계 구분은 경험적 관찰을 통하여 집단의사결정이 어떻게 시작하고 종결되는지를 보여 준다.

<그림 15-2>의 대화 전개과정은 앞에서 설명한 유보의 개념에 입각하여 대화의 이론적 전개과정을 보여 주고 있다. Isaacs(19991)은 Scharme(1998)을 인용하며 대화는 일반적으로 4단계를 거치면서 최적의 상태로 진화한다고 주장한다. 의전(politeness), 충돌(breakdown), 유보(inquiry), 그리고 소통(flow)단계이다. 그림의 x-축과 y-축이 의미하듯이, 자기 성찰적이고 전체성을 강조하는 대화가 이뤄질 수 있는 대화환경과 참여자의 마음 예를 들면, 감정이입이 갖춰졌다면 하위단계에서 상위단계로 보다 쉽게 전이될 수 있을 것이다. 유보단계와 소통단계를 거쳐 형성된 의사결정은 목표의 순응과 집행과정에서 참여자의 자발적 협력을 최대한 이끌어 내는 장점이 있다.

### 1) 의전단계

의전단계는 참여자들 간에 형식적인 인사말과 서로를 칭찬하는 말들이 오고 가는 단계로 대화의 시작단계이다. 이 단계가 필요 이상으로 길어지거나 대화가 이 단계를 벗어나지 못하면 참여자들 모두 "내가 왜 이곳에 왔지?"라는 공허함에 휩싸이게 된다. 현실적으로 이 단계를 벗어나지 못하는 대화도 많다. 특히 권위주의적 문화가 강한 조직에서 비대칭적 지위를 가진 참여자들이 모인 경우 의전단계에서 의사결정이 이뤄지기도 하는데, 가장 강한 권한을 가진 참여자가 최종안을 통보하는 형식으로 끝나기도 한다. 이 단계에서 결정된 정책은 집행단계에서 이해당사자의 반대에 부딪힐 개연성이 그만큼 커질 뿐만 아니라 이해당사자의 자발적 협력을 이끌어 낼 수 없어 정책이 좌초 혹은 변질될 가능성이 높아진다.

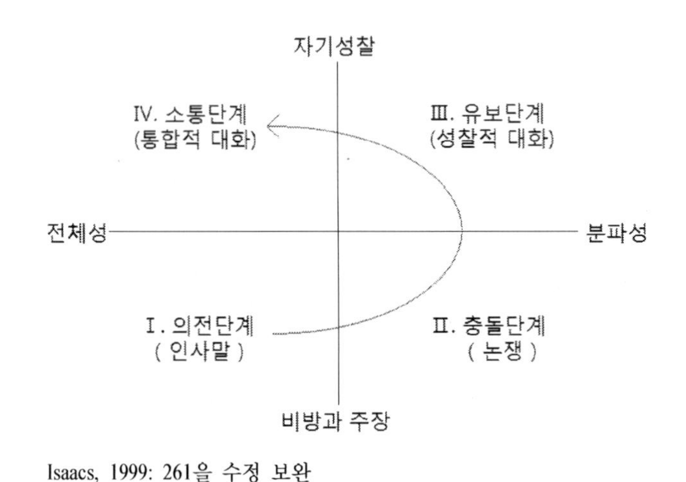


Isaacs, 1999: 261을 수정 보완

**〈그림 15-2〉 대화의 전개과정**

### 2) 충돌단계

의전단계를 지나게 되면 서로의 주장을 드러내는 충돌단계로 진입하게 된다. 이 단계에서는 참여자들이 상대방을 논리적으로 굴복시키려는 경향이 강하고 자신의 입장을 반복적으로 주장한다. 물론 상대방이 자신의 주장에 반론을 제기하면 감정을 폭발하기도 한다. 대화가 파국에 이르는 경우란 대화가 이 단계를 벗어나지 못한다는 것을 의미한다.

### 3) 유보단계

유보단계란 참여자가 자신의 주장을 표출하는 것을 일단 유보하고 주장의 내용이 무엇이고 왜 이런 주장을 하고 있는지를 되새겨 보는 단계이다. 유보는 자기주장의 유보에서부터 시작되지만, 상대방의 주장에 대해서도 궁금한 점, 이해가 되지 않는 부분 그리고 이 주장에 도달하게 된 원인과 과정에 대하여 물어보는 단계이기도 하다. 따라서 이 단계로 넘어가기 위해서는 무엇보다도 자신의 생각과 상대방의 생각을 조용히 경청하는 것이 중요하다. 심리학적으로 말하면 공감이 필요한 단계이다.

일반적으로 대화가 이 단계로 진입하지 못하는 주요 원인으로는 상대방을 논리적으로 이겨야 한다는 인식이 강하기 때문이다. 상대방을 문제 해결과 목표 달성의 동반자로 인식하기보다는 걸림돌로 인식한다는 것이다.

참여자들의 대화기술이 부족한 것도 충돌단계에서 벗어나지 못하는 원인으로 작용한다. 대화의 목적에 대한 이해, 자신의 주장을 개진하는 방법, 대화 시 피해야 할 용어, 감정을 표출하는 방법 등 기본적으로 올바른 대화에서 요구되는 다양한 기법과 준수사항 등이 없다. 상대방의 발언이 끝나기도 전에 자신의 주장을 반복적으로 피력하거나 심한 경우 자신의 감정을 통제하지 못하고 분노를 보이는 경우까지도 있다. 즉 대화가 유보단계로 넘어갈 환경이 조성되지도 않고 대화리더십도 부재하는 경우가 많다.

### 4) 소통단계

소통단계란 통합사고와 대화가 활발하게 전개되어 문제 해결을 위한 새로운 방안들이 공동으로 제시되고 이해되는 단계이다. 예를 들면, 찬성자 혹은 반대자 모두 상대방이 주장하는 내용과 상대방이 왜 이런 주장을 하게 되었는지에 대한 이유를 경청하고 반문하여 제기된 사회 이슈를 해결하고 목적을 달성할 수 있는 새로운 가능성과 합의된 방법을 찾아가는 단계라 할 수 있다.

대화가 소통단계에까지 진화하게 되면 해결책을 찾게 될 개연성이 그만큼 높아지겠지만 필연적으로 그런 것은 아니다. 그러나 이 단계까지 순조롭게 거쳐 왔다면 최소한 상대방의 입장에 대한 이해는 많이 증진되어 있어 갈등이나 분쟁 상황으로까지 변질되지는 않을 것이다. 대화의 목적이 실용적 측면에서 보면 문제 해결이라 할 수 있겠지만 상호 이해도 중요한 목적으로 간주되어야 한다. 대화를 도구적으로 이해하게 되면 대화의 무용론이 대두될 수 있어 매우 위험하다. 이런 이유에서 독일의 철학자 Habermas도 담론의 절차적 정당성을 민주주의 달성의 공통분모적 장치로 이해하고 있다. 담론이 민주주의 이상을 가장 효율적으로 실현시켜 주는 최적의 수단으로 간주하여서는 안 된다는 것이다.

## 5. 갈등치유와 긍정대화

많은 학자들이 '진정한' 대화의 유형이나 조건을 많이 제시하고 있다. Habermas도 숙의민주주의의 전제조건으로 담론의 중요성을 피력하고 담론은 청자가 화자의 언어표현을 이해할 수 있어야 할 뿐만 아니라 화자가 의도하는 상호 관계 속에 몰입할 수 있을 때 성공할 수 있다고 주장하며 구체적으로 4가지 요인이 충족되어야 한다고 보았다. 청자와 화자가 상호 이해할 수 있는 표현을 사용할 것(이해 가능성), 참명제를 전달할 의도를 가질 것(진리성), 믿을 수 있고 진실하게 표현할 것(성실성), 그리고 청자의 의도를 의사공동체란 맥락에서 규범적으로 올바르게 표현할 것(정직성)(문태현, 2003) 등이다.

갈등치유와 관련하여 여기에서는 긍정대화(appreciative dialogue)를 하나의 해결기제로 제시한다. 심리학의 한 유형으로 발달한 긍정심리학과 마찬가지로 긍정대화도 대화론에서 하나의 영역으로 발전할 수 있을 것이다. 긍정대화의 개념적 구성요소는 다음과 같다.

### 1) 긍정심리

긍정대화는 갈등상황을 발전이나 상대방을 이해할 수 있는 기회로 삼는 긍정적 태도를 요구한다. 긍정적 태도에서 상대방과 대화하고 자신의 의견을 밝힌다는 것이다. 갈등은 부정적 측면만 있는 것이 아니라 긍정적 측면도 많다. 사회적 이슈를 확인시켜 줄 뿐만 아니라 상대방이 무엇을 원하고 왜 섭섭해 하는지를 파악할 수 있는 기회를 제공하기 때문이다. 갈등후성장(post-conflict growth)이라는 개념도 갈등을 통하여 개인이나 조직 심지어 사회가 한 단계 더 성숙할 수 있다는 것을 보여 주는 것이다(오영석, 2011).

또한 긍정대화는 자신과 상대방의 자존감을 활성화하는 방향으로 대화를 전개하도록 유도한다. 상대방의 단점을 밝혀 상대방의 입장을 포기하게 하거나 설득하려는 것이 아니라 상대방의 행동을 변화시킬 수 있는 동기를 찾아내어 이를 강화시킬 수 있어야 한다는 것이다. 이런 긍정적 과정을 거쳐 이뤄진 변화야말로 영속성을 지니게 된다. 이렇게 상대방의 자존감을 긍정적으로 강화시키는 방식은 자신 스스로에게도 그대로 적용할 수 있다.

### 2) 통합사고

긍정대화는 전체적 사고(holistic thinking) 혹은 통합사고를 요구한다. 사회갈등이 자기중심적 혹은 단편적 사고 혹은 부처이기주의 사고에서 연유하기 때문에 보다 종합적이고 전체적 사고를 한다면 상대방을 그만큼 더 잘 이해하게 되고 갈등을 해결할 수 있는 가능성도 증대하게 될 것이다. 갈등상황에서의 통합사고란 서로 단절된 두 주장을 협상과 타협을 통하여 새로운 주장을 찾아낸다는 소극적 의미를 뛰어넘어 두 주장 모두를 포용하는 제3의 방안을 모색하는 적극적이고 창의적 의미를 지니고 있다. 또한 통합사고란 갈등상황에 휩싸인 참여자들의 관계를 개선하는 치유적 관점에서 접근하는 사고라 할 수 있다. 쟁점만을 해결하는 관리적 입장에서 접근하는 것을 뛰어넘어 당사자들의 감성을 포용하는 인본주의적 입장에서 접근하고 있다.

### 3) 공감

긍정대화는 자신과 타인에 대한 공감(empathy)에서 시작된다. 갈등상황에서 자신의 감정이 어떤 상태에 놓여 있는지를 이해하고 이를 관리할 수 있어야 한다. 또한 상대방이 나와 문제에 대하여 어떤 감정을 표출하고 있으며 이 감정이 어디에서 연유하고 있는지를 파악하려고 최대한 노력하여야 한다. 대부분의 갈등은 상대방의 감정을 이해하고 이에 공감하는 태도만 보여도 보다 쉽게 해결책을 찾을 수 있다.

### 4) 유보와 경청

긍정대화는 대화 시 유보(suspending)와 경청을 요구한다. 상대방과 대담을 주고받으면서 자기가 할 말을 심사숙고하게 되는데 자신의 입장이나 주장을 방어하기 위한 심사숙고라면 이 대담은 논쟁으로 이어질 개연성이 그만큼 높아진다. 그러나 심사숙고가 자신의 주장을 유보하기 위한 것이거나 상대방의 주장을 더 잘 이해하기 위한 것이라면 이 대담은 진정한 대화로 이어지게 된다. 유보란 자기주장의 전제가 어디에서 연유하였고 내가 왜 이런 말을 하는지를 생각하는 행위이다(오영석, 2010). 유보를 하기 위해서는 다른 사람의 말을 끝까지 경청하여야 한다. 상대방이 어떤 유형의 언어사용을 전개하고 있으며 섭섭한 감정이나 태도 혹은 행동이 어디에서 연유하고 있는지 이해할 수 있도록 상대방을 경청하는 자세가 요구된다.

〈긍정대화의 기본원칙〉

(i) 먼저, 사실관계를 정확하게 확인한다.
(ii) 긍정의 마음으로 문제를 대하고 자신과 상대방의 자존감을 강화할 수 있도록 한다.
(iii) 경청과 유보의 대화 습관을 지닌다.
(iv) 상대방의 감정과 입장에 공감할 준비야 되어 있어야 한다.
(v) 서로 상반된 입장을 제3의 방식으로 해결하는 창의성을 발휘하고 상대방과의 관계를 치유하려는 통합사고를 발휘한다.
(vi) 자신의 감정을 솔직하게 내보이고 일인칭(I-statement)으로 대화한다.

## 6. 다양한 대화기법

긍정대화를 추구하는 데 활용할 수 있는 기법들을 다음과 같이 소개한다. 대부분 기법들에서 공통적으로 발견되는 특징은 첫째, 다른 사람의 감정을 이해할 줄 알아야 한다는 점을 강조하고 있다. 즉 공감의 중요성을 이야기한다. 둘째, 위에서도 언급한 경청과 유보의 중요성을 강조한다. 자기주장을 반복하고 감정을 여과 없이 표출하는 것은 올바른 대화법이 아니라는 것을 역설하는 것이다. 유보가 없는 대화는 대립으로 치닫게 되는 것이다. 셋째, 사실관계의 확인을 중시한다. 갈등은 작은 오해에서 출발하는 경우가 많기 때문에 미심쩍은 사실이 있으면 이를 상대방에게 확인하고 객관적 사실에 기반을 두어 자기주장을 펼치는 것이 필요하다는 것이다. 마지막으로, 상대방을 대상으로 판단하는 유형의 대화는 갈등을 부추기기 쉽기 때문에 일인칭('I'-statement)으로 표현하는 것이 상대방을 자극하지 않으면서도 자기감정이나 주장을 전부 표출시킬 수 있다는 것이다.

### 1) 비폭력대화

Marshall Rosenberg(2008)는 그의 저서 「비폭력대화」에서 다음과 같은 대화법을 제시하고 있다.

*"X가 일어났을 때(사실만을 묘사하며, 판단을 말하지 않는다), 나는 Y라고 느꼈는데(특히 깊고 연약한 정서를 말한다), 그건 Z를 원하기 때문이야(근본적인 필요와 소망을 이야기한다)."*

### 2) Rapoport의 대화원칙

Rapoport(1960)는 대화가 성공적으로 이뤄지기 위해서는 대화자 서로가 가지고 있는 주관적 현실을 인정하는 것이 중요하다고 강조하면서 다음과 같이 대화의 기본원칙 5가지를 제시하고 있다.

① 말은 천천히 한다. 상대방의 말을 받아 적는 것도 대화를 성공적으로 이끄는 데 효과적이다.
② 위협을 최소화한다.
③ 모든 상호 작용에서 두 개의 타당한 현실이 있다는 것에 동의한다.
④ 상대방의 말을 듣고 이해하였음을 상대방에게 전달할 필요가 있다.
⑤ 상호 간의 유사성을 인정한다. 자신만큼이나 상대방도 긍정적일 수 있고 자신도 상대방만큼 부정적일 수 있다는 것을 인정한다.

### 3) 공감대화기법

Seligman(2011)은 사람 간의 대화에 있어 공감이 제일 중요하다고 주장하면서 공감대화기법을 다음과 같이 제시하고 있다.

① 타인의 감정을 읽고,
② 타인의 감정이 어디에서 오는지 예측하려고 노력하고,
③ 타인으로 인해 야기된 자신의 감정을 읽고,
④ 자신의 감정이 어디에서부터 오는지 인지하고,
⑤ 자신의 감정을 통제하면서 다른 사람 감정을 껴안는 실천적 대화.

### 4) 설득대화기법

예일대학 교수인 Michael V. Pantalon은 그의 저서 *Instant Influence*(2011)에서 상대방을 설득하기 위하여 긍정심리에 기반을 두어 상대방의 자존감을 강화할 수 있어야 한다고 주장하면서 다음과 같은 대화 순서를 제시하고 있다.

① Step 1: 변화의 이유를 물을 것. 예, 왜 달라졌으면 합니까?
② Step 2: 달라질 준비가 얼마나 되어 있습니까? ['1(전혀 되어 있지 않다)'에서 '10(완벽하게 준비 되어 있다)'까지의 숫자로 대답하라.]
③ Step 3: 왜 더 낮은 숫자를 선택하지 않았습니까?
④ Step 4: 실제로 달라졌다고 가정할 때, 당신에게 어떤 긍정적인 결과가 뒤따를까요?
⑤ Step 5: 그 결과가 당신에게 왜 중요합니까?
⑥ Step 6: 구체적으로 어떤 조치들이 필요할까요?

## 생각발전소 토론주제

1. 진정한 대화란 무엇이며 어떻게 하면 가능하다고 생각합니까?

2. 대화에 있어 유보와 경청은 왜 중요하다고 생각합니까? 그리고 어떻게 하면 유보와 경청을 더 잘 할 수 있을까요?

3. 긍정대화의 기본원칙이 시사하는 바는 무엇이라고 생각합니까?

4. 제6절 '다양한 대화기법' 중 Rosenberg의 비폭력대화기법을 활용하여 자신이 정한 주제로 대화를 하나 구성하여 봅시다.

제 16 장

# 갈등치유를 위한 집단대화법

*갈등치유에서 집단대화는 필수적이다.*
*많은 경우 잘못된 대화로 집단 간 관계가 악화되고*
*종국엔 갈등이 걷잡을 수 없이 악화되는 것이다.*
*올바른 대화와 회의기법을 익히면 갈등을 최소화할 수 있다.*

1. 집단대화의 중요성
2. 집단대화의 기피 원인
3. 집단대화의 환경
4. 갈등치유를 위한 대화기법
5. 갈등 이슈의 표출 및 확인 기법
6. 사회자의 역할
7. 대화 시작 기법
8. 대화 종결 기법

# 제16장 갈등치유를 위한 집단대화법

갈등을 치유하는 데 집단대화가 많이 활용된다. 갈등을 해결하기 위하여 이해당사자들이 여럿 모여 자기 입장을 밝히고 상대방의 입장을 경청하면서 해결 방향을 모색하는 것이다. 이 장에서는 치유의 전형적인 수단인 집단대화기법에 대하여 알아보기로 한다.

## 1. 집단대화의 중요성

현대사회는 한 사람의 생각보다는 다수의 생각을 중시한다. 흔히 말하는 집단지혜로서 현대사회와 같이 다원화되어 가면서 융・복합적 사고를 중시하기 때문이다. 현대사회가 창의성을 중시하면서 타인과 원만하게 잘 어울릴 수 있는 공동체 인성을 지닌 인재를 중시한다는 것도 집단대화를 중시하는 한 요인이 된다. 집단지혜는 네트워크와 커뮤니케이션을 통하여 생산되기 때문에 자연스럽게 대화가 중요한 요소로 부각되는 것이다. 대화는 동의를 구하고, 다수의 생각에 입각한 새로운 통찰력을 찾아내고, 지속적 학습을 통하여 조직 및 사회발전을 꾀할 수 있는 도구로 인식되는 것이다.

〈'솔직한 대화'에 대한 오해〉

우리는 솔직한 대화를 반대의사를 직설적으로 밝히고 자신의 감정을 여과 없이 토로하는 것으로 생각하는 경향이 강하다. 그러나 대화란 내 자신을 되돌아보고 다른 사람이 왜 이런 의견과 감정을 보이는지를 생각하고 이 생각에 이르게 된 경로를 되새기는 것이다. 다른 사람의 생각을 받아들이지는 않지만 수용 가능성과 하나의 옵션으로 열어 두는 것이 솔직한 대화인 것이다.

1993년 미국의 석유회사 쉘(Shell)은 회사조직이 분권화 및 다원화되면서 업무 효율성이 떨어진다는 것을 감지하고 조직 전체의 민감성 증대를 위하여 분임토론회(nod meeting)라는 것을 고안하게 되는데, 이것의 요체는 대화이다. 또한 미국의 연방하원도 1996년 여・야 간에 신뢰가 구축되어야 서로 허심탄회하게 이야기할 수 있고 이런 과정에서 국가발전의 정책들이 나온다는 믿음에서 의원들과 가족들을 위한 기차여행을 구상하고 대화의 장을 마련하였다. 함께 시간을 보내고 대화하는 것이 신뢰 구축의 지름길이라는 믿음에서 출발한 것이다(Ross, 1993).

---

* 오영석(동국대학교 행정학과 교수 겸 갈등치유연구소 소장).

## 2. 집단대화의 기피 원인

대화가 이렇게 사회발전과 통합의 중요한 수단으로 인식되고 있는 반면, 대화를 주저하는 사람들이나 조직도 많다. 대화의 비경제성이나 비효과성을 부각시켜 집단대화의 무용론을 들고 나서는 것이다. 대화를 거부하는 근본적 원인은 대화와 참여가 권력의 이동을 가져오기 때문이다. 즉 기득권자들이 대화에 따른 권력의 손실을 우려하기 때문이라는 것이다. 대화의 기본 전제는 참여와 평등과 솔직함에 기반을 두고 있는데 기득권자들이 이것을 수용하기 어렵다는 것이다. 정부나 기득권자들이 대화를 요구하는 이유는 대화를 주민들의 교화나 설득 심지어 정책 강요의 기회로 삼을 수 있다고 생각하기 때문이다. 이것은 대화의 본질을 잘 이해하지 못한 것에서 출발하는 것이다(Isaac, 1999).

부처나 조직의 분권화된 이기주의도 대화를 가로막는 요인이 된다. 대부분의 현대조직은 기능을 중심으로 분권화되어 있는데 자기 부처의 목표와 가치가 서로 다를 경우가 많다. 물론 조직 전체로서의 목표와 가치가 있기는 하지만 이를 중심으로 부처들이 통합하기란 쉽지 않다는 것이다. 자신들만이 사용하는 언어가 따로 있고 문화가 있기 때문에 서로 대화하는 것 자체가 힘든 일로 치부되는 것이다. 이런 상황에서 대화가 성공적으로 일어날 수 있는 환경의 조성과 기법의 학습이 요구되는 것이다.

## 3. 집단대화의 환경

대화가 문제 해결의 수단이 되고 민주주의의 언어적 끈으로 작용하기 위해서는 대화의 환경에 대한 이해가 필요하다. 수사학에서는 대화의 3가지 측면을 에토스(ethos), 파토스(pathos), 그리고 로고스(logos)로 나눈다. 에토스는 화자 혹은 화자가 담론 안에서 투영되는 이미지를 의미하고, 파토스는 청자 혹은 청중에게 불러일으키고자 하는 감정을 의미하며, 로고스는 담론 자체와 관련된 것으로 담론의 형식과 내용을 의미한다(Tindale, 2004; Amossy, 2003). 이 세 측면을 고려하여 대화 환경을 조성하고 대화를 진행한다면 보다 생산적으로 유도할 수 있을 것이다.

참여자들이 문제 해결의 가능성을 인지하고 열성적으로 자신의 열정을 뿜어낼 수 있는 편안한 대화환경을 조성하는 것이 선결과제이다. 안전의 담보란 참여자들이 발언하는 데 아무런 신체적·정신적 부담감을 느끼지 않고 발언할 수 있게 하는 것이다. 대화를 하면서 원탁을 이용하는 것도 이러한 부담을 줄이는 한 방안이다. 대화 장소도 안락하여 사람들이 편안함을 느낄 수 있는 곳이면 더 좋다. 안전이 보장되면 이 대화를 통하여 무엇인가 해결책을 찾을 수 있다는 가능성을 엿볼 수 있는 개연성이 그만큼 높아진다.

## 4. 갈등치유를 위한 대화기법

대화에도 요령이 있으며 이 요령들을 잘 익히면 회의나 모임을 자연스럽고 생산적으로 마무리할 수 있게 된다. 여기에서는 집단 차원에서 대화를 촉진시킬 수 있는 여러 기법에 대하여 논의하기로 한다(Kraybill and Wright, 2006).

### 1) 원형대화(Circle Process)

가장 광범위하게 사용되는 기법으로, 참여자들이 원형을 이뤄 서로 합의한 규칙에 따라 순서대로 자신의 의사를 밝히는 것이다. 원형대화는 한 번으로 마감될 수도 있지만 주제가 많거나 시간의 제약 혹은 갈등이 심하여 여러 차례 개최하는 것이 효과적이라고 생각될 경우에는 2차, 3차 등으로 여러 차례 개최할 수 있다. 이 경우 마지막으로 갈수록 더 민감하고 주제가 제한된 것으로 옮기는 것이 좋다. 기본규칙으로는 첫째, 발언과 경청 시 상대방을 존중할 것, 둘째, 발언 시간을 절제하여 다른 사람에게도 공정한 기회가 돌아갈 수 있도록 배려하여야 한다는 것이다. 필요에 의하여 다른 규칙을 만들 수도 있는데 예를 들면, 상대방에 대하여 이야기하기보다는 일인칭화법(I-statement)으로 발언하도록 유도하게 하는 것 등이다.

**강점:** 참여자들이 운영방식을 쉽게 터득하고 시작할 수 있다. 또한 원형이 의미하는 것처럼 모두가 동등한 입장에서 전체를 지향한다는 장점이 있다.

**단점:** 일반적으로 많은 시간이 소요된다. 이 형식은 참여자들 간의 의견일치를 이끌어 내는 데는 한계가 있다. 왜냐하면 토론이나 논증을 유도하기 어렵기 때문이다. 그러나 대화가 2차, 3차로 넘어가면서 사회자가 자연스럽게 "다음 번 모임에서는 결론을 도출해 봅시다" 등으로 대화를 유도할 수는 있다.

**다른 기법과의 혼용:** 원형대화는 갈등해결의 첫 기법으로 사용하면 좋다. 원형대화를 통하여 서로의 시각과 입장을 밝히고 투표를 한다든지 다른 형태의 적합한 대화로 진전 여부 등을 결정하면 된다.

〈이야기막대(talking piece)〉

'이야기막대'란 발언권을 상징하는 물체를 지칭한다. 필자가 경험한 집단대화에서는 귀여운 몽돌을 사용하였다. 사회자가 '이야기막대'를 돌리면 이것을 가진 사람만이 발언할 수 있다. 물론 발언을 원하지 않으면 다음 사람에게 인계하면 된다. '이야기막대'의 사용은 대화가 무질서하게 흘러가는 것을 막을 수 있다.

### 2) '빈의자토론' 방식

일명 사모안서클(Samoan Circle)이라 불리며 사모아 섬의 주민회의 때 사용한 것으로 갈등해결에 상당히 효과가 있는 것으로 알려지고 있다.* 갈등에 대하여 다양한 시각을 가진 이해당사자들의 대표를 전체 참석자 앞에 나오게 하여 반원형으로 의자들을 놓고 앉도록 한다. 반원형 양쪽 끝에 빈 의자를 하나씩 두는데, 대표자들이 토론을 시작하고 참석자 중 대표자들의 발언에 보충할 것이나 발언할 것이 있으면 빈 의자로 나와 앉는다. 사회자가 신호를 주면 토론에 참석하거나 자신의 의사를 밝힌다. 발표를 원하는 다른 사람들은 빈 의자 뒤에 서 자기 순서를 기다렸다 앞사람이 말을 마치게 되면 의자에 앉아 토론에 참석한다. 따라서 빈 의자에 앉은 사람들은 다른 참석자를 위하여 가능한 한 자기 발언을 마치면 바로 들어가는 것이 좋다.

기본규칙: 이 반원형에 들어오지 않은 사람은 절대 발언을 할 수 없다. 사회자가 할 일은 반원 밖에서 발언하는 것을 막는 것과 반원에서 토론이 잘 진행되지 않으면 지금까지의 발언 내용을 요약하거나 토론이 이뤄지도록 용기를 북돋아 주는 것 등이다.

장점: 이 방식은 일반회의에서 뒤에 앉아 발언을 방해하거나 자신의 주장을 고함쳐 알리는 사람을 원천적으로 막을 수 있다는 것이다. 또한 참석자로 하여금 진지하게 대표자회의에 참석하여 자신의 의견을 밝힐 수 있는 기회를 가지게 한다는 것이다.

단점: 이 방식은 일반화되어 있지 않아 일반참석자들의 이해가 부족하다. 따라서 사전 교육이나 공지가 필요하며 시작 전 연습을 하거나 준비를 많이 하여 돌발 상황에 대처하는 것이 필요하다.

〈'빈의자토론'의 기본규칙〉

회의나 집단토론이 성공적으로 진행되기 위해서 토론자 및 방청객들이 지켜야 할 기본규칙들이 있다. 다음은 필자가 주관한 회의에서 토론자들에게 요구한 기본규칙이다.

- 동반자 의식을 가질 것. 상대방이 적이라는 생각을 버리고 공동의 목표를 추구하는 동료라는 생각을 가지고 대할 것.
- 핵심 주제에 매달릴 것. 개인에 대한 이야기나 부차적 주제는 자제되어야 함.
- 자기주장의 출발점을 되돌아볼 것. 자기 입장을 고집하거나 자기주장을 방어만 하려 하지 말고 자기가 왜 이런 주장을 하고 이 주장이 어디에 근거를 두고 나온 것인지 생각해 보아야 함.

* 사모안서클이란 명칭은 그저 사람들이 그럴듯하게 보이기 위하여 지어 낸 것이라는 주장도 있음.

### 3) 유리어항(Fishbowl)

일반 공청회와 유사한 방식으로 진행된다. 한 소집단이 앞에 나와 서로 토론을 하면 나머지 사람들은 경청한다. 이후 다른 소집단이 토론을 하고 방금 토론을 마친 소집단을 포함한 나머지 사람들은 경청한다. 이때 소집단은 동질성을 지닌 사람으로 구성되기도 하며 이질성을 지닌 사람으로 구성되기도 한다. 예를 들면, 성별로 구성하거나 기관별로 구성하거나 노조원들로 구성하거나 혹은 경영진으로만 구성할 수 있다. 물론 서로 갈등관계에 있는 집단의 대표들이 앞에 나와 토론을 하고 나머지 사람들은 듣는 것도 가능하다.

유리어항 대화를 마친 후 갈등관계에 있는 양쪽 대표들을 따로 불러 중재를 시도할 수도 있고 전체를 대상으로 의사결정과정으로 옮겨 갈 수도 있다. 물론 이런 후속 조치에 대한 사전 동의가 필요하다.

**장점:** 유리어항이 시사하듯이 모든 생각이나 의견이 공개되는 것이기 때문에 갈등이나 문제 상황을 명확하게 이해하는 데 도움이 된다.

**단점:** 그러나 이 기법은 상대방이 듣는 속에서 자신의 입장이나 생각을 내비치는 것이기 때문에 갈등이 첨예한 경우에는 적용하기 쉽지 않다. 주제가 중립적이거나 자신의 입장이 이미 알려진 경우에 적용하면 좋다.

### 4) 월드카페(World Cafe)

제목에서 짐작할 수 있듯이 보다 편안한 분위기에서 음료수나 과자를 먹으면서 대화를 진행하는 방식이다. 일반적으로 4명이 한 조를 이뤄 주어진 주제에 대하여 논의한다. 정해진 시간이 지나면 1명은 남고 나머지 3명은 다른 테이블로 옮겨 2번째 논의를 지속한다. 이런 논의가 여러 차례 계속된다. 테이블에 남는 1명이 그 조의 책임자가 되는 것이다.

이 기법의 장점을 살릴 수 있도록 최대한 환영의 분위기를 조성할 필요가 있으며 최종 의사결정이나 문제 해결을 위한 담판으로 여기지 않게 주의하여야 한다. 이를 위하여 테이블은 원형을 많이 사용하며 테이블보를 깔고 꽃이나 촛불로 장식을 하기도 한다. 물론 테이블이 여러 개일 경우 일반 만찬장에서 볼 수 있듯이 일렬이 아닌 무작위로 놓으면 된다.

첫 번째 토론을 마치고 책임자가 토론 내용을 요약하여 발표한 후 본인은 제자리에 남고 나머지 사람들은 다른 테이블로 옮겨 두 번째 회의를 시작한다. 다른 사람이 오게 되면 이 책임자는 자신들이 가졌던 토론 내용을 소개하고 다른 주제 혹은 같은 주제로 토론을 진행한다.

이 기법은 참여자들이 편안한 분위기에서 소집단 토론을 여러 차례 거치면서 통합사고가 일어날 수 있도록 하자는 데 그 목적이 있다. 따라서 마지막엔 자기 테이블로 돌아와 자신들의 처음 생각과 현재 생각을 비교하여 발표할 기회를 갖는 것도 의미가 있다. 공통점과 차이점은 무엇이며 자신의 바뀐 부분과 바뀌지 않은 부분이 무엇인지 등에 대하여 발표하는 것이다.

이런 내면적 과정을 거치면 전체가 갈등해결에 대한 공동의 창의적인 방안을 강구할 수도 있다. 적어도 갈등을 새로운 시각에서 바라볼 수 있는 태도를 지니게 되는 것이다. 따라서 각 테이블의 책임자는 참석자 중 한 명으로 사전교육을 받으면 카페 운영을 보다 효율적으로 할 수 있다.

**장점:** 이 기법의 최대 장점은 모든 사람들이 동등한 자격으로 편안하게 참여하여 공동체 의식을 함양할 수 있다는 것이다.

**단점:** 이 기법은 분위기가 쉽게 산만해질 수 있다는 것이다. 따라서 시작 전 주제와 목표를 명확하게 하고 이 목표의 달성을 위하여 취해야 할 행동이 무엇인지 등 구체적 사안에 초점을 두게 한다. 그리고 가능한 다양한 시각의 사람들이 참여할 수 있도록 배려한다.

### 5) 소집단대화와 대집단대화의 병행

위에서 소개한 집단대화기법들도 필요에 따라 여러 소집단으로 나눠 소집단대화로 운영하다가 대집단대화로 넘어갈 수 있다. 이런 방식이 유용한 이유는 참석자가 많은 대규모 집단에서 대화 자체를 어렵게 생각하는 사람들이 많기 때문이다. 혹은 많은 대화를 원하는 사람들도 대집단보다는 소집단을 선호할 수 있다. 또한 대집단의 대화에 변화를 주기 위해서도 소집단을 운영할 수 있다.

대개 3~6명 정도의 소규모 집단으로 나눠 주제를 주면서 결과를 도출하라고 하거나 대집단에게 주어진 문제를 여러 작은 주제로 나눠 각 소집단에게 이에 대한 결과를 도출하여 나중에 합치도록 할 수 있다.

대집단에서 소집단으로 나누면 좋을 경우는

- 참여자들이 주제에 대하여 잘 반응하지 않아 변화가 필요하다고 느낄 때,
- 대집단대화가 장시간 계속되었는데 일부만 발언을 한 경우,
- 대집단에서 솔직하게 이야기하기가 어렵다고 느끼는 사람들이 있을 때,
- 새로운 아이디어나 분위기 조성이 필요하다고 느낄 때,
- 새로운 상황이나 주제가 튀어나와 이에 대한 심도 있는 대화가 필요하다고 느낄 때 등이다.

소집단으로 나눌 때 동질성이 확보되는 사람들로 소집단을 형성하는 경우와 다양성이 확보되는 사람들로 소집단을 형성하는 경우가 있다. 전자는 의견이 같거나 같은 배경을 가진 사람들이 모이는 것이기 때문에 편안함과 신뢰감을 줄 수 있다. 반면에 후자는 새로운 사람들을 만나는 것을 두려워하지 않는 경우나 대화의 목적상 다양성이 확보되어야 할 경우에 적용하면 좋다.

갈등상황에서의 소집단 구분은 동질성보다는 다양성에 입각하여 나누는 것이 보다 효과적이다. 다양한 의견들을 청취할 수 있고 다른 사람들을 이해할 수 있는 기회가 그만큼 커지기 때문이다. 동

질성집단은 이미 동일한 시각을 가지고 있기 때문에 시각 자체에 대한 논의는 무의미하다. 이 소집단이 관심을 보이는 이슈나 일의 목록을 작성하게 하거나 상대집단을 어떻게 정의하는지 혹은 상대집단이 우리 집단을 어떻게 기술할 것인지에 대한 과제를 주는 것도 효과가 있다.

집단대화를 마친 후 각 집단은 작성한 보고서를 전체 그룹이나 정책 결정 권한을 가지고 위원회 앞에서 발표하도록 한다.

〈전시회(gallery tour)〉

각 소집단에서 논의된 내용을 포스터나 신문 형식으로 제작하여 회의실 벽에 붙이고 모든 참석자들이 볼 수 있도록 하면 소집단의 토론 내용을 한눈에 비교할 수 있다. 이 경우 각 소집단의 대표자가 포스터 앞에서 관람자들에게 설명한다. 발표된 내용을 바탕으로 차기 회의의 주제를 도출할 수도 있다.

### 6) 경청의자인터뷰(Interview with a Listening Chair)

집단대화에서 사용하는 인터뷰기법의 기본모형은 전체 참석자 앞에 한 사람의 인터뷰 대상자가 나와 사회자의 인터뷰에 응하고 나머지 사람들은 경청하는 것이다. 그러나 경청의자인터뷰는 청중 중에서 한 사람을 경청자로 특별하게 지정하여 자기 옆 의자에 앉게 하는 것이다. 인터뷰가 끝나면 경청자가 자신이 이해한 바를 요약하여 발표하게 된다. 사회자도 가끔 필요하다고 인정되거나 주제가 바뀌고 있다고 판단될 때 경청자에게 인터뷰 내용을 요약하게 하면 된다.

*예: 이번 소각장 건설에 대한 발표자의 의견이 무엇이라고 들었습니까?*

이 경우 사회자의 역할이 매우 중요하다. 공정하며 참석자들에게 신뢰를 받는 사람이 사회자가 되어야 한다. 이 방식은 어떤 의사결정을 이끌어 내는 데 목적이 있는 것이 아니라 참석자들의 다양한 입장이나 감정 혹은 갈등에 대한 태도 등을 알아보고 상호 이해를 높이는 데 목적이 있다.

**장점:** 단순 '청중앞인터뷰'와 달리 누군가가 진지하게 내 말을 듣고 있고 이해해 주려고 한다는 진지함을 얻을 수 있다. 또한 다른 사람들은 내 의견을 어떻게 받아들였는지를 확인할 수도 있는 기회가 된다.

**단점:** 경청자를 발표자와 다른 시각을 가진 사람으로 선정할 경우 긴장이 발생할 수 있다.

## 5. 갈등 이슈의 표출 및 확인 기법

아래의 기법은 갈등의 이슈를 표출시키고 이에 대한 당사자들의 입장을 확인하는 데 적용할 수 있다. 이상하게 들리겠지만, 갈등당사자들도 이슈에 대한 자신들의 입장이 무엇인지 정확하게 인지하지 못하는 경우도 많다. 특히 상대방이 중요하게 여기는 이슈를 정확하게 파악하거나 이해하지 못하는 경우가 많다. 왜냐하면 이슈란 표면으로 표출된 것도 있지만 잠재되어 있는 것도 있기 때문이다.

### 1) 갈등스펙트럼(Conflict Spectrum)

사회자가 갈등 이슈에 대한 다양한 입장의 스펙트럼을 만들고 참석자들은 이 스펙트럼 내에서 자신이 합당하다고 생각하는 위치에 자리 잡는다. 그리고 왜 이 입장을 취하게 되었는지 설명하는 것이다. 스펙트럼을 적용하고 토론을 하고 마지막으로 투표하여 최종 의사결정을 내리는 방법도 갈등해결의 한 방식이 될 수 있다.

예를 들면, 우리 조직에서는 권위주의적 의사결정이 혹은 밑으로부터의 의사결정이 더 적절하다는 의견이 갈릴 경우, 아래와 같이 스펙트럼을 벽에 그리고 참석자로 하여금 자신이 생각하는 위치, 즉 양극이나 가운데 정도의 어느 지점에 서도록 하는 것이다.

강한 top-down 방식 <----------------> 강한 bottom-up 방식

이 경우 스펙트럼의 범위를 넓혀 주는 것이 좋다. 그렇지 않을 경우 대부분의 사람들이 가운데쯤 모이게 될 수 있기 때문이다.

**장점:** 이 방식은 시간도 많이 걸리지 않으면서도 역동성을 발휘할 수 있고 갈등에 대한 다양한 의견들을 시각적으로 확인할 수 있다. 참석자들은 다양한 시각이 존재한다는 것에 대해 깜짝 놀라게 된다. 왜냐하면 자기와 정반대의 논리로 맞은편에 서는 사람도 많기 때문이다. 이런 과정을 통하여 상대방을 이해하게 되고 일반적인 토론에서 나타나기 쉬운 감정 폭발이 완화되기도 한다.

**단점:** 공개적으로 자신의 입장이나 시각을 밝히게 되므로 사람들에게 거부감을 줄 수 있다. 갈등이 첨예한 경우 동료들의 의구심이나 상대편으로부터 오해를 살 수도 있어 자기 소신껏 의견을 밝힐 수 없는 경우도 있다.

### 2) 대립표출기법(Polarity Management)

갈등을 숨기거나 외면하기보다는 공개적으로 노출시키고 각 입장의 장단점을 비교 토론하도록 하여 갈등 현황을 이해하고 새로운 방향을 모색하는 기법이다. 양쪽의 입장을 진지하게 발표하고 듣게 되면 양쪽 모두 가치가 있으면 어떻게든 중요하게 다뤄져야 한다는 것을 인식하게 된다는 것이다.* 따라서 이 기법은 선택에 의하여 해결될 것은 아니고 두 입장이 서로 밀접하게 연계되어 있어 어떤 형태로든 각각의 장점을 살리는 것이 좋다고 느낄 때 적용하면 효과적이라 할 수 있다.

먼저 양쪽 주장의 기반을 이루는 가치나 태도가 무엇인지를 파악하여야 한다. 그리고 각각의 주장에 대한 이유와 왜 태도가 조직이나 지역사회에 중요하다고 생각하는지 들어 본다.

**예:** 지역사회의 전통을 고수할 것인지 혹은 변화를 주어야 할 것인지?

아래 그림과 같이 4개의 사각형을 그려 벽이나 칠판에 붙인다. 'A+'는 한쪽 주장을 장점을 'A-'는 단점을 나타낸다. 'B'도 마찬가지로 표시하면 된다.

| [A+] | [A–] |
|---|---|
| [B+] | [B–] |

참가자들로 하여금 모두 A+ 밑에 모여 A주장의 장점을 이야기하도록 한다. 이야기가 무르익어 가면 한계에 도달하게 되고 자연스럽게 A-에 대하여 이야기하도록 한다. 이렇게 A+에서 B-까지 한 차례 돌고 나면 참석자들은 각 가치의 장단점을 인식하게 된다. 모두 제자리로 돌아가 참석자들로 하여금 양 가치 중 하나를 선택하기보다는 각 가치의 양립 가능성 혹은 제3의 대안을 찾아내는 토론을 유도한다.

**장점:** 참석자들로 하여금 우리가 다루고 있는 이슈의 복잡성 혹은 다양성을 체험할 수 있게 해준다는 것이다. 또한 참석자들이 각 주장의 도표로 걸어가면서 역동성을 이끌고 이 역동성이 대화를 촉진해 준다는 데 있다.

**단점:** 의사결정 도구로 활용하기는 어렵다.

---

* 이 기법은 Barry Johnson(1996)의 *Polarity Management: identifying and Managing Unsolvable Problems*에서 개념을 도입하여 개발된 기법으로 알려져 있음.

## 6. 사회자의 역할

여기서 사회자란 회의 진행에 공식적 권한을 가진 사람이나 갈등해결을 위하여 중재자로 지명된 사람을 지칭하는 것이 아니다. 다만 갈등치유과정에서 여러 차례 대화가 주선되고 이 대화를 이끄는 진행자 혹은 대화 촉진자로서의 역할을 의미한다. 영어로는 chairperson이나 master of ceremony이 아닌 facilitator에 가깝다. 이를 화쟁사(和諍士)로 번역하기도 한다. 즉 대화가 원만하게 진행될 수 있도록 촉진하고 갈등을 치유하는 역할을 가진다는 의미이다. 갈등을 조정하거나 양쪽 의견을 들어 보고 결정을 하는 사람이 아니다. 영어의 facilitator는 라틴어 facilis에서 유래한 것으로 make easy라는 의미이다. 즉 대화를 쉽게 풀어 갈 수 있도록 돕는다는 것이다. 참여자들이 서로의 말을 잘 듣고, 분명하게 이해하고, 발언권이 모두에게 공평하게 돌아가고, 다양한 의견들이 하나의 공통점을 찾아갈 수 있고, 격렬한 감정을 다스릴 수 있도록 도와주는 것이다.

### 1) 경청의 촉진

집단대화의 요체는 분명하게 말하고 정확하게 듣는 것이다. 사람마다 서로 다른 교육이나 사회경험을 가지고 있기 때문에 의사소통이 생각보다 어려울 때가 많다. 따라서 사회자의 역할은 토론자들이 상대방의 말을 잘 경청하도록 하는 것이다. 또한 발언 내용을 요약하여 말해 주되 발언자가 자신의 의견을 더 명확하게 말하도록 유도하는 질문을 할 수 있어야 한다.

**예:** 두 사건의 차이를 잘 모르겠는데 좀 더 상황 설명을 해 주시겠어요?

요약할 때 주의할 점은 발언자의 내용보다 짧아야 하며 사회자가 아닌 발언자의 입장에서 요약해야 한다는 것이다.

**좋은 예:** 먼저 당신에게 알리지 않아 감정이 상했다는 거지요.
**나쁜 예:** 저도 그럴 경우 기분이 나쁘더라고요. 충분히 이해합니다.

### 2) 참여자 간의 균형 유지

집단대화를 하면 어떤 사람은 말을 너무 많이 하고 어떤 사람은 말을 하지 않아 의사소통이 원활하지 못한 경우가 있다. 이럴 경우 사회자의 역할은 다양한 의견들이 표출될 수 있도록 유도하는 것이다. 장소를 안락한 곳으로 선정하거나 참여자들 간의 어색함이나 두려움이 느껴지지 않도록 주의하여야 한다.

**예:** 혹시 이것과는 다른 시각이 있으면 들어 보지요.
**예:** 너무 찬성하는 쪽 이야기만 많이 들었는데⋯⋯ 혹 반대의견 있습니까?

### 3) 주제에의 집중

연극의 해설자처럼 지금까지 우리가 어떤 대화를 해 왔고 앞으로 무엇을 해야 할 것인지를 가끔 상기시켜 주는 것이 필요하다. 집단대화에서 사회자가 필요한 이유 중 가장 중요한 이유가 바로 이것이라 할 수 있다. 지금까지 이야기한 것을 가끔 요약해 주면서 다음은 무엇을 이야기하는 것이 필요하다고 언급하는 것이다.

**예:** 이 시설물을 짓지 말자고 하는 의견에 모두 동조하는 것 같습니다. 그렇다면 이제는 이 예산을 어느 용도로 사용해야 할지에 대하여 논의해 봅시다.

### 4) 격해진 감정의 대응

갈등 상황에서 집단대화를 하다 보면 서로 감정이 격해지는 경우가 많다. 감정이 격해지면 당연히 대화를 지속하기 어렵게 된다. 같은 주장을 반복하게 되고 상대방을 비난하게 되기 때문이다. 그리고 감정이 격해지면 합리적 사고가 어렵게 된다. 사회자가 이를 감지하고 감정을 완화시키도록 노력하여야 한다. 집단대화 전 서로 약속한 회의 기본규칙에 대하여 상기시키거나 심한 경우 서로 냉정해지도록 휴식시간을 갖는 것도 생각하여야 한다.

격한 감정과 함께 무의식적으로 나오는 말 중에 참여자가 하고자 하는 말이 포함되어 있을 수 있다. 따라서 사회자는 이 말을 놓치지 말고 발언 내용을 요약하여 전달하는 것도 감정이 격해지는 것을 막는 한 방법이 될 수 있다.

**예:** 이번 발언은 상당히 우리 마음을 움직이는 것 같습니다. 여러분들도 이런 감정을 느끼십니까? 이것을 해소할 방법은 없을까요?

〈명상의 활용〉

최근에 명상을 집단대화의 한 기법으로 활용하는 사례가 늘고 있다. 토론이 교착 상태에 빠지거나 격렬하게 치닫게 되면 참석자들로 하여금 짧은 시간 명상을 하게 하여 격화된 감정을 추스르게 하고 자신의 생각을 가다듬게 하는 것이다. 서구에서도 명상에 들어가기 위하여 죽비나 좌종을 사용하고 있다.

### 5) 자신감의 형성

서로의 발언을 끝까지 경청하고, 상대방과의 차이점과 공통점을 발견하고, 안심하고 발언할 수 있구나 하는 편안함이 들고, 내 감정까지도 들어 주는구나 하는 분위기가 조성되면 집단대화는 무언가 해결점을 찾을 수 있다는 혹은 해결점을 찾지는 못했지만 내 의사를 전달할 공정한 기회는 얻었다는 생각이 든다. 사회자의 역할은 이렇게 참여자들로 하여금 자신감을 가질 수 있도록 하는 것이다.

## 7. 대화 시작 기법

위에서 설명한 기법을 활용하여 대화를 시작할 경우 유용하게 활용할 수 있는 방법을 몇 가지 소개하기로 한다.

### 1) 개인 질문으로 시작

각각의 참여자들이 대화에 관심을 가질 수 있도록 질문을 하나씩 던지는 방식이다. 주위에서 많이 활용하는 기법이다.

**예**: 오늘 어떤 기분으로 참여하셨습니까? 혹은 오늘 유쾌지수는 100점 만점에 몇 점이나 됩니까?
**예**: 오늘 모임에서는 무엇을 기대하고 계십니까? 등

### 2) 감정의 표현

현재 문제가 되고 있는 갈등이나 진행 중인 대화에 대하여 무엇을 느끼고 있는지 세 단어로 표현해 보도록 한다. 이를 통하여 참석자들의 갈등에 대한 태도와 대화 분위기를 파악할 수 있다.

## 8. 대화 종결 기법

집단대화의 종결은 지금까지 진행해 온 대화 내용과 과정을 평가하는 것을 의미한다. 후속조치에 대한 협의가 있었다면 이에 대한 확인도 이 과정에서 언급할 수 있다. 이번 대화를 통하여 무엇을 배웠는가 하는 것이 이 단계에서 짚어야 할 질문일 것이다. 갈등관리와 관련하여 이번 대화를 통하여 첫째, 무슨 일이 일어났는가, 둘째, 자신의 내부에서 어떤 변화가 일어났는가, 셋째, 상대방과의

관계에 어떤 변화가 일어났는지를 이야기하면 된다.

**예:** 이 정도면 충분한 대화가 이뤄진 것 같습니까?
**예:** 무엇을 이뤘고 부족한 것은 무엇이라고 생각합니까?

### 1) 단어 요약

참석자들이 원형으로 모여 몇 단어(예, 일곱 단어) 이내로 집단대화의 과정과 내용을 평가하는 기법이다. 이를 통해 집단대화 전체에 대한 인상을 표현하게 할 수 있을 뿐만 아니라 창의적 표현을 이끌어 낼 수도 있다. 이 기법은 긴 마무리 대화의 한 부분으로 사용하면 좋다.

### 2) 장단점 평가

참석자들이 집단토의 내용 중 우리가 유지해야 할 부분과 변해야 할 부분에 대하여 이야기하는 것이다. 이번 집단대화를 통하여 현재의 갈등상황을 해결하는 데 있어 지속적으로 유지해야 할 프로그램이나 태도는 무엇이며 고쳐야 할 프로그램과 태도는 무엇인지를 솔직하게 이야기하도록 하는 것이다.

많은 경우 자신에 대한 장단점은 이야기할 수 있으나 상대방에 대한 장단점은 이야기하기 어렵다. 따라서 먼저 쉬운 것부터 이야기하고 다음에 어려운 주제로 옮겨가면서 대화를 진행하는 것도 한 방안이 될 수 있다.

## 생각발전소 토론주제

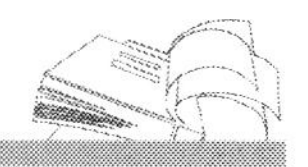

1. 우리가 사회생활을 하면서 집단대화가 왜 중요하다고 생각합니까?

2. '원자력발전소의 추가 건설'을 주제로 집단대화기법 중 '빈의자토론방식'을 적용하여 집단대화를 진행할 시나리오를 짜 봅시다.

3. 집단대화에서 사회자(facilitator)의 역할은 무엇이라고 생각합니까?

제 17 장

# 갈등치유를 위한 회의진행법

*회의나 토론은 가장 전형적인 갈등치유기법이다.*
*대부분의 사람들은 회의를 '그냥 하면 되는' 것쯤으로 생각한다.*
*그러나 갈등을 치유하기 위한 회의는 나름의 규칙과 지식을 필요로 한다.*

1. 토론의 전제조건
2. 동의 확보의 심리적 조건
3. 회의의 준비
4. 회의의 진행
5. 참여자의 에너지를 이끌어 내기 위한 조처들

# 제17장 갈등치유를 위한 회의진행법

사회갈등을 해결하기 위하여 우리는 토론이나 회의를 하게 된다. 갈등당사자들이 만나 자신의 입장을 밝히고 상대방의 의견을 경청함으로써 문제 해결에 한 발씩 다가가기 위해서이다. 이런 이유에서 회의진행법을 익히는 것은 매우 중요하다. 물론 앞에서 언급한 긍정대화가 회의 진행의 언어적 근간이 되겠지만, 이 장(章)에서는 회의를 어떻게 진행하고 의사소통 부재를 극복할 구체적 수단이 무엇인지에 대하여 공부하기로 한다.

## 1. 토론의 전제조건

회의나 담론이 생산적으로 전개되기 위해서는 몇 가지 조건들이 충족되어야 한다. 독일의 철학자 Habermas(1984)도 숙의민주주의 완성을 위하여 대화가 활성화되어야 하는데 올바른 대화의 전제조건으로 이해 가능성, 진리성, 성실성, 그리고 정직성을 제시하고 있다. 기존의 연구들을 바탕으로 갈등치유를 위한 토론의 전제조건으로 다음 5가지를 제시한다.

첫째, 상호 이해 가능한 단어와 표현을 사용하여야 한다. 특히 원자력과 같이 고도의 기술적 문제로 야기된 경우 전문가들은 일반인들이 이해하기 힘든 전문용어를 사용하는 경우가 많다. 이 경우 일반시민들은 "도대체 무슨 말을 하는지 모르겠다"라는 반응을 보이고 종국에는 갈등의 골이 더 깊어질 가능성만 높아질 뿐이다. 최대한 상대방이 이해할 수 있는 단어와 표현으로 대화를 이끌어야 한다.

둘째, 진실성을 가지고 회의에 임하여야 한다. 진심으로 상대방의 입장을 청취하고 갈등해결을 위하여 협력하겠다는 마음가짐으로 회의에 임하여야 한다. 간혹 정부가 주도하는 공청회에서 볼 수 있듯이, 회의를 법적 요건을 충족시키기 위해서나 상대방의 의견을 청취하였다는 명분을 쌓기 위하여 형식적으로 개최하여서는 갈등치유가 어렵다는 것이다.

셋째, 정직하게 자신의 의사를 밝혀야 한다. 갈등이 심화되는 주된 원인 중의 하나는 당사자들이 자신의 입장이나 요구사항을 명확하게 밝히지 않는다는 것이다. 그럴듯한 명분을 내세우고 보다 강경한 태도로 자신들의 요구를 주장하는 것이 문제 해결이나 전술적으로 유리하다고 생각하는 경우가 많다. 그러나 이럴 경우 이해당사자 서로에게 오해를 가져오는 '악마이론'이 적용될 개연성만 더 높아질 뿐이다. 자신의 입장과 요구사항을 정직하게 밝히는 것이 보다 건설적으로 갈등을 해결하는 첩경이 된다.

넷째, 충분한 정보와 자료가 공유될 수 있도록 배려하여야 한다. 회의 참여자들의 일반적인 불만 중 하나는 문제를 이해하거나 해결책을 모색하는 데 필요한 정보와 자료가 부족하다는 것이다. 특히 정부정책과 관련하여 주민들은 정부가 자료를 공개하지 않고 심지어 왜곡까지 한다고 주장한다. 이

* 오영석(동국대학교 행정학과 교수 겸 갈등치유연구소 소장).

러한 상황에서는 올바른 회의 진행이나 갈등해결이 이뤄질 수 없다는 것을 쉽게 짐작할 수 있다.

다섯째, 평등한 발언 기회와 의사결정권이 부여되어야 한다. 우리나라와 같이 권위주의가 팽배한 사회에서는 모든 갈등당사자들이 평등한 발언 기회와 의사결정권을 갖기가 쉽지 않다. 특히 정부정책과 관련하여 최고의사결정권자들이 이를 용납하지 않는 경우가 많기 때문이다. 이러한 권위주의적 분위기에서는 당사자들이 자신의 의사를 솔직하게 밝히기도 어렵고 다른 사람의 의견에 비판하거나 동조하기도 어렵다. 따라서 갈등치유를 위한 회의라면 당사자들이 동등한 발언 기회와 의사결정권을 갖도록 배려하여야 한다. 이를 위하여 회의 전 의사결정규칙을 만들어 제도화 하는 것도 한 방편이 될 수 있다.

## 2. 동의 확보의 심리적 조건

갈등을 해결하기 위하여 회의에 참석하는 사람들이 하나의 일치된 해결책을 찾아가는 심리적 과정은 다음과 같다(Williams, 2007).

참여(involvement) → 헌신(commitment) → 양보(concession)

많은 학자와 현장 컨설턴트들이 동의하는 것 중 하나가 갈등당사자들을 한 장소에 모이게 하는 것이 매우 어렵다는 것이다. 당사자들이 함께 모여야 문제를 논의하고 해결책을 모색할 수 있다는 것을 알면서도 모이면 서로 다투는 경우가 많기 때문에 참석 자체를 꺼린다는 것이다. 위의 흐름도가 시사하듯이 당사자들의 참여의식을 높이고 회의에 헌신할 수 있고 궁극적으로 자신의 입장을 양보하면서 상대방의 입장을 수용할 수 있는 환경을 조성하는 것이 성공적 회의를 위하여 요구된다. 이 모든 것들은 참여자 각자가 가치 있고 중요한 구성원으로 취급되고 있다는 분위기가 조성될 때 발현될 수 있다.

## 3. 회의의 준비

토론이나 회의 준비는 주어진 주제나 상황에 따라 변경될 수 있고 그렇게 하여야 토론의 유연성을 확보할 수 있다. 그러나 일반적인 준비과정은 다음과 같다.

**〈표 17-1〉 회의 준비의 단계**

(1) 이해당사자들의 파악 및 참여 독려

↓

(2) 준비물 및 고려 사항의 파악
- 회의 시간, 회의 장소, 조명, 실내온도, 책상 및 의자의 배치 등의 고려.
- 이야기막대(talking stick), 차트, 필기도구, 다양한 색깔의 매직펜 등.

↓

(3) 회의 진행 목차(시간배분 포함)와 회의 자료의 사전 송부

↓

(4) 의사결정을 위한 가이드라인의 설정
(회의를 진행하는 데 필요한 규칙을 사전에 만들어야 회의의 비효율성을 막을 수 있다.)
- 만장일치제, 2/3 찬성제, 다수의결제 등.
- 가이드라인도 '꼭 지켜야 할 가이드라인', '참고할 가이드라인' 등으로 구분할 수 있다.
- 이 외에도 합의를 도출하는 데 필요하다고 생각하는 가이드라인을 설정할 수 있다 (기한, 다른 기관의 승인 등).

[유의] 물론 가이드라인도 협의를 통하여 도출하여야 한다.

〈협약서 견본〉

아래의 협약서는 저자가 '경청회(敬聽會)'를 주관하면서 참석기관으로부터 받은 협약서의 일부이다. 이런 유형의 협약서는 참석자들이 회의에 진정성을 가지고 참여하도록 유도하고 불필요한 불안감을 해소하는 데 도움이 된다.

협약서

2011년 00월 00일 개최하는 "OOOOOOOO" 경청회와 관련하여 참여기관 및 참여자는 다음과 같이 협약한다.

(1) 참여자들은 지역사회의 발전과 통합을 위하여 진실하게 경청회에 임한다.
(2) 참여자들은 상대방 개인이나 단체에 대한 비방을 삼간다.
(3) 참여자의 발언 내용을 참여기관이나 해당지역 주민 전체의 공식적 의견으로 간주하거나, 발언 내용을 확대 해석하여 특정한 결정에 도달한 것으로 이용하지 아니한다.
(4) 본 경청회로 특정 법적 절차(특정 법이 규정한 공청회나 설명회)가 완료된 것으로 간주하거나 발언 내용이 특정한 법적 효력을 지니는 것으로 간주하지 않는다.
(5) 언론보도는 상호 협의하에 배포한 자료에 국한한다.
(6) 발언 내용은 녹취 후 주최기관에서 보관하되 발표자의 요구가 있을 시 제출한다.

협약서의 원본은 경청회 개최기관에서 보관하고 나머지 협약자는 사본을 보관하기로 한다.

협약자 서명

## 4. 회의의 진행

회의 준비가 이뤄졌다면 이제는 회의를 진행할 순서이다. 회의 진행도 여러 유형이 있겠지만 일반적인 순서는 아래와 같다.

〈표 17-2〉 회의 진행의 순서

(1) **도입**: 회의 준비, 회의의 이유, 성격, 주제, 순서 등을 설명한다.

↓

(2) **참석자 소개**: 자기소개 혹은 참석한 이유 혹은 이 회의에서 무엇을 바라는지 등을 이야기하게 하여 친근감을 유도.

[변형] 최근에 가장 즐거웠던 경험 한 가지 들려주세요.

↓

(3) **주제 이해**: 주제에 대한 이해의 정도를 서로 이야기하게 한다. 예를 들면, '의사소통의 부재'가 없는 상태란 어떤 상태를 의미하는지 설명하거나 이야기를 만들어 보도록 유도.

[변형] 주어진 주제와 관련하여 과거-현재-미래의 모습을 그려 보고 이야기하도록 함.

↓

(4) **의견수렴**: 목표 달성 혹은 문제 해결을 위한 의견의 수렴. 최대한 많은 의견을 수렴하도록 노력. 중복된 것들이라도 일단 적어야 함.

[변형] 사회자가 참석자 개인들과 대화하면서 의견을 묻는 것도 한 방법이지만, 2~3명씩 짝을 지어 아이디어를 개발하도록 유도하는 시간을 주는 것도 필요함. 그리고 짝을 돌아가면서 구성하도록 하여 다양한 의견들이 만나서 브레인스토밍이 일어날 수 있도록 하는 것도 필요할 경우가 있음.

↓

(5) **분류화**: 제시된 의견들을 영역별로 유사한 것 중심으로 분류한다.

↓

(6) **명료화**: 분류된 의견들을 더욱 명확하게 다듬는다(예: 모금운동 → 회원을 대상으로 한 모금운동 등).

↓

(7) **핵심사항 도출**: 목표 달성을 위하여 다뤄야 할 가장 핵심적인 문제 혹은 요인을 도출하도록 한다.

[예] 수업시간에 학생들이 학습목표를 달성하는 데 실패하고 있다 → 이를 달성하기 위한 질문사항 → 질문사항들을 분류하면서 분석 → 하나의 공통된 질문으로 요약(어떻게 하면 학생들의 학습목표를 달성시킬 교사 자신의 능력을 키울 수 있을까?)

[도움 1] 중간 중간 명상, 간단한 동영상, 간식, 유머, 콘서트 등의 이벤트로 분위기를 편하게 조성하는 데 노력한다.

[도움 2] 제시된 의견들에 대하여 왜(why)라는 질문을 많이 할 것. 이렇게 하여야 문제의 핵심사항에 도달할 수 있기 때문이다.

↓

(8) **선택**: 위의 과정을 거쳐 모든 구성원이 동의하는 해결책을 도출한다.

- 해결책이 많아도 곤란이 적어도 사람들이 무기력하게 생각하기 때문에 적당한 개수의 최종결과물을 도출할 필요가 있다.
- 최종결과물을 단기·중기·장기로 나눠 구분하기도 하고, 주요항목·부수항목으로 구분할 수 있다.

[유의] 사회자(facilitator)는 의견 제시를 자제할 것. 이미 동의가 확보된 의견에 대한 자신의 입장을 밝히는 것은 더욱 삼갈 것.

↓

(9) **세부계획의 수립**: 해결책 혹은 목표달성의 구체적 시나리오 작성.
이 단계의 핵심은 목표 달성 혹은 문제 해결의 핵심요소를 찾는 데 있다.
- 2~3팀으로 나눠 시나리오를 만들도록 유도한다.
- 각 시나리오 발표 시간을 갖는다. 각 시나리오를 칠판에 적고 상호 논의한다(시간이 허락할 경우 몇 시간 뒤 혹은 며칠 뒤 재논의하는 것도 우수 시나리오 도출에 도움이 된다).
- 이들 중 하나를 선택하든지 3가지 시나리오에 들어 있는 해결요소들을 취합하여 새로운 시나리오를 구성한다.

↓

**(10) 시간표**
- 각각의 계획을(혹은 각 팀 혹은 개인별로) 실천할 체계적 시간표를 '무엇을(what)', '누가(who)', '언제까지(when)'로 구분하여 짠다.
- PERT 기법을 활용할 수 있다. 즉 주요 활동과 시간 간의 관계를 다이어그램으로 나타낸다.

↓

**(11) 채택된 해결책의 문서화**
- 문서의 구성과 내용을 작성하는 데도 한 사람이 하기보다는 팀으로 나눠 작성하는 것이 팀원들 간의 유대감을 강화하는 데 도움이 된다.
[예] 비전, 활동내용, 예산 확보 방안, 담당자 등

↓

**(12) 평가**
- 이 단계는 회의를 주최한 사람이나 사회자(facilitator)에게 필요한 것이다. 회의를 통해 도출한 내용과 과정에 대하여 평가시간을 갖는 것이 다음번 유사한 회의를 진행할 때 도움이 되기 때문이다.

## 5. 참여자의 에너지를 이끌어 내기 위한 조처들

회의, 특히 갈등치유와 관련된 회의를 진행하다 보면 참여자들이 의욕도 없고 이 회의에 에너지를 쏟으려는 의지가 부족해 보일 때가 많다. 이럴 경우 어떻게 하면 참여를 독려하고 의욕을 고취시킬 것인지에 대하여 고민하는 것이 필요하다.

### 1) 인식의 전환

모든 회의에서 공통적으로 관찰되는 문제점 중의 하나는 참여자들이 자신의 목적 달성이나 성취에만 집착한다는 사실이다. 입장이나 논리의 전개도 상대방을 설득하는 데에만 초점이 맞춰져 있다. 그러나 갈등치유에서의 회의의 근본 목적은 참여자 간의 신뢰와 관계 강화에 초점을 두는 것이다. 인간관계와 신뢰가 형성되었을 때 회의는 자연스럽게 생산적 방향으로 전환하게 되는 것이다.

- 팀원들의 다양한 가치를 인정하여야 한다.
- 집단지혜가 개인지혜보다 더 우월하다는 확실한 믿음을 가져야 한다.

[유의] group mind(전체를 지향하는 마음)가 group thinking(전체를 하나로 인식하는 획일적 생각)보다 우월함.
[기법] 색깔이 다른 모자(붉은색 등)를 준비하고 이야기하게 함.
붉은색: 감정적 언어, 파란색: 구조적 언어, 밤색: 행동적 언어

## 2) 동의 확보가 어려울 경우

먼저 무엇이 동의를 가로막는지 파악하는 것이 중요하다. 동의를 가로막는 요인들을 내용 혹은 절차 혹은 감정 등으로 구분하여 분류하는 것도 도움이 된다. 아래의 사례처럼, 현재까지 합의 및 미합의된 부분을 다이어그램으로 정리하여 서로 공유하는 것도 한 방편이다.

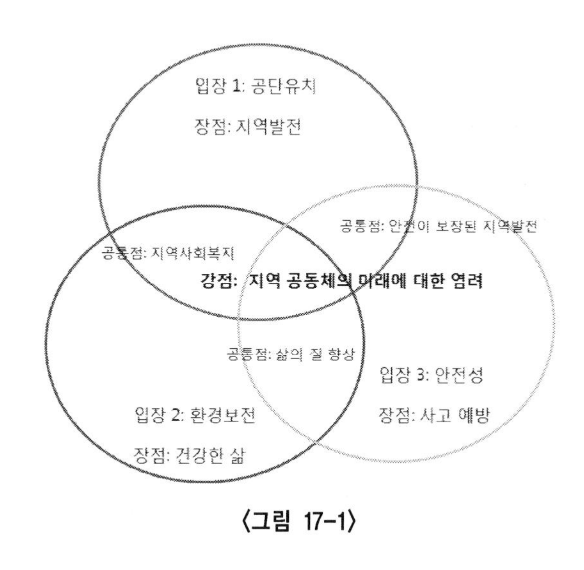


〈그림 17-1〉

혹 미합의된 부분이 있다면 이를 중심으로 소규모 그룹을 형성하여 따로 논의하게 하고 이를 전체 회의에 상정하는 것도 한 방안이다. 이와 관련하여 다음의 사항들도 점검하는 것이 요구된다.
- 회의에 참석하지 못한 이해당사자들의 동의가 필요한지 확인한다.
- 동의가 필요한 아직 다루지 않은 이슈가 있는지도 확인할 필요가 있다.
- 동의의 구체적 내용을 모든 참석자들에게 재확인하는 것도 필요하다.

## 3) 생산적 회의운영을 위한 고려사항

아래에 수록된 내용은 회의가 생산적으로 운영되기 위하여 고려하여야 할 사항들을 정리한 것이다. 이 모든 내용들이 지켜져야 하는 것은 아니지만 자기가 주관하는 회의가 교착 상태에 빠졌다면 아래의 사항을 고려할 만하다.

① 회의에 참석하지 않은 사람에 대해 그 이유를 미리 파악하여 언급해 주는 것이 이 회의에 모인 모든 사람이 중요하다는 것을 각인시킬 수 있다.

[예] 의사와의 선약이 있어 오늘 회의에는 참석하지 않았다.

② 팀을 구성할 때 강제 배분하기보다는 "어떤 방식 혹은 기준으로 나누는 것이 좋겠습니까?"라고 묻거나 자발적 지원을 받는 것이 보다 효과적이다.

③ 참석자들의 장점과 헌신에 대하여 자주 존경심을 보인다.

-맡은 역할과 일에 대하여 상호 구체적으로 칭찬하도록 격려한다.

[예] 이번에 수집한 인구통계는 쓸모가 많았습니다. 수고했습니다.

-개인의 생일, 수상, 업적 등이 있으면 이를 축하한다.

④ 개인의 이름을 기억하고 활용한다. 존칭이나 직함을 함께 사용하는 것이 필요하다. 사회자의 경우 모든 이름을 기억할 수 없기 때문에 명찰을 달게 하거나 미리 참석자 명단을 만들어 소지한다.

⑤ 과제표를 만들어 모두가 공유하도록 한다. 자신(혹은 자기 팀)이 할 일을 체계적으로 인지토록 하고 다른 사람(혹은 팀)과의 연관성을 알게 하여 속도 조절과 공동체 의식을 가지게 한다.

[예]

| 업무 | 담당자 | 마감일 |
|---|---|---|
| 데이터 수집 | 홍길동 | 4월 20일 |
| --- | --- | --- |

⑥ 팀을 상징하는 명칭, 색깔, 모토, 깃발, 의식, 구호, 심벌, 노래 등을 만들어 유대감과 헌신할 수 있는 분위기를 조성할 수 있다.

[예] "우리는 봉사한다", "우리 지역은 우리가 지킨다" 등

⑦ 여러 역할을 순번제로 돌아가면서 맡는 것도 역량 강화에 도움이 된다.

⑧ 작은 성취가 있을 때마다 이를 축하하는 행사를 자주 갖는다.

[예] 식사, 영화감상 등

⑨ 개별 회의의 요약과 반성

-자주 회의의 과정과 내용에 대해 요약 및 반성하고 개선방향을 도출하려고 노력한다.

-다음 회의의 일정과 내용을 공지한다.

-특히 팀워크 유지를 위한 의견을 모아 본다. 날짜, 시간, 참여범위 등에 대한 새로운 의견 등

-소식지 같은 것을 만들어 구성원들에게 그날의 회의 결과와 다음번 회의 일정 등을 송부하는 것도 고려할 수 있다.

〈집단대화 유의사항〉

다음은 필자가 갈등상황에 놓여 있는 양 집단 대표들 간의 토론을 관찰하면서 습득한 유의사항이다. 회의 진행 시에도 활용할 수 있는 사항들이라 여기에 소개한다(2011년 11월 초).

(1) 공개적 녹취
사전 양해 혹은 협의 없이 녹취를 하는 것은 추후 분쟁의 소지를 남김. 상호 협의하여 녹취 여부를 결정하는 것이 좋음.

(2) 회의 내용의 공개 여부
회의 전 회의 내용의 공개 여부와 범위를 사전 조율하는 것이 필요함. 특히 대표자 간의 회의라면 회의 결과를 일반회원이나 주민들에게도 알릴 수 있는지 등에 대한 협의가 필요함. 특히 언론에의 공표는 사전 협의가 필수임.

(3) 쟁점에 대한 각자 입장을 발표하고 이를 끝까지 경청하는 자세가 요구됨
대화에 참여하는 기본 취지는 상대방의 입장을 듣기 위함이기도 하지만 자신의 입장을 정확하게 전달하고 싶은 마음에서 하는 것임. 이를 인식하고 상대방의 발언을 충분히 들어주는 태도를 가지고 회의시간 또한 이런 입장에서 충분히 길게 잡아야 할 것임. 시간이 부족한 경우 논쟁을 줄이고 여러 차례 만나는 것이 보다 효율적임.

(4) 본인이 소위 '갑'의 위치에 있는지 '을'의 위치에 있는지에 대한 고려
공공기관의 경우 대부분 '갑'의 위치에 놓이게 됨. 예를 들면, 시장과의 대화. 이럴 경우 대화의 순서나 좌석 배치 등에 신경을 쓰면 좋음. 대화는 원칙적으로 평등하고 편한 분위기에 하는 것이 합의를 이끌어 내는 데 유리함.

(5) '조건 없이 만나자 혹은 대화하자'의 의미를 아무런 생각 없이 혹은 준비도 없이 만나는 것으로 오해하는 경우가 많음. 회의 전 절차와 대화 내용에 대한 철저한 사전준비가 요구됨. 그리고 이 내용을, 특히 절차에 대하여 양측이 충분히 상의하여 순서를 결정하는 것이 중요함.

(6) 만남의 성격 자체를 명확하게 하는 것이 필요함
한 번 만난 것으로 법적 요건이 충족되었다거나 "나는 최선을 다하였다"라는 아전인수식의 해석은 문제를 더 어렵게 함.

(7) 회의 중 발생 가능한 돌발 사태를 두려워함(예, 폭력의 사용 등)
따라서 자신의 감정을 통제할 수 있는 훈련과 혹은 상호 간의 약속이 전제되어야 함.

(8) 충분한 설명 기회(경청의 중요성)
설명도 못 한 상태에서 왜곡되고 만남 자체가 이용되는 것을 우려함.

(9) 상대방의 질문에 충분히 답변한 후 자신의 입장을 밝힐 것
자기주장만 반복하는 것은 대화 실패의 첩경임. 특히 관료들은 'yes' 아니면 'no'의 답변을 하는 경우가 많음. 그러나 정치가는 되지 않는 일도 일단 유연하게, 되는 일도 일단 되지 않는 듯한 태도에서 시작함. 이렇게까지 할 필요는 없지만 상대방의 감정과 불만을 끝까지 경청하는 자세가 필요함.

(10) 감정의 자제와 수용
대화 중 화가 난다고 하여 바로 성질을 부리는 것이 대화 실패의 첫 원인이 됨. 상대방이 자신의 감정을 건드는 발언을 하더라도 '5초 룰'을 적용하여 참는 것이 바람직함. 또한 상대방이 화를 내면 이를 일정 시간 수용하는 태도가 바람직함. 상대방의 감정적 언어를 수용하게 되면 상대방의 감정이 수그러들게 되고 자신의 말이 수용되었다는 인식을 갖게 됨.

(11) 대화 시작 전 본인 측 구성원 간의 사전 대화와 의견 교환의 필요
소위 '적진분열'로 만남의 효율성과 효과성이 사라짐.

(12) 각 집단의 최고의 대표만 설득하고 이해하면 문제가 해소되는 것은 아님. 특히 주민집단에서 이러한 경향이 심한데, 참여자 모두를 이해시키려는 준비와 노력이 요구됨.

(13) "이것은 대외비인데……", "당신에게만 말하는 내용인데……" 유형의 대화는 불신과 정보의 왜곡만 초래함.

(14) 본격적인 회의에 들어가기 전 유머와 일상의 이야기로 분위기를 조성하는 것도 대화를 생산적으로 이끌 수 있는 단초가 됨.

(15) 회의를 실질적인 문제 해결의 장으로 생각하지만, 동시에 자신들을 대화창구로 인정받으려는 형식적 절차로 생각하는 단체도 있음. 이러한 사고가 잘못된 것은 아님. 그러나 대화가 악용될 소지가 있기 때문에 처음부터 대화 상대를 잘 선택하는 것이 중요함.

(16) 혹 중재자를 활용할 경우, 중재자는 회의 운영과 문제가 되는 사안에 대한 준비를 철저하게 하여야 함. 또 본격적 대화에 앞서 양쪽을 오고 가면서 신뢰를 구축하는 것이 필요함. 그리고 중재할 경우 각 집단의 대표 한 사람만 접촉하는 것이 다른 집행부와 일반회원들에게 오해를 살 수 있기 때문에 최소한 다수의 집행부 인사들과 만나는 것이 바람직함.

## 생각발전소 토론주제

1. 갈등치유를 위한 진정한 토론의 전제조건은 무엇이라고 생각합니까? 여러분은 이러한 전제조건을 얼마나 충실하게 지킬 수 있을 것으로 생각합니까?

2. 지역사회갈등에 대한 주제를 하나 선정하고 여러분이 이 회의를 주최한다면 어떤 절차로 회의를 진행할 것인지 시나리오를 작성하여 봅시다.

3. 위에서 설명한 회의진행법을 보고 여러분이 회의에 대하여 느낀 점은 무엇입니까?

제 **18** 장

# 사회갈등의 분석기법

*사회갈등을 정확하게 이해하기 위하여 다양한 분석기법들이 동원된다. 갈등분석에 있어 가장 중요한 것은 갈등을 창의적으로 해결할 수 있다는 조사자의 긍정적 자세와 반복된 훈련이라 할 수 있다.*

# 제18장 사회갈등의 분석기법

사회갈등의 현황을 정확하게 이해하기 위하여 다양한 분석기법들이 동원될 수 있다. 사회과학에서 널리 사용되는 기법들뿐만 아니라 우리가 상식적으로 적용 가능하다고 생각하는 기법들도 상황에 맞게 적용할 수 있다. 설문조사와 관찰 혹은 인터뷰 등이 이에 속한다. 여기에서는 갈등분석의 개념과 몇 가지 주요기법에 대하여 논의하기로 한다.

## 1. 갈등분석의 개념

갈등분석이란 현재 사회적 문제로 대두한 갈등을 정확하게 이해하고 치유방안을 모색하기 위하여 벌이는 일련의 활동이라고 정의 내릴 수 있다. 갈등분석의 목적은 첫째, 갈등상황의 정확한 이해를 위한 것이며, 둘째, 갈등의 해결 및 생산적 방향으로의 전환을 위한 것이며, 셋째, '적'을 이기기 위한 것이 아니라 공감과 통합사고를 위한 정보와 자료의 획득을 위한 목적 지향적 활동이라 할 수 있다.

앞에서도 언급하였지만, 갈등은 사람·쟁점·의사소통으로 구성되어 있기 때문에 갈등분석은 갈등에 관여된 이해당사자를 파악하고, 갈등을 야기한 이슈와 문제가 무엇이며, 어떤 과정을 통하여 사람과 쟁점이 교호작용을 일으키고 있는지를 다양한 분석도구를 활용하여 파악하는 것이다. 이런 분석활동을 통하여 습득한 정보와 자료를 바탕으로 갈등요소들 간의 인과관계를 찾아내고 해결방안을 제시하는 것이 갈등분석의 최종 목표라 할 수 있다.

〈「공공기관의 갈등 예방과 해결에 관한 규정」에 명시된 갈등분석 항목〉

환경영향평가와 같이 합리주의와 체계분석이론에 기반을 둔 분석 항목이라 할 수 있다.

1. 공공정책의 개요 및 기대효과
2. 이해관계인의 확인 및 의견조사 내용
3. 관련 단체 및 전문가의 의견
4. 갈등유발요인 및 예상되는 주요쟁점
5. 갈등으로 인한 사회적 영향
6. 갈등의 예방·해결을 위한 구체적인 계획
7. 그밖에 갈등의 예방·해결을 위하여 필요한 사항

* 오영석(동국대학교 행정학과 교수 겸 갈등치유연구소 소장).

## 2. 사회갈등 분석기법

다양한 방법이나 기법을 생각할 수 있지만 신문분석, 설문조사, 개인 및 집단을 대상으로 한 면담, 현장조사, 사진촬영 등이 전통적으로 이용되어 온 기법이다. 현대에 들어서 갈등이 인간의 심리적 요소에 의하여 발생하거나 심화된다는 결과들이 나오면서 심리상담도 갈등분석의 기법으로 자주 이용되고 있다. 또한 최근에 일부 학자들이 갈등당사자의 생체변화를 측정하여 갈등의 유형과 강도를 측정하여 갈등치유의 정보로 활용하기도 한다(오영석・문일수, 2011). 이 기법은 갈등이 스트레스로 작용하여 신체적 변화를 야기하고 인간을 피폐하게 만들기 때문에 치유적 관점에서 갈등을 접근하여야 한다는 입장이다.

여기에서는 기존의 전통적 방법보다는 사회갈등 분야에서 독자적으로 개발하여 사용되고 있는 기법을 소개하기로 한다. 시계열기법, 갈등나무기법, 삼각형기법, 양파기법, 문답기법, 그리고 인과지도 기법에 대하여 논의하기로 한다(Fisher et al, 2000).

### 1) 시계열기법

가장 기본적인 기법으로 갈등의 전개과정을 시계열적으로 기술하여 갈등 현황에 대한 이해력을 높이기 위한 기법이다. 일반적으로 5단계로 구분하여 조사 항목 및 내용을 기입하면 된다.

○ 목적: 갈등의 사이클을 이해할 수 있음. 갈등이 고조 혹은 약해지고 있는 국면인지를 이해할 수 있다.
○ 대상: 갈등의 시계열적 모습
○ 방법: 면담, 관찰, 토론 등등
○ 사용시점: 갈등 전개의 모든 시점에 적용 가능. 갈등분석 초기에 다른 유사 사례에 적용하여 사용하면 갈등의 전체적 흐름을 파악할 수 있다.
○ 5단계
 - 갈등태동단계: 한 이슈를 둘러싼 2개 이상의 집단이 대립하는 상황. 목표와 해결책의 불일치로 집단 간 긴장이 고조.
 - 대립단계: 대립이 표면화되고 조직화되는 단계. 시위가 발생할 수 있으며 양쪽이 분명하게 대립하게 되는 단계.
 - 위기단계: 갈등이 최고조로 달한 단계. 상대방에 대한 비난이 오고 가고 폭력이 수반되기도 한다. 양쪽 간 의사소통이 불가능할 경우가 많다.
 - 종결단계: 어느 방향으로든 갈등이 종결되어 가는 단계. 해결의 기미가 보이면서 폭력이나 긴장이 완화되는 현상을 수반한다.
 - 갈등 이후 단계: 갈등이 해결된 단계. 이 단계의 중요성은 해결이 부분적으로나 강제적으로 이뤄진 경우 다시 갈등태동단계로 복귀할 수 있다는 것이다. 갈등 이후의 여론이나 해결책이 사회에 미치는 영향을 주시하여야 한다.

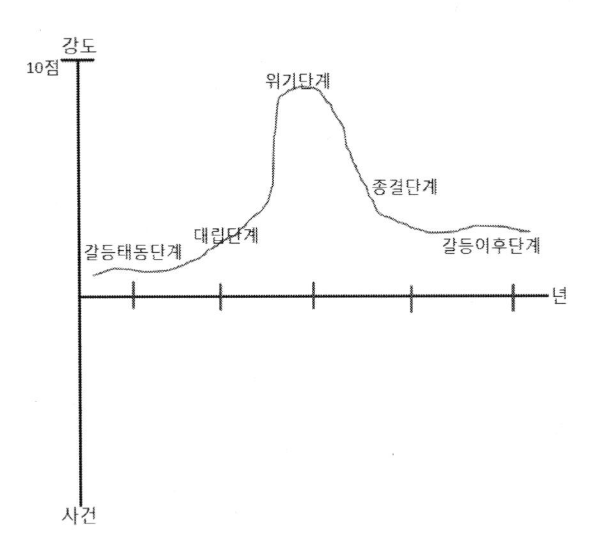


〈그림 18-1〉 시계열기법

## 2) 갈등나무기법

갈등을 원인, 문제, 영향 세 영역으로 구분하여 기술하는 기법이다.

○ 목적: 갈등의 원인과 문제 그리고 예상되는 영향을 밝혀 갈등을 이해하고 홍보하기 위한 목적.
○ 내용
- 원인: 갈등이 촉발된 원인을 다양한 시각에서 조명한다. 경제적 · 정치적 · 문화적 · 지역적 · 기술적 등등 다양한 측면에서 갈등을 분석하는 것이 필요하다.
- 문제: 갈등을 둘러싸고 이해당사자들 간에 쟁점이 되고 있는 사항들. 갈등을 증폭시키고 있는 이슈와 미해결된 논점들이 이에 속한다.
- 영향: 갈등이 이해당사자들과 지역사회 그리고 국가 전체에 미치는 파급효과. 부정적 영향과 함께 긍정적 효과도 기입하면 도움이 된다.

○ 대상: 갈등당사자 개인 혹은 집단, 조사자 자신.
○ 방법: 면담, 관찰, 서면조사, 문헌 및 신문기사 검색 등.
○ 사용시점: 갈등 전개의 모든 시점에 적용 가능. 특히 초기단계.

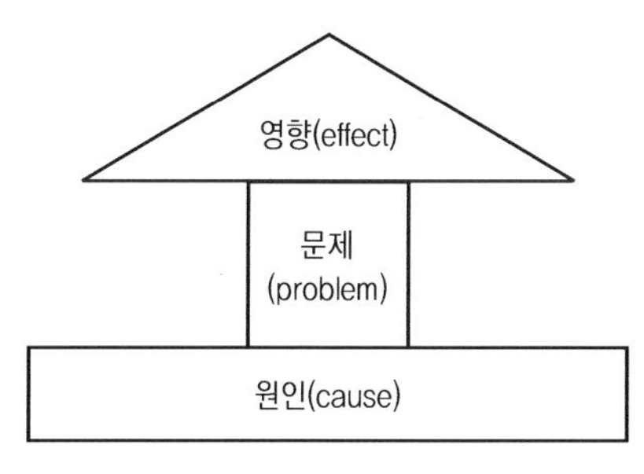


〈그림 18-2〉 갈등나무기법

### 3) 삼각형기법

갈등당사자인 자신과 상대방의 갈등에 대한 인식을 행동·태도·배경의 측면에서 조사하는 기법이다.

○ 목적: 각 갈등당사자의 상대방에 대한 행동·태도·배경을 비교하는 데 목적이 있다. 이 정보는 서로가 상대방을 이해하는 데 유용하게 활용할 수 있다.
○ 내용: 행동과 태도는 자신과 상대방에 대하여 느낀 바를 기입하나, 배경은 자신에 관한 것만 기입하면 된다.
 - 행동: 밖으로 나타나 관찰되는 일련의 조치들이나 행위(예, 화, 적대행위 등).
 - 태도: 상대방을 향한 행동에 영향을 주는 일관된 인성적 요소(예, 권위적, 옹고집 등).
 - 배경: 행동과 태도를 결정짓는 문화적·지리적·정치적·경제적 배경(예, 과거의 경험, 지역 특성 등).
○ 대상: 주요 갈등당사자 개인 혹은 집단.
○ 방법: 주로 면담이나 관찰.
○ 사용시점: 갈등 전개의 모든 시점에 적용 가능.

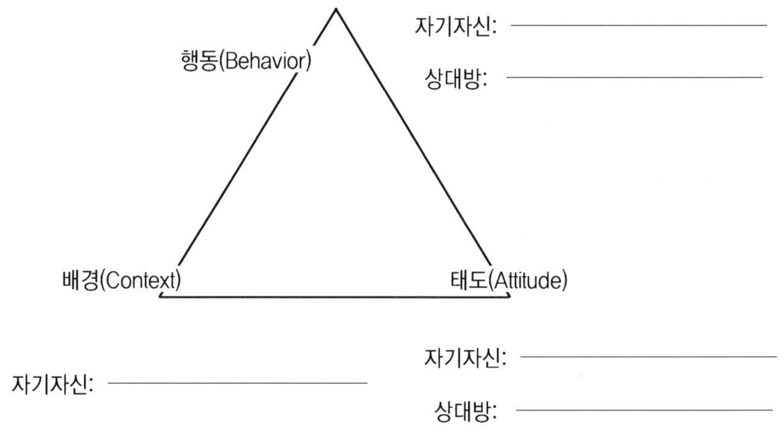


〈그림 18-3〉 삼각형기법

### 4) 양파기법

이해당사자들의 표출요구사항, 잠재적 요구사항, 기초요구사항, 그리고 불안사항을 면담이나 서면조사 등을 통해 알아내고 이를 갈등해결에 활용하는 기법이다.

○ 목적: 각 이해당사자들의 요구사항을 정확하게 파악하여 갈등해결책을 만드는 데 도움을 주기 위한 것이다.

○ 내용: 표출된 요구사항, 잠재적 요구사항, 기초요구사항, 그리고 불안사항으로 나눠 기술한다.

- 표출요구사항: 자신들이 공개적으로 주장하여 알려진 요구사항. 일반적으로 경제적(분배문제 등)・정치적(권력관계 등)・기술적(정보부족 등)・문화적(정서, 자존심 등) 요구사항으로 구분할 수 있다.
- 잠재요구사항: 관계가 개선되었을 경우 밝힐 수 있는 속내의 요구사항. 표출된 것과 다를 수 있다. 당사자가 진짜 목표로 삼는 것이다.
- 기초요구사항: 이것만은 꼭 들어줬으면 하는 요구사항을 의미함.
- 불안사항: 상대방이 아무런 예고 없이 취함으로써 우리에게 큰 피해나 정신적 충격을 줄 것으로 생각되는 사항(주민의 입장에서 본 일방적 정책결정, 공공시설물 점거 등).

○ 대상: 주요 갈등당사자 개인 혹은 집단.

○ 방법: 면담, 서면조사, 문헌 및 신문기사 검색 등.

○ 사용시점: 갈등 전개의 모든 시점에 적용 가능.

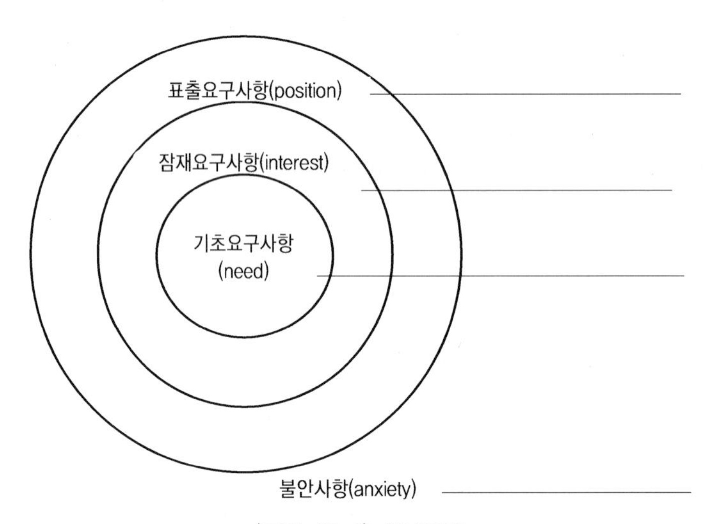


〈그림 18-4〉 양파기법

## 5) 문답기법

갈등분석에서 가장 기본이 되는 분석기법이다. 갈등상황을 여러 영역으로 세분하여 갈등당사자와의 면담 등을 통하여 자료와 정보를 획득한다. 아래의 표를 가지고 다양한 개인 혹은 단체와의 면담이 끝나면 자신이 조사한 것 전체를 대상으로 재분석하면 된다.

○ 목적: 갈등상황을 종합적으로 이해할 수 있도록 파악하는 것이다. 당사자들이 현재의 갈등을 어떻게 인식하고 있는지를 비교하여 그 결과를 전해 줄 수 있다. 이를 통해 상대방을 더 잘 이해할 수 있게 된다.
○ 내용: 갈등의 여러 측면(내용, 쟁점 등)에 대해 조사한 것을 빈칸에 기입한다.
○ 대상: 주요 갈등당사자 개인 혹은 집단.
○ 방법: 면담, 서면조사, 문헌 및 신문기사 검색 등.
○ 사용시점: 갈등 전개의 모든 시점에 적용 가능.

〈표 18-1〉 문답기법

| 구분 | 항목 | 내용 |
|---|---|---|
| 갈등인식 | 정의 | |
| | 정도<br>(1점 약 <--> 강 5점) | |
| 갈등범위 | 제1차 지역(주도지역) | |
| | 제2차 지역(관심지역) | |
| 갈등표현 | 입장 표출의 주요 방법이나 통로 | |
| 갈등원인 | 핵심 원인과 근거 | |
| | 증폭 원인과 근거 | |
| 갈등내용<br>(이슈별로<br>대분류) | 주요 쟁점 | |
| | 관련 쟁점<br>(주요 쟁점에 영향을 주는 주변 쟁점) | |
| 갈등영향 | 현재의 갈등이 지역사회와<br>당사자들에게 미칠 영향 | |
| 갈등<br>네트워크 | 주요 당사자<br>(공공기관 및 지역사회단체) | |
| | 비공식조직<br>(표출되진 않았지만 문제 해결에<br>영향을 줄 수 있는 개인이나 단체) | |
| 갈등해결 | 방향 | |
| | 방법 및 이유 | |

## 6) 인과지도기법

시스템 다이내믹스에서 사용하는 인과지도기법을 갈등분석에도 활용할 수 있다. 문자 그대로 갈등상황을 원인과 결과의 맥락에서 재구성하는 것이다. 전문가들이 활용하는 시스템 다이내믹스에서의 인과지도기법은 보다 체계적이고 정교하지만 갈등분석에서는 일반인들도 활용할 수 있도록 단순화시킨 모델이다.

○ 목적: 갈등 구성요소 간의 동태성을 보여 주기 위한 것이다. 인관관계를 파악하여 갈등을 보다 정확하게 이해하고 해결방안을 모색하기 위함이다.
  - 구성요소: 갈등 촉발 및 증폭 원인, 이해당사자, 사건, 쟁점, 입장, 요구사항 등.
  - 동태성: 이들 간의 인과관계(상관관계와 구별할 것).

○ 내용: 구성요소를 인과관계에 따라 하나의 지도로 나타내다. 일종의 마인드맵을 생각하면 된다.
  - 지렛대 지점을 파악할 것(선순환고리, 악순환고리, 견제력). 이 지점이 발견되면 갈등을 풀 수 있는 단초가 생긴다. 따라서 고리를 꼭 확인하는 것이 중요하다. 쉽게 고리가 발견되지 않더라도 문제 해결의 실마리를 찾기 위하여 인위적으로라도 고리를 발견하는 것이 필요하다.
  - 전체 개요를 볼 수 있는 인과지도와 일부분을 자세하게 설명한 인과지도로 구분하여 작성할 수도 있다.

○ 대상: 개인도 할 수 있으나 일반적으로 집단토의를 거쳐 작성한다. 개별조사 후 집단토의를 거쳐 작성하는 것이 일반적이다.

○ 방법: 토의 및 이성적 논리의 동원.

○ 사용시점: 갈등 전개의 모든 시점에 적용 가능하나 주로 후반부에 활용될 가능성이 높다.

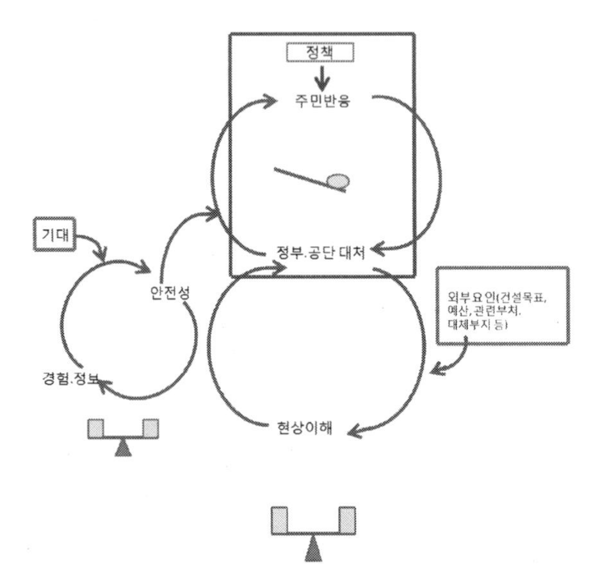


〈그림 18-5〉 인과지도기법 적용 사례

## 3. 사회갈등 분석 시 유의사항

현장에서 위의 기법들을 적용하다 보면 생각지도 못한 어려움과 장애요인들이 발생한다. 한편으론 외부에서 주어지는 경우도 있지만, 다른 한편으로는 분석자의 부주의와 경험 부족에서 기인하는 경우도 많다. 아래의 요인들을 참고하여 보다 효과적이고 창의적으로 장애요인들을 극복할 수 있도록 분석자 자신이 최선의 노력을 다하여야 할 것이다.

첫째, 분석자 자신의 생각이나 의견이 아닌 조사 내용 즉 피조사자의 의견을 적어야 한다. 조사자들이 가장 범하기 쉬운 실수 중의 하나이다. 이를 피하기 위하여 조사내용을 충분히 숙지하고 피조사자로부터 답을 이끌어 낼 수 있는 질문들을 사전에 준비하여야 한다. 2인 1조로 피조사자를 방문하고 문답하는 것도 무방하고 효과적이다.

둘째, 이 책에서 소개한 긍정대화를 적극적으로 활용하는 것이 좋다. 대화의 기본요령으로는 피조사자와 대화할 때 객관적 사실의 파악에 주력하여야 한다. 가급적 정확한 수치나 용어를 파악하도록 노력하여야 한다. 예를 들어, 상대방이 "많이 왔습니다"라고 말을 했으면 '많이'가 어느 정도인지를 정확하게 재문의하여야 한다는 것이다. 또한 상대방을 자신의 기준이나 가치관으로 판단하지 말아야 하며, 상대방의 감정에 휩싸여 함께 흥분하는 것도 삼가야 한다. 일인칭 문장(I-statement)을 사용하는 것도 상대방의 감정이나 판단에 개입하지 않는 한 방법이다.

셋째, 조사자가 조사하는 항목이 제한적이더라도 조사범위를 가능한 한 폭넓게 보는 것이 문제 파악과 해결책 모색에 도움이 된다. 자신의 조사항목에 매몰되어 쟁점 간 혹은 이해당사자 간 어떤 관계가 있는지를 간과하기 쉽기 때문에 조사범위를 가급적 폭넓게 바라볼 수 있어야 한다는 것이다. 이 책에서 소개하고 있는 불교의 관법이나 연기법 등을 활용하여 자신을 훈련하는 것이 중요하다.

넷째, 가급적 다양한 이해당사자와 접촉하여 균형 잡힌 시각을 모색하는 것이 중요하다. 시간과 재원의 부족으로 몇 사람만을 면담하고 결론을 내리게 되면 추후에 문제점이 발견될 수 있기 때문에 가능한 한 다양한 이해당사자를 만나 면담하여야 한다. 같은 맥락에서, 같은 집단 내에서도 최소한 2명 이상 면담을 하는 것이 편견을 최소화할 수 있다.

마지막으로, 기술적인 문제이지만 조사가 원만하게 진행되기 위해서는 ( i ) 피조사자가 난색을 표하거나 어렵게 생각하는 문항이라면 억지로 진행할 이유는 없고, (ii) 조사자가 표찰을 착용하는 것도 상대방에게 신뢰성을 높일 수 있고, (iii) 기관 방문이나 면담 전 면담 요청 공문을 보내고 전화로 확인하는 것도 정중한 방법이다. 그리고 마지막으로, (iv) 실전에 돌입하기 전 조사자들이 모여 리허설을 하면 조사에 따른 긴장을 완화할 수 있다.

## 생각발전소 토론주제

1. 사회갈등 분석의 개념과 목적은 무엇입니까?

2. 문답기법을 활용하여 최근 우리 사회의 현안으로 등장한 갈등을 분석하여 봅시다.

3. 갈등분석 시 주의하여야 할 사항을 정리하여 봅시다.

제 19 장

# 갈등치유시스템의 구축

*모든 조직은 규모에 차이가 있지만 갈등을 겪는다.*
*갈등치유시스템이 구축된 조직과 그렇지 않은 조직 간에는*
*이를 얼마나 효과적이고 효율적으로 극복하느냐에 큰 차이가 있을 것이다.*
*또한 갈등으로부터 학습하는 태도와 역량에도*
*큰 차이가 있을 것은 자명하다.*

# 제19장 갈등치유시스템의 구축

한 조직이 갈등을 미연에 방지하고 효과적으로 대처하기 위해서는 갈등치유시스템의 구축에 관심을 가져야 한다. 갈등관리에 실패한 조직은 명성에서나 경제적으로 많은 대가를 치러야 하기 때문이다. 그렇다면 갈등치유시스템을 구축하는 데 어떤 과정과 원칙에 입각하여야 하는가?

## 1. 갈등치유시스템의 의의

모든 조직은 유형은 다르겠지만 갈등에 휩싸이게 된다. 조직이 하나의 개방체계로 주위 환경과 교호하고 다른 조직과 경쟁하기 때문이다. 특히 지방자치단체를 포함한 공공기관은 정책을 집행하는 데 있어 예기치 못했던 갈등을 맞는 경우가 일상화되어 있다고 하여도 과언이 아니다. 한국수력원자력발전소와 주민들 간의 갈등이나 한국방사성폐기물관리공단의 방사성폐기물처분장 건설이나 관리와 관련된 주민과의 갈등이 좋은 예이다.

## 2. 갈등치유시스템 구축 시 고려사항

한 조직이 갈등관리시스템을 구축하는 데 고려하여 할 요소로는 갈등의 유형, 갈등 전개과정에서의 단계, 갈등의 원인, 그리고 갈등대상(예, 주민)을 들 수 있다(Mitroff & Anagnos, 2001). 이러한 요소들을 고려하여 갈등치유 시스템과 시나리오를 짤 때 갈등을 효과적으로 치유할 수 있다는 것이다.

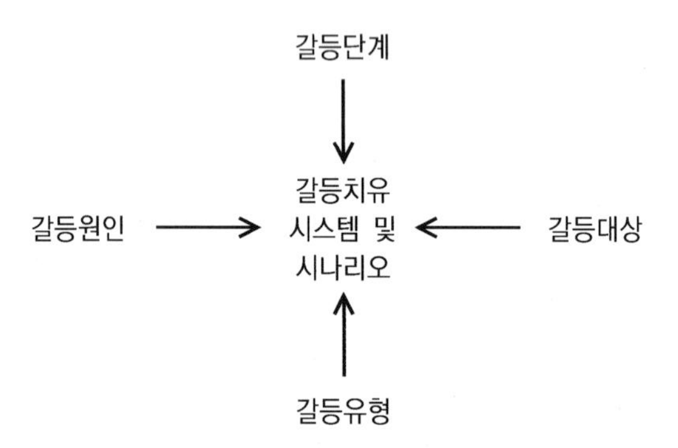


**〈그림 19-1〉 갈등치유시스템 구축 시의 고려사항**

---

* 오영석(동국대학교 행정학과 교수 겸 갈등치유연구소 소장).

갈등유형이란 해당 조직이 어떤 유형의 갈등에 가장 취약하며 갈등이 발생할 가능성이 높은지 등을 파악하는 것을 의미한다. 앞에서 설명한 가치갈등과 경제갈등에 대한 치유시스템은 다를 수 있기 때문이다. 이러한 유형 구분들이 인위적일 수 있기 때문에 각 조직들은 현실적으로 자기 조직이 직면 혹은 예상하고 있는 갈등을 나열한 후 목록을 만들고 이를 기반으로 유형화하는 것이 좋다.

갈등단계란 현재의 갈등이 전개되면서 어떤 단계에 도달해 있는지를 파악하는 것이다. 단계를 도입단계－상승단계－절정단계－소강단계－해결단계 등으로 구분할 수도 있고, 이 책이 제시하는 것처럼 사실오해단계－감정자극단계－방어단계－전략단계로 구분할 수도 있다. 갈등이 어느 단계에 있느냐에 따라 치유 및 대응방안이 달라질 수 있다.

갈등원인이란 조직 내부 및 외부의 어떤 요인에 의하여 갈등이 발생하였는지를 파악하는 것이다. 갈등원인을 먼저 외부에서보다는 내부에서 찾는 것이 바람직하다는 전제에서 내부원인에 초점을 둔다면, 기술적인 문제, 조직구조, 인적 자원 요소, 조직문화, 최고 경영진의 심리상태 등으로 구분하여 점검할 수 있다(김영욱, 2008).

갈등대상이란 갈등의 이해당사자가 누구인지를 파악하는 것을 의미한다. 주민과의 관계에서 발생한 갈등인지, 지방자치단체와 갈등관계에 있는지 등을 파악하는 것이다. 물론 주민들도 직업이나 지리적으로 여러 유형으로 구분할 수 있을 뿐만 아니라 관심의 정도에 따라서도 다양하게 구분할 수 있을 것이다.

## 3. 갈등과 지역주민의 유형

갈등을 효과적으로 치유하기 위하여 갈등지역의 주민을 여러 기준을 이용하여 분류하는 것도 필요하다. 일반적으로 참여의 적극성과 상황이론에 근거하여 주민을 분류하면 아래와 같다(김영욱, 2008).

### 1) 참여의 적극성에 따른 분류

지역주민 혹은 대중(大衆)은 아래의 그림처럼 크게 네 가지 유형으로 구분할 수 있다. 비대중은 갈등사안에 전혀 관심이 없는 지역주민들을 의미한다. 물론 잠재대중은 갈등의 전개과정을 지켜보면서 상황의 변화에 따라 언제든지 갈등 속으로 뛰어들 준비가 되어 있는 지역주민을 의미한다. 이렇게 지역주민의 참여도에 따라 갈등치유의 기법과 프로그램이 달리 개발되고 적용되어야 하는 것이 당연하다. 예를 들면, 비대중에게보다는 활동대중에게 보다 적극적인 갈등관리 프로그램들이 적용되어야 할 것이다.

낮음 <------참여도--------> 높음

비대중---잠재대중---인지대중---활동대중

### 2) 상황이론에 따른 분류

지역주민을 갈등에 대한 문제인식과 해결에 대한 한계인식을 기준으로 다음과 같이 구분할 수도 있다.

〈표 19-1〉 상황이론에 따른 지역주민의 구분

| 문제 / 한계 | | 한계인식 | |
|---|---|---|---|
| | | 낮음 | 높음 |
| 문제인식 | 낮음 | 일상 행동자 | 운영 행동자 |
| | 높음 | 문제 직면자 | 한계 행동자 |

위의 구분에 따라 갈등 커뮤니케이션 혹은 갈등대응이나 교육방안이 차별적으로 마련되어야 한다는 것이다. 예들 들면, 일상 행동자에게는 다양한 사회활동 프로그램이 중요하지만 문제 직면자에게는 갈등과 관련된 정확한 메시지와 신속한 정보공개가 중요할 것이다. 한계 행동자는 문제인식도 높고 한계인식도 높은 참여자들을 의미한다. 운영 행동자는 문제인식이 낮으면서 한계인식은 상대적으로 높은 참여자를 의미한다. 운영 행동자는 갈등상황에 자신을 순응하거나 회피할 개연성이 그만큼 높은 참여자 유형이라 할 수 있다.*

## 4. 갈등치유시스템의 운영모형

아래의 그림이 시사하는 것처럼 갈등치유시스템은 크게 갈등 전(前) 단계-갈등 단계-갈등 후(後) 단계로 구분하여 운영된다.

* 저자의 조사에 의하면 지역주민을 현실적으로 다음과 같이 구분하여 대처하는 조직도 있었다. (i) 이념적 반대 유형: 타협이나 설득이 어려운 참여자, (ii) 경제적 보상 유형: 협상이 가능한 참여자, (iii) 개인영달 유형: 사안에 따라 입장이 달라지는 참여자.

| 갈등 전(前) 단계 | | | |
|---|---|---|---|
| ↓ | <u>준비단계</u><br>- 갈등치유팀의 구성<br>- 조직의 취약점 규명<br>- 조직원 교육 훈련(공감, 통합사고, 긍정대화 등)<br>- 사전 준비의 완료 등 | <u>계획수립단계</u><br>- 실행계획의 수립<br>- 이해당사자 파악 및 정의<br>- 메시지 전달에 필요한 채널 및 방법 확보<br>- 역할의 분배 등 | <u>시범운영단계</u><br>- 수립된 계획의 테스트<br>- 갈등영향분석의 실시 등 |
| 갈등 단계 | | | |
| ↓ | <u>관련 정보의 수집</u><br>- 원인의 규명(쟁점, 의사소통, 참여자 등의 분석)<br>- 발생 배경 조사<br>- 대변인의 선정<br>- 위기 상황이 미칠 장·단기적 문제점 규명 등 | <u>정보의 가공</u><br>- 모든 정보를 솔직하게 공개<br>- 진실을 말할 것<br>- 상대 조직이나 주민의 입장에서 생각할 것<br>- 관심과 염려의 표현 | <u>대응 메시지 전달</u><br>- 메시지의 신속한 전달<br>- 미디어의 추론보도 방지를 위한 사전 입장 표명 |
| 갈등 후(後) 단계 | | | |
| | 갈등 대처과정 및 능력 평가<br>- 갈등관리지수 | 치유시스템의 개선 및 시사점 반영 | 상황의 지속적 통제 |

출처: 보다와 매키-칼리스의 위기관리 3단계 모델(김영욱, 2008: 288)을 수정

**〈그림 19-2〉 갈등치유시스템의 운영모형**

### 1) 갈등 전(前) 단계: 갈등 징후의 파악과 준비단계

갈등 발생에 대비하여 조직의 갈등치유 역량을 구축하는 단계이다. 갈등의 징후를 파악하고 이를 미연에 방지하거나 최소화할 수 있도록 준비하는 것이다. 갈등이 발생한 후 이에 대응하는 것은 실수를 범할 가능성을 높일 뿐만 아니라 효과적인 대응을 하고 싶어도 방법을 알지 못하여 상황을 악화시킬 수 있기 때문에 갈등치유 역량을 사전에 구축하는 것은 매우 중요하다. 특히 갈등이 상시 발생할 개연성이 있는 원전과 화학공장과 같은 위험조직에서의 갈등치유 역량의 사전 구축은 매우 중요하고 필수적 조치라 하겠다.

갈등 징후의 파악은 크게 내적 차원과 외적 차원으로 구분할 수 있다. 내적 차원이란 조직 내부의 한계로 갈등이 발생할 수 있다는 것을 의미하며, 외적 차원이란 조직 외부와의 관계 악화에서 갈등이 발생할 수 있다는 것을 의미한다. 우리는 흔히 갈등이 외적 요인에 의해서만 발생하는 것으로 생각하기 쉬우나 실은 내적 요인으로 잉태하는 경우가 더 많다. 조직의 의사결정과정의 비민주성이나 기술의 부족으로 외부와의 갈등이 발생할 수 있다는 것이다.

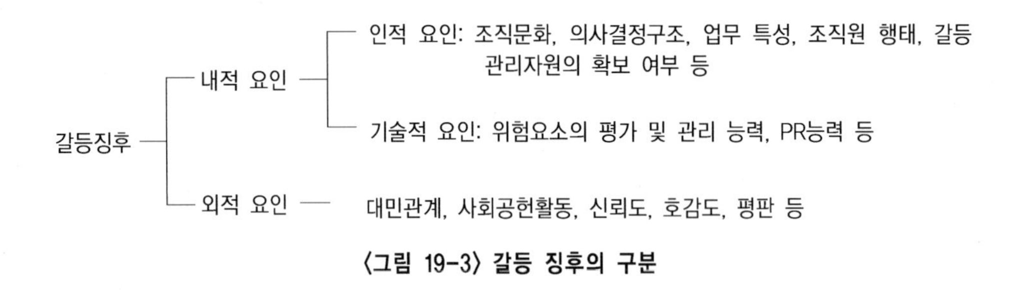


〈그림 19-3〉 갈등 징후의 구분

갈등 발생에 대비하는 과정을 보통 갈등관리 매뉴얼을 제작하는 과정으로 알고 있지만 그렇지 않다. 갈등 전(前) 단계에서 갈등과 관련하여 조직의 구조적 혹은 행태적 취약성을 진단하고 예상되는 갈등 유형에 따라 치유 매뉴얼을 제작하여야 한다. 그리고 이에 맞춰 조직의 구성원을 대상으로 갈등치유 교육 및 훈련을 실시하는 것이 필요하다.

## 2) 갈등단계

불가피하게 갈등이 발생하였다면 어떻게 대처할 것인가라는 문제에 봉착하게 된다. 갈등으로 인한 조직에의 충격을 최소화하고 갈등 전(前) 단계로 회복하여야 한다. 발생한 갈등을 효과적으로 대처하고 조직의 신뢰성과 호감도를 회복하기 위하여 문제를 은폐하거나 왜곡하는 근시안적 대처보다 장기적 안목에서 대처하여야 하는 것은 당연하다.

갈등이 발생하게 되면 조직은 위기감을 느끼고 패닉에 빠질 수 있다. 위기감은 다음 3가지 요소에 의하여 결정된다.

- 갈등이 조직에 미치는 악영향의 유형과 강도
- 악영향의 실제 발생 가능성
- 문제 해결을 위하여 주어진 시간의 압박 정도

'악영향의 유형과 강도'란 발생한 문제에 대한 현실과 바라는 세계의 차이 인식이나 문제의 중요성으로 이루어져 있다. '발생 가능성'은 현실과 바라는 세계의 차이에 의해서 발생한 문제점의 정확성, 문제점에 대한 대안적인 설명 여부, 그리고 계획 부재 등에 의하여 좌우된다. '시간의 압박 정도'는 문제 해결을 위하여 조직에게 주어진 시간을 의미한다. 문제 해결이 어떤 법적 요건에 의하여 영향을 받는 상황이라면 당연히 시간의 압박 정도가 강할 것이다(Billings, Milburn, & Schaalman, 1980; 김영욱, 2008).

이 3가지 요소의 인식 정도는 조직이 갈등치유를 위한 준비된 직원을 얼마나 확보하고 있으며 최고의사결정자가 발생한 갈등에 대하여 얼마나 강한 위기의식과 해결 의지를 보이느냐에 따라 결정된다고 할 수 있다. 즉 조직 전체가 갈등에 대처할 하드웨어와 소프트웨어를 평소부터 잘 준비하고 연습하였다면 예기치 않은 갈등이 발생하더라도 효과적으로 대처할 수 있다는 것이다.

갈등치유와 관련하여 여러 모형을 생각할 수 있지만 일반적으로, 정보의 평가를 바탕으로 적절한 대응방안을 마련하고, 외부와의 연합과 전문가 지원그룹 등 우군을 형성하고, 갈등당사자들과 원활한 커뮤니케이션을 실행하는 것이 무엇보다 중요하다. 갈등상황에서의 반응은 프로그램화된 반응, 규정만 준수하는 반응, 분석적인 반응, 그리고 창의적으로 반응로 나눌 수 있다(Crichton & Finn, 2002). 갈등으로 위기 상황에 닥치게 되면 창의적인 반응을 보이기가 현실적으로 어렵기 때문에 일단 미리 준비한 프로그램화된 계획에 따라 관리를 하고 급한 사안들이 처리되었다고 판단된 이후엔 창의적인 해결책을 모색하여야 한다. 이런 취지에서 갈등치유란 갈등이 현실화되어 조직이 이미 구축해 둔 관리계획을 실천하는 것이다. 이때 고려되어야 할 구체적 사항으로는,

- 갈등의 종류와 원인의 파악
- 미디어의 반응에 대한 예측
- 갈등치유팀의 활성화(대변인 및 실무팀)
- 피해자가 발생하였을 경우 피해자에 대한 즉각적인 도움
- 외부 이해당사자 및 관련기관과의 의사소통
- 조직 평판 회복을 위한 프로그램의 실행 등이 있다(Mitroff, Pearson, & Harrington, 1996).

현실적으로 갈등이 발생하게 되면 이해당사자들과의 의사소통이 가장 어렵고 주요한 해결 요소로 등장하게 된다. 이해당사자들과 의사소통이 원만하고 지속적으로 이뤄지면 갈등은 쉽게 수습될 수 있다. 많은 경우 갈등이 최악의 사태로 빠지게 되는 것은 대민관계에 있어 의사소통의 부재에서 오는 경우가 많다. 갈등치유를 위한 의사소통에서 중요하게 고려되어야 할 요소로는,

- 대변인의 신속한 지정
- 관련 사실 및 정보의 신속한 수집 및 확인
- 미디어센터의 운영 및 협조 요청
- 피해자 신원 확인 및 보안
- 사실 추측의 금지 등이다(Baskin, Aronoff, & Lattimore, 1997).

### 3) 갈등 후(後) 단계: 위기 평가 및 학습에 대한 논의

갈등은 어느 조직에서나 발생할 수 있고 반복적으로 나타날 수 있기 때문에 실수에서 배우는 지혜가 필요하다. 갈등 후(後) 단계란 기본적으로 갈등의 원인을 조사하고, 책임 소재를 밝히고, 갈등으로부터 배우는 학습과정을 의미한다. 여기에서 갈등의 책임 소재를 밝히는 것은 특정 개인에게 책임을 묻기 위한 것이라기보다는 조직 전체의 갈등관리 능력을 향상하기 위한 것임을 명심하여야 한다. 개인에게 책임을 묻게 되면 단기적으로는 조직원들이 다음 업무처리에 보다 신중을 기하도록 할 수는 있겠지만, 장기적으로는 조직 전체에 갈등상황을 축소 왜곡하거나 자신에게 불리한 관련 정보를 은폐하거나 업무에 소극적인 무사안일주의를 확산시켜 갈등을 보다 악화시킬 개연성마저 있기 때문

에 책임 추궁은 보다 신중하게 이뤄져야 한다.

갈등이 수습된 이후 어떤 점이 보상과 강화가 필요하고 어떤 점이 개선과 폐지가 필요한지를 판단하여야 한다. 갈등치유 능력은 모방을 통하여서도 가능하기 때문에 발생한 갈등을 하나의 사례연구 대상으로 삼아 조직원들이 학습할 수 있는 자료로 사용하는 것도 좋다.

평가는 사전 대 사후 및 프로그램 대 조직 등으로 구분하여 실시할 수 있다. 사전평가란 갈등이 발생하기 전까지의 준비사항 예를 들면, 매뉴얼의 적절성이나 갈등에의 취약성 정도 등을 점검하는 데 초점이 맞춰져 있다. 사후평가란 갈등이 발생한 후 조직이 얼마나 유기적으로 대응하였는지를 평가하는 것이다. 평가는 또한 프로그램을 대상으로 할 수도 있고 조직을 대상으로 할 수도 있는데, 프로그램평가는 갈등을 치유하기 위하여 개발된 프로그램이 얼마나 효율적이고 효과적으로 작동하였는지를 평가하는 것이라면, 조직평가는 조직 전체의 이미지가 이번 갈등으로 인하여 어떤 영향을 받게 되었는지를 단기 및 장기로 구분하여 평가하는 것을 의미한다.

평가를 위하여 갈등관리지수를 개발하여 활용하면 체계적으로 갈등을 관리할 수 있는데, 가장 일반적인 기준으로는 효율성과 효과성을 들 수 있다. 비용편익분석과 비용효과분석 등이 가장 널리 이용되는 기법들이다. 그러나 각 조직의 특성과 환경에 부합하는 갈등관리지수나 기준을 만들어 평가하는 것이 바람직하다.

## 5. 갈등예방법에 규정된 갈등관리 절차

2009년부터 시행되고 있는 「공공기관의 갈등 예방과 해결에 관한 규정」에 규정된 갈등관리 프로세스를 소개하면 다음과 같다. 이 규정은 강제사항이 아닌 권고사항이지만 갈등이 우리 사회에 미치는 영향을 인지하고 정부 차원에서 갈등을 해소하는 데 필요한 제도적 기반을 마련하였다는 데 의의를 둘 수 있다.

**〈표 19-2〉 갈등예방법에 규정된 갈등관리 절차**

| 단계 | 내용 |
| --- | --- |
| 제1단계: 갈등예측<br>갈등영향평가 | 관리사항의 준비와 심의를 위한 갈등관리심의위원회 설치.<br>평가요소: 공공정책의 내용, 이해관계인의 확인 및 의견 조사, 관련 단체 및 전문가의 의견, 갈등 요인, 사회 영향, 갈등관리계획 등 |
| ↓ | |
| 제2단계: 참여절차 모색 | 주체: 갈등조정협의회<br>과정: 이해당사자 판별 → 이해당사자 참여 → 합의절차 및 규칙 결정 |
| ↓ | |
| 제3단계: 합의도출 | 참여적 의사결정방법을 활용한 합의도출 |
| ↓ | |
| 제4단계: 이행여부확인 | 갈등관리 실태의 점검과 보고<br>갈등관리기관과 갈등전문인력의 육성 |

이 규정은 갈등영향평가서를 작성하도록 하여 보다 체계적으로 갈등에 접근하도록 유도하고 있다. 갈등의 쟁점을 파악하고 이해당사자들을 파악하게 되면 문제 해결이 보다 체계적으로 이뤄질 수 있을 것이다. 또한 이 규정은 해소방안으로 참여적 의사결정기법을 제시하고 있다는 것이 특징이다. 지금까지의 정부정책 결정이 권위주의적이고 결정-통보-방어 방식으로 이뤄지고 있다는 지적을 의식하여 대화와 참여 그리고 공개방식으로 추진하여 갈등을 예방하려는 의지가 담긴 것으로 이해할 수 있다. 그러나 이러한 규정들이 권고사항에 불과하고 실질적으로 체질화되기까진 많은 시간과 경험 그리고 시행착오를 거칠 것으로 보인다.

이러한 시행착오를 최소화하기 위하여 이 규정에 명시된 것처럼 갈등관리 및 연구기관과 전문인력을 육성하여야 한다. 전문인력도 과거의 쟁점이나 관리 위주가 아닌 치유의 관점을 견지할 수 있는 전문가를 육성하여야 한다. 피해자의 감성을 이해하고 의사소통기법을 습득하고 도덕적 덕목으로 무장한 인력만이 갈등을 객관적이고 장기적인 안목에서 예방하고 해결할 수 있기 때문이다.

## 생각발전소 토론주제

1. 갈등치유시스템이란 무엇이며 왜 중요하게 간주되어야 합니까?

2. 갈등치유시스템의 구축과정을 3단계로 나눠 각 단계에서 고려하여야 할 사항들에 대하여 논의하여 봅시다.

3. 갈등치유의 대상이 되는 지역주민을 여러 유형으로 구분하는 이유는 무엇이라고 생각합니까?

# 참고문헌


가트맨・최성애・조벽(2011). 『내 아이를 위한 감정코칭』. 서울: 한국경제신문.

강민아・장지호(2008). 「정책결정과정의 프레이밍에 대한 담론 분석: 방사성폐기물처리장입지 선정 과정을 중심으로」. 『한국행정학보』. 41(2): 23～45.

강문희(2006). 「지방정부간 갈등의 단계별 원인분석: 분석모형의 설정과 사례분석」. 『한국행정논집』. 18(1): 149～178.

게쉬랍든 린포체(2000). 『심』. 박영철(역). 서울: 불일출판사.

고경봉(2002). 『스트레스와 정신신체의학』. 서울: 일조각.

고창택(1995). 「바스카의 비판적 실재론과 사회과학적 지식의 가능성」. 『철학』. 43: 444～471.

______(2008). 「메타비판적 변증법에서 비판실재론적 변증법으로: 바스카의 헤겔・마르크스 변증법의 변형과 그 적용에 관한 연구」. 『철학연구』. 108: 1～33.

구현정(2009). 『대화의 기법: 이론과 실제』. 서울: 경진.

국무조정실. 국제정책대학원(2007). 「공공기관의 갈등관리 교육교재」. 정부간행물

귀스타브 르 봉(2008). 『군중심리』. 차예진(역). 서울: W미디어.

김광수・김해연(2009). 「공감교육 프로그램이 초등학생의 공감능력과 정서지능에 미치는 영향」. 『초등교육연구』. 22(4) 275～300.

김기범・임효진(2006). 「대인관계 용서의 심리적 과정 탐색: 공감과 사과가 용서에 미치는 영향 분석」. 『한국심리학회지』. 20(2): 19～33.

김길수(1997). 「핵폐기물 처분장의 입지선정에 있어서 주민저항의 원인: 경북 청하지역의 사례를 중심으로」. 『한국정치학회보』. 6(1): 174～203.

______(2007). 「위험시설 입지선정 과정에서 정책갈등에 관한 연구: 부안 위도 군산 방폐장 입지선정사례를 중심으로」. 『정치정보연구』. 10(1): 279～303.

김대성(2007). 「문화정책 변동의 담론분석: 사회적 구성주의의 비판적 재해석」. 『서울행정학회 학술대회 발표논문집』. 546～561.

김동원(2005). 「행정학의 규범이론을 위한 포스트모더니즘의 인식론적 함의」. 『한국행정학보』. 39(3): 1～20.

김삼룡(2003). 「하버마스의 담화개념」. 『한국정책학회보』. 12(2): 1～31.

김미성(1991). 「집단내 의사결정 과정에 관한 이론」. 『신문과 방송』. 250: 88～95.

김서용・김근식(2007). 「위험과 편익을 넘어서: 원자력발전소 수용성에 대한 경험적 감정의 휴리스틱 효과」. 『한국정책학회보』. 41(3): 372～398.

김성배・이은정(2008). 「정보의 연쇄파급효과현상이 사회적 갈등에 미친 영향 분석: 방폐장 부지선정 사례의 경우」. 『한국지방자치학회 하계학술대회 발표논문집』. 567～593.

김영욱(2008). 『위험, 위기 그리고 커뮤니케이션: 현대 사회의 위험, 위기, 갈등에 대한 해석과 대응』.

서울: 이화여자대학교출판부.
김영종(2006). 「정책결정제도의 변화가 정책네트워크 형성에 미치는 영향에 관한 연구: 울진사례를 중심으로」. 『한국정책과학학회보』. 10(1): 1～25.
______(2006). 「공공시설 입지갈등과 정책딜레마 형성에 관한 연구」. 『한국정책과학학회보』. 10(4): 19～40.
김영진(2004). 『철학적 병에 대한 진단과 처방: 임상철학』. 서울: 철학과 현실사.
김은하・이승연(2011). 「남녀 중학생의 또래괴롭힘 방어행동과 공감, 자기효능감, 학급규준에 대한 믿음의 관계」. 『한국심리학회지』. 24(1): 59～77.
김재신(2011). 「일반화된 타자, 정부, 시민단체에 대한 신뢰가 공공갈등의 인식에 미치는 영향」. 『한국심리학회지』. 25(2): 1～16.
김정모(2011). 「마음챙김에 기초한 인지치료가 공감 능력에 미치는 효과」. 『한국심리학회지』. 23(1): 27～45.
김진영・고영건(2008). 「억압적 대처 유형과 공감 간 관계에서의 특성메타-기분의 중재효과」. 『한국심리학회지』. 27(4): 823～842.
김학린(2010). 「한국 공공갈등의 현황과 실효적 갈등관리시스템 구축에의 시사점」. 『한국행정학회 2010년도 제18회 국정포럼 자료집』.
김항규(2004). 『행정철학』. 서울: 대영문화사.
김현주・안현의(2011). 「공감능력과 결혼만족도의 관계에서 용서의 매개효과」. 『한국심리학회지』. 23(1): 157～174.
대한신경정신의학회(2005). 『신경정신의학(2판)』. 서울: 중앙문화사.
________________(2004). 『의료행동과학』. 서울: 중앙문화사.
동국대학교 지역정책연구소(2007). 『경주지역사회 발전적 변화 연구용역 최종보고서』.
________________________(2010). 『발전소주변지역 지원사업비의 차등지원방안 연구 최종보고서』.
로버트 새폴스키(2008). 『스트레스(STRESS)』. 이지윤・이재담(역) 서울: 사이언스북스.
문태현(2003). 「담론이론과 공공정책의 정당성」. 『한국정책학회보』. 12(4): 125～145.
민성길(2006). 『최신정신의학』. 서울: 일조각.
박상규(2008). 「마음챙김과 자기 조절」. 『2008 한국심리학회 연차학술발표대회 논문집』.
박상필(2000). 「이익집단 갈등과 사회자본: 경실련의 한약분쟁 조정 사례연구」. 『한국행정학보』. 34(2): 121～138.
박성희(2010). 『공감학: 어제와 오늘』. 서울: 학지사.
박순영(2003). 「개인」. 우리사상연구소(엮음). 『우리말 철학사전(3)』. 서울: 지식산업사. 33～63.
박통희・이현정(2011). 「감성역량과 공무원의 인구사회학적 특성: 한국중앙정부의 공무원을 대상으로」. 『한국행정학보』. 45(2): 1～25.
백승기(2005). 『정책학원론(제2판)』. 서울: 대영문화사.
백지은・이정숙(2009). 「부모자녀놀이치료 프로그램이 부모자녀 상호작용에서의 공감 및 문제행동에 미치는 효과」. 『아동학회지』. 30(4): 99～116.
선우현(1999). 『사회비판과 정치적 실천: 하버마스의 비판적 사회이론』. 서울: 도서출판 백의.

신윤창 · 안치순(2009). 「원전의 사회적 수용성에 관한 연구: 지방정부 정책역량의 매개효과를 중심으로」. 『한국정책과학학회보』. 13(3): 189～211.
신은종(2010). 「공공분쟁에서의 조정의 효과성에 관한 연구: 갈등 수준, 분쟁 성격, 제3자 개입의 조절 효과를 중심으로」. 『한국행정연구』. 20(2): 181～204.
아소 켄타로(2009). 『어떤 상대도 내 편으로 만드는 공감 대화법』. 이서연(역). 서울: 비전코리아.
양정호(2007). 「방폐장 부지선정정책과 보호된 가치(PVs)의 역할: 부안, 경주 간 방폐장 부지선정과정 비교를 중심으로」. 『한국행정학회 2007년도 춘계공동학술대회 발표논문집』. 473～489.
오영석(2002). 「정책 인과지도를 통한 지역 간 환경분쟁의 이해: 낙동강 물 분쟁을 사례로」. 『한국지방자치학회보』. 14(4).
오영석 · 고창택(2008). 『정책논증의 구조와 방법』. 경주: 대양기획.
______(2008). 「정책논증의 개념에 관한 고찰: 환경정책을 중심으로」. 『환경철학』. 7: 31～66.
______(2009). 「정책논증의 구조에 관한 고찰」. 『한국행정논집』. 21(1): 287～311.
오영석 · 문일수(2011). 「공공갈등이 지역주민에게 미치는 영향에 관한 연구」. 『2011년 한국지방자치학회 하계학술대회 발표논문집』.
우윤석(2008). 「감성지능적 정부의 개념화와 구현을 위한 모색: 미학적 아나로기와 도구적 활용을 중심으로」. 『행정논총』. 46(2): 99～134.
우종민(2005). 「일차진료에서의 직장인 스트레스 대처법」. J Korean Acad Fam Med 26:375-383
元曉(1979). 『금강삼매경론(金剛三昧經論)(한국불교전서 1책)』. 서울: 동국대학교출판부.
____(1979). 『십문화쟁론서(十門和諍論序)(한국불교전서 1책)』. 서울: 동국대학교출판부.
윤견수(2001). 「약자의 설득전략: 어느 하위직 지방공무원의 개혁활동에 대한 현상학적 보고서」. 『한국행정학보』. 35(1): 143～160.
윤영채(2004). 「입지갈등 해결전략으로서의 환경기초시설 빅딜사례연구」. 『지방정부연구』. 8(4): 51～71.
윤치영(2004). 『마음으로 다가서는 대화기법』. 서울: 책만드는집.
이광래 · 김선희 · 이기원(2011). 『마음, 철학으로 치료한다』. 서울: 知와사랑.
이민창(2011). 「정책갈등과 제도 변화: Helmke와 Levitsky의 제도 관계 유형을 중심으로 한 사례분석」. 『한국행정논집』. 23(1): 167～189.
이성록(2007). 『비영리 민간조직 갈등관리론: NPO-NGO Conflict Management』. 서울: 미디어숲.
이종열(1995). 「핵폐기물처리장 입지 선정과 주민갈등: 울진 사례를 중심으로」. 『한국행정학회보』. 29(2).
이지관(1982). 『比丘尼戒律硏究』. 서울: 대각회출판부.
임동진(2011). 「공공갈등 관리제도의 운영 평가 및 갈등 해결 방안 연구」. 『한국행정학회보』. 20(4): 533～560.
이철헌(2007). 『붓다의 가르침』. 서울: 문중.
______(2008). 『대승불교의 가르침』. 서울: 문중.
임유진(2010). 「갈등 해소에 있어 커뮤니케이션 요소의 역할에 관한 연구」. 이화여자 대학교 박사학위논문.

장동진・백성욱(2005). 「차이의 인정과 도덕적 보편주의: 하버마스의 '담론적 민주주의 이론'에 대한 비판적 고찰」. 『정치사상연구』. 11(1): 177~207.
장 디디에 뱅상(2010). 『뇌 한복판으로 떠나는 여행: 뇌에 대한 거의 모든 정보가 담긴 뇌과학 백과사전』. 이세진(역). 서울: 해나무.
장미경・손금옥・서지영(2007). 「아버지의 공감능력 증진과 유아기 자녀의 행동문제 개선을 위한 부모놀이치료의 효과」. 『한국가족복지학』. 12(3): 97~113.
장성희・신강현・양수현・서정미・이민구(2008). 「공감적 배려와 이타행동: 상사지지의 조절효과」. 『한국심리학회 연차학술발표대회 논문집』.
장은영(2009). 『유쾌하게 상대의 마음을 사로잡는 긍정의 대화법』. 서울: 위즈덤하우스.
전형준(2010). 「한국 공공갈등에 대한 실증분석: 2008-2010년 설문조사를 중심으로」. 『한국정책과학학회보』. 14(4): 123~141.
정혜선・김응종・김정희(2010). 「간호대학생의 노인체험복 착용경험에 관한 연구」. 『한국노년학』. 30(1): 141~157.
제러미 리프킨(2009). 『공감의 시대』. 이경남(역). 서울: 민음사.
조한익・이미화(2010). 「공감능력과 심리적 안정감의 관계에서 친사회적 행동의 매개효과」. 『청소년학연구』. 17(11): 139~158.
채종헌(2009). 「사회 네트워크 분석을 활용한 공공갈등의 구조분석」. 『한국행정학보』. 43(2): 147~176.
최민수(1988). 「목회상담의 본질로서의 공감: 크리스 슐라흐의 공감 모델을 중심으로」. 『목회와 상담』. 14.
최성애(1997). 『인간 커뮤니케이션』. 서울: 한단.
______(2010). 『행복수업』. 서울: 해냄출판사.
최진식(2008). 「주민투표 후 방폐장에 대한 위험판단과 위험수용성에 관한 연구」. 『한국행정학보』. 42(2): 149~168.
홍성만・이종원(2009). 「숙의거버넌스와 합의형성 제도설계: 시화지역지속가능발전협의회의 운영사례를 중심으로」. 『서울대학교 행정논총』. 47(1): 21~46.
하혜영(2007). 「공공갈등 해결에 미치는 영향요인 분석」. 『한국행정학보』. 41(3): 273~296.
______(2009). 「공공갈등연구의 경향과 과제」. 『한국사회와 행정연구』. 20(2). 71~85.
한국직무스트레스학회(2004). 『직무스트레스의 현대적 이해』. 서울: 고려의학.
황상민(2011). 『한국인의 심리코드: 정작 궁금했던 내 주위 그들의 속마음을 꿰뚫어보다』. 서울: 추수밭.
히라노 히데오리(2009). 『2인칭 화법으로 상대의 마음을 움직이는 공감력』. 정지은(역). 서울: 21세기북스.
출요경(出曜經)(昭和 52年). 『大正新修大藏經(4권)』. 東京: 新修大藏經刊行會.
馬明(昭和 52年). 『대승기신론(大乘起信論)(大正新修大藏經 32권)』. 東京: 新修大藏經刊行會.
佐藤繁樹(1996). 『元曉의 和諍論理』. 서울: 민족사.

Allport, G.(1961). *Pattern and growth in Personality.* New York: Holt. Rinehart. & Winston.

Anastasia, L. Sideris., R, Ehrenfeucht(2009). *Conflict and Negotiation over Public Space.* MIT PRESS.

Amossy, Ruth(2003). 『담화 속의 논증: 정치 담화, 사상 문학, 허구』. 장인봉 외(역). 서울: 동문선. *L'argumentation dans le discours: discours politique,* littérature d'idées, fiction(2000).

Appelhans, M. Bradley, Linda J. Luecken(2006). Heart rate variability as an index of regulated emotional responding. *Review of General Psychology.* 10(3): 229～240.

Arai, Tatsushi(2009). *Creativity and Conflict Resolution.* Routledge.

Armster, Michelle & Lorraine Stutzman Amstuz(Eds.)(2008). *Conflict Transformation and Restorative Justice Manual.* PN: Mennonite Central Committee Office on Justice and Peacebuilding.

Aspy, D. N.(1975). Empathy: Let's get the hell on with it. *The Counseling Psychologist.* 5(2): 10～14.

Astin, H. S.(1967). Assessment of Empathic Ability by Means of a Situational Test. *Journal of Counseling Psychology.* 14: 57～60.

Austin, J.(1975). *How to do things with words.* Cambridge: Harvard University Press.

Barbey, A. K, F. Krueger, and J. Grafman(2009). An evolutionarily adaptive neural architecture for social reasoning. *Trends Neurosci* . 32: 603～610.

Barnett, M. A.(1987). Empathy and Related Responses in Children. In N. Eisenberg. & J. Strayer(Eds.). *Empathy: a Developmental Perspective.* New York: Cambridge University Press.

Baskin, O. W, C. E. Aronoff, & D. Lattimore(1997). *Public relations: the profession and the pratice(4th eds).* Dubuque: Brown and Enchmark.

Batson, C. D.(1987). Prosocial Motivation: Is it ever truly Altruistic? In L. Berkowitz(Ed.). *Advances in Experimental Social Psychology.* New York: Academic Press.

Billings, R. S., T. W. Milburn, & M L. Schaalman(1980). A model of crisis perception: A theoretical and empirical analysis. *Administrative Science Quarterly.* 25: 300～316.

Bliss, T. & T. Lømo(1973). Long-lasting potentiation of synaptic transmission in the dentate area of the anaesthetized rabbit following stimulation of the perforant path. *J Physiol.* 232: 331～356.

Bramble, Thomas(2010). *Labor's Conflict: Big Business, Workers and the Politics of Class.* Cambridge.

Bryman, Alan(2008). *Social Research Method.* Oxford University Press.

Bohm, David(2004). *On Dialogue.* New York: Routledge.

Buie, D. H.(1981). Empathy: Its Nature and Limitations. *Journal of American Psychoanalytic Association.* 29: 281～307.

Christophe, Mace(2010). 『마음챙김과 정신건강: 치료, 이론과 과학』. 안희영(역). 학지사. *Mindfulness and Mental Health: Therapy. Theory and Science.* Routledge(2007).

Cohen, Elliot D.(2007). *The New Rational Therapy: Thinking your Way to Serenity, Success, and Profound Happiness.* New York: Rowman & Littlefield Publishers. INC.

Consumer. Dummies., V. Scott(2010). *Conflict Resolution at Work for Dummies.* ForDummies.

Coutu, W.(1951). Role-playing vs. Role-taking: An Appeal for Clarification. *American Sociological Review.* 16: 180～184.

Crichtonm, M. & R. Finn(2002). Command decision making. In R. Flin & K. Arbuthnot(eds.).

*Incident command: Tales from the hot seat.* Aldershot, UK: Achgate.

Dan, Hill(2011). 『이모셔노믹스』. 안진환 · 이수경(역). 서울: 마젤란.

Danish, S. J. & N. Kagan N.(1971). Measurement of Affective Sensitivity: Toward a Valid Measure of Interpersonal Perception. *Journal of Counseling Psychology.* 18: 51～54.

Easser, G.(1975). Empathic Inhibition and Psychoanalytic Technique. *Psychoanalytic Quarterly.* 43: 557～580.

Edelman, G. M.(2005). *Wider than the Sky.* Yale University Press.

Eisenberg, N. & P. A. Miller(1987). The Relation of Empathy to Prosocial and Related Behaviors. *Psychological Bulletin.* 101: 91～119.

__________, & J. Strayer(1987). *Empathy and Its Development.* New York: Cambridge University Press.

Eliyahu, Goldratt(2010). 『초이스: 과학자의 생각에서 배우는 선택의 지혜』. 최원준(역). 서울: 웅진윙스.

Fisher, Simon, I. Dekha, L. Jawed, S. Richard, W. Steve, & W. Sue(2000). *Working with Conflict: Skills and Strategies for action.* London: Zed Books.

Foley, Dorores(2005). The Method of Dialogue. In Pammer(Jr.), William & Jerri Killian, Ric Marcus(Eds.). *The Handbook of Conflict Resolution: Theory and Practice.* New York: Marcel Dekker. Inc.

Fox, Charles & Hugh Miller(1995). *Postmodern Public Administration: toward Discourse.* Thousand Aks, CA: Sage Publications.

Fukuyama, F.(1995). *Trust: The social virtues and the creation of prosperity.* New York: Free Press.

Freeley, Austin J. & David L. Steinberg(2000). *Argumentation and Debate*. Thomson.

Freire, Paulo(1993). *Pedagogy of the Oppressed.* London: Continuum Intel Pub Group.

Gazda, G. M., R. Walters & W. Childers(1975). *Human Relations Development.* Boston: Allyn & Bacon.

Goleman, Daniel(1996). 『감성지능』. 황태호(역). 서울: 비전코리아. *Emotional Intelligence*. New York: Bantam.

______________(2007). *Social Intelligence: the new science of human relationships.* New York: Bantam Books.

Gottman, J. M.(1999). *The seven principles for making marriage work.* New York: Three Rivers Press.

Habermas, J.(1984). *The Theory of Communicative Action(Vol. 1.): Reason and the Rationalization of society.* Translated by T. McCarthy. Beacon Press.

Hanson, Rick & Richard Mendius(2010). 『붓다 브레인』. 장현갑 · 장주영(역). 서울: 불광출판사. *Buddha's Brain.* CA: New Harbinger Publications.

Hayward, Katy(2010). *Political Discourse and Conflict Resolution.* Taylor & Francis Group.

Hebb, D. O.(1949). *The organization of behavior.* New York: Wiley & Sons.

Hobhouse, L. T.(2010). *The World in Conflict(Paperback).* Nabu Press.

Hoffman, Kay(2004). 『철학이라는 이름의 약국: 놀라움의 미학』. 박규호(역). 서울: 더불어책. *Bei*

*Liebeskummer Sokrates*. Munchen: Heinrich Hugendubel Verlag(2001).
Iannotti, R. J.(1975). The Nature and Measurement of Empathy in Children. *The Counseling Psychologist*. 5: 21～25.
Isaacs, William(1999). *Dialogue and the art of thinking together*. New York: Doubleday.
Irvin, D. Yalom(2008). 『쇼펜하우어 집단심리치료』. 이혜성・최윤미(역). 서울: 시그마프레스.
Jackson, Paul(2011). *Conflict, Security and Development*. Taylor and Francis.
James, P. Byrnes(2008). 『마음, 뇌, 그리고 학습』. 김종백・신종호(공역). 서울: 학지사.
Juliette, Garesche(2010). *Conflict Resolution Therapy*. Abbey Press.
Kabat, Zinn(1998). 『명상과 자기치유』. 장현갑・김교헌(역). 서울: 학지사.
Kalupahana, David J.(1996). 『불교철학사-연속과 불연속』. 김종욱(역). 서울: 시공사. *A History of Buddhist Philosophy: Continuities and Discontinuities*. Honolulu: University of Hawaii Press(1992).
Kestner, Prudence Bowman & Larry Ray(2002). *The Conflict Resolution Training Programk*. Jossey-Bass.
Kingdon, John(1995). *Agendas, Alternatives, and Public Policies*. Addison-Wesley Educational Publishers INC.
Kramer, R. M. & P. J. Carnevale(2001). Trust and Intergroup negotiation. In R. Brown & S. Gaertner(Eds.). *Social Psychology: Intergroup Processes*. MA: Blackwell.
Kraybill, Ron, Robert Evans, & Alice Evans(2001). *Peace Skills: a manual for community mediators. CA*: Jossey-Bass Inc.
Kringelbach, M. L.(2005). The human orbitofrontal cortex: linking reward to hedonic experience. *Nat Rev Neurosci*. 6: 691～702.
__________. & K. C. Berridge(2010). The Functional Neuroanatomy of Pleasure and Happiness. *Discov Med*. 9: 579～587.
Lan, Ahiyang(1997). A Conflict Resolution Approach to Public Administration. *Public Administration Review*. 57(1).
Lederach, John Paul(2003). *The Little Book of Conflict Transformation*. Intercourse. PA: Goodbooks.
Lewicki, R. D. Saunders & B. Barry(2006). *Negotiation(5th ed)*. New York: Irwin McGraw-Hill.
Lipps, T.(1903). Einfuhlung. inner Nachahmung. und Organ-empfindungen. *Archiv fur diegesamite Psychologie*. 2: 185～204.
_____.(1905). Das Wissen von fremden Ichen. *Psychologische Untersuchungen*. 4: 694～722.
Majone, Giandomenico(1989). *Evidence, Argument, and Persuasion in the Policy Process*. Yale University.
Marinoff, Lou(2006). 『철학 상담소: 우울한 현대인을 위한 철학자들의 카운슬링』. 김익희(역). 서울: 북로드. *The Big Question: How Philosophy Can Change Your Life*. New York: Bloomsbury(2003).
Mazmanian, Daniel & Morell(1990). The NIMBY's Syndrome: Facility Siting and Failure of Democratic Discourse. In Norman J. Vig and Michael Kraft(Eds.) *Environmental Policy in 1990s*. Washington DC: C. Q. Press: 123～143.
McCraty, R., B. Barrios-Choplin, D. Rozman, M. Atkinson, & A. Watkins(1998). The impact of a new emotional self-management program on stress, emotions, heart rate variability, DHEA

and cortisol. *Integrative Physiological and Behavioral Science.* 33(2): 151～170.
Mehrabian, A. & N. Epstein(1972). A Measurement of Emotional Empathy. *Journal of Personality.* 40: 525～543.
Mitroff, I., C. M. Pearson, & L. Harrington(1996). *The essential guide to managing corporate crises: A step-by-step handbook for surviving major catastrophes.* New York: Oxford University Press.
________. & G. Anagnos(2001). *Managing crisis before they happen: What every executive and manager needs to know about crisis management.* New York: AMACOM.
Munns, Evangeline(2005). 『애착증진 치료놀이』. 성영혜·송주미(역). 나눔의 집.
Nelson, R. J., B. Trainor(2007). Neural mechanisms of aggression. *Nat Rev Neurosci.* 8: 536～546.
Newman, S. W.(1999). The medial extended amygdala in male reproductive behavior: A node in the mammalian social behavior network. *Ann NY Acad Sci.* 877: 242～257.
Nishimoto, S., A. T. Vu, T. Naselaris, Y. Benjamini, B. Yu, & J. L. Gallant(2011). Reconstructing visual experiences from brain activity evoked by natural movies. Curr Biol. 21: 1641～1646.
Olds, J.(1956). Pleasure centers in the brain. *Sci Am.* 195: 105～116.
_______. and P. Milner(1954). Positive reinforcement produced by electrical stimulation of the septal area and other regions of rat brain. *J Comp Physiol Psychol.* 47: 419～427.
Pantalon, V. Michael(2011). 『Instant Influence(순간 설득)』. 김광수(역). 서울: 더난출판.
Psathas, George, Peter Manning, John Van Maanen(1994). *Conversation Analysis: The Study of Talk-In-Interaction.* CA: Sage Publications.
Putnam, R. D.(1993). *Making democracy work: Civic traditions in modern Italy.* Princeton University Press.
Ramsbotham, Oliver(2011). *Contemporary Conflict Resolution: The revention, Management and Transformation off Deadly Conflicts.* John Wiley & Sons Inc.
Rampel, J. K., J. G. Holmes., & M. P. Zanna(1985). Trust in close relationships. *Journal of Personality and Social Psychology.* 49: 95～112.
Rapoport, Anatol(1974). *Fight, Games, and Debates.* University of Michigan Press.
Hason, Rick & Richard Mendius(2010). *Buddha's Brain.* 장현갑·장주영(역). 서울: 불광출판사.
Rogers, C. R.(1975). Empathic: An Unappreciated Way of Being. *The Counseling Psychologist.* 5: 2～10.
Martin, Roger(2009). *The Design of Business: Why Design thinking is the next complete advantage.* Harvard Business Press.
______________(2007). *The Opposable Mind: How Successful Leaders Win Through Integrative Thinking.* Harvard Business School Press.
Ross, Marc Howard(1993). *The Management of Conflict.* Yale University Press.
Sandole, J Dennis, B. Sean(2010). *Handbook of Conflict Analysis and Resolution.* Routledge Chapman Hall.
Sandel, Michael J.(2010). 『정의란 무엇인가』. 이창신(역). 김영사. *Justice.* Farrar Straus & Giroux(2010).

Schafer, R.(1959). Generative Empathy in the Treatment Situation. *Psychoanalytic Quarterly*. 43: 4~25.

Seligman, Martin(2011). 『플로리시』. 우문식 · 윤상운(역). 서울: 물푸레. *Flourish: A Visionary New Understanding of Happiness and Well-being*. Nicholas Brealey Publishing.

Senge, Peter(1990). *The fifth discipline: the art and practice of the learning organization.* New York: Doubleday.

Shane, J., C. Lopez, R. Snyder(2008). 『긍정심리평가(모델과 측정)』. 이희경 · 이영호 · 조성호 · 남종호(공역). 학지사. *Positive Psychological Assessment: A Handbook of Models and Measures*. American Psychological Association(2003).

Standfield, Brian. R.(2000). *The art of focused Conversation: 100 Ways to Access Group Wisdom in the Workplace.* New Society Publishers.

________________.(2002). *The Workshop Book: From Individual Creativity to Group Action.* New Society Publishers.

Stotland, E., K. E. Mathews, S. E. Sherman, R. Hansson, & B. Richardson(1978). *Empathy, Fantasy, and Helping.* Beverly Hills. CA: Sage.

Susskind, Lawrence & Patrick Field(2010). 『달려드는 고객과 시민 끌어안는 기업과 정부』. 박성철 외 1명(역) 서울: 커뮤니케이션북스. *Dealing with an Angry Public*. New York: Free Press(1996).

Titchner, E.(1909). *Experimental Psychology of the Thought Process*. New York: Macmillian.

Toulmin, Stephen E.(1958). *The Uses of Argument.* Cambridge: Cambridge University Press.

Tindale, Christopher W.(2004). *Rhetorical Argumentation: Principles of Theory and Practice.* Sage Publications.

Trachtenberg, J., B. Chen, G. Knott, G. Feng, J. Sanes, E. Welker, and K. Svoboda(2002). Long-term in vivo imaging of experience-dependent synaptic plasticity in adult cortex. *Nature*. 420: 788~794.

Withers, Bill, Jerry Wisinski(2008). 『갈등관리』. 조진경(역). 서울: 크레듀. *Resolving Conflicts on the Job(Paperback/2nd Ed.)*. Amacom Books(2007).

Yankelovich, Daniel(1999). *The Magic of Dialogue: transforming conflict into cooperation.* New York: Simon & Schuster.

Zajonc, R. B.(1980). *Feeling and Thinking: Preferences Need no Inferences.* American Psychologists. 35: 151~175.

Zhou, J. N.. M. Hofman, L. Gooren, and D. F. Swaab(1995). A sex difference in the human brain and its relation to transsexuality. *Nature.* 378: 68~70.

# 색인

오영석(정책학 박사)

동국대학교 행정학과 교수 겸 갈등치유연구소 소장
『환경행정론』(공저), 『정책논증의 구조와 방법』(공저), 「공공갈등으로 지역주민들이 입는 심리적 피해에 관한 시론적 고찰」 외 다수
연구분야: 환경 및 에너지 정책과 관련된 지역사회갈등
oys@dongguk.ac.kr

고창택(철학 박사)

동국대학교 인문학부 문화예술철학전공 교수 겸 철학치유연구소 소장
『환경철학에서 생태정책까지』, 「물신숭배, 사물화 그리고 기호화」, 「메타비판적 변증법에서 비판실재론적 변증법으로」 외 다수
연구분야: 개인과 집단의 철학병과 철학치유 및 철학상담

박종희(경영학 박사)

동국대학교 호텔관광경영학부 교수
「힐링메카 경주」, 「트랜스포메이션 경제시대에 있어서 힐링의 관광상품화 가능성에 관한 연구」, 「체험품질이 고객만족에 미치는 영향」 외 다수

문일수(해부학 박사)

동국대학교 의과대학 신경해부학 교수
신경세포 연접의 구조 및 신경세포 발생에 대한 다수의 논문 및 역서
연구분야: 뇌신경세포 연접의 분자구조 및 학습과 기억의 뇌신경과학

사공정규(의학 박사, 정신건강의학과 전문의)

하버드 의과대학 정신과 방문교수 역임
하버드 의과대학 매사추세츠 종합병원 우울증 임상연구원 역임
현) 동국대학교 의과대학 경주병원 정신건강의학과 교수
동국대학교 건강증진센터장
동국대학교 심신의학연구소장
『행복을 낚아 주는 사공』, 「Future Antidepressants」, 「The Comorbidity of Anxiety Disorder in Depressed Patients」 외 다수
연구분야: 우울증

이철헌(불교학 박사)

동국대학교 불교문화대학 겸임교수 겸 갈등치유연구소 연구위원
『붓다의 근본 가르침』, 『대승불교의 가르침』, 「사명당 유정의 선사상」 외 다수
연구분야: 불교와 환경문제 및 사회참여

# 갈등치유론

초판인쇄 | 2012년 6월 8일
초판발행 | 2012년 6월 8일

지 은 이 | 동국대학교 갈등치유연구소
펴 낸 이 | 채종준
펴 낸 곳 | 한국학술정보㈜
주 소 | 경기도 파주시 문발동 파주출판문화정보산업단지 513-5
전 화 | 031) 908-3181(대표)
팩 스 | 031) 908-3189
홈페이지 | http://ebook.kstudy.com
E-mail | 출판사업부 publish@kstudy.com
등 록 | 제일산-115호(2000. 6. 19)

ISBN 978-89-268-3422-0 93350 (Paper Book)
978-89-268-3423-7 98350 (e-Book)